Cómo CRECER cuando ya has CRECIDO

Nancy O'Connor

Cómo CRECER cuando ya has CRECIDO

Una guía práctica y sencilla para lograr la armonía, la paz y el equilibrio en la edad adulta

editorial Sirio, s.a.

Si este libro le ha interesado y desea que lo mantengamos informado de nuestras publicaciones, escríbanos indicándonos qué temas son de su interés (Astrología, Autoayuda, Naturismo, Nuevas terapias, Espiritualidad, Tradición, Qigong, PNL, Psicología práctica, Tarot...) y gustosamente lo complaceremos.

Puede contactar con nosotros en
comunicacion@editorialsirio.com

4ª edición: febrero 2010

Título original: HOW TO GROW UP WHEN YOU'RE GROWN UP
Traducido del inglés por Irma Viegas
Diseño de portada: María Pérez Aguilera

EDITORIAL SIRIO, S.A.
C/ Panaderos, 14
29005-Málaga
España

EDITORIAL SIRIO
Nirvana Libros S.A. de C.V.
Camino a Minas, 501
Bodega nº 8 , Col. Arvide
Del.: Alvaro Obregón
México D.F., 01280

ED. SIRIO ARGENTINA
C/ Paracas 59
1275- Capital Federal
Buenos Aires
(Argentina)

www.editorialsirio.com
E-Mail: sirio@editorialsirio.com

I.S.B.N.: 978-84-7808-740-2
Depósito Legal: B-6.946-2010

Impreso en los talleres gráficos de Romanya/Valls
Verdaguer 1, 08786-Capellades (Barcelona)

Printed in Spain

Dedicatoria

Dedico este libro a mis tres maravillosos hijos Timothy, Daniel y Joseph, que son los amores de mi vida. Su aceptación, su amor y su apoyo han sido siempre constantes, aunque yo estuviese todavía creciendo mientras los educaba. También lo dedico a mis queridos nietos, Caitlin, Colin, Garrett y Keegan.

Prólogo

Hay una palabra hebrea que capta el sentido de este libro: Shalom. En nuestro idioma no existe una traducción adecuada para esta amplia y totalizadora experiencia humana de plenitud.

Se trata del proceso de crecer, de madurar, de convertirnos en seres humanos sabios cuyas vidas sean expresión de la alegría, del equilibrio y de la paz. *Cómo crecer cuando ya has crecido* nos enseña a trascender los miedos y los obstáculos de la vida y a convertirlos en plenitud, pero no sólo una plenitud personal, sino planetaria.

Éste no es un libro pensado para leer sino para actuar. Implica un trabajo en el que intervienen el cuerpo, las emociones, el intelecto y el espíritu. El resultado es el equilibrio, tanto interno como externo, un equilibrio cuyo fruto es un ser humano nuevo y un mundo nuevo. Un mundo de hombres y mujeres verdaderamente adultos.

Dr. David Wilkinson
Tucson, Arizona
febrero de 1994.

PRIMERA PARTE

CRECER Y HACERNOS MAYORES

Atreverse

Reír es arriesgarse a parecer un loco.
Sollozar es arriesgarse a parecer sentimental.
Tenderle la mano a otro es correr el riesgo de comprometerse.
Exponer tus ideas y tus sueños ante los demás, es arriesgarte a perderlos.
Amar es arriesgarse a no ser correspondido.
Vivir es arriesgarse a morir.
Creer es arriesgarse a fracasar.
Pero debemos arriesgarnos, porque el mayor peligro en la vida es no arriesgar nada.
Quienes no arriesgan nada no hacen nada, no tienen nada, no son nada.
Tal vez eviten el sufrimiento y el dolor, pero no pueden aprender, sentir, crecer, amar ni vivir.
Son esclavos encadenados a sus actitudes; han perdido el derecho a la libertad.
Sólo quien arriesga es libre.

Anónimo

CAPÍTULO 1

¿QUÉ SIGNIFICA HACERNOS MAYORES?

La pequeña Carin, de ocho años, sostuvo con fuerza el lápiz negro en su puño cerrado, dibujando audaces líneas sobre el papel que yo acababa de darle. Me miró desafiante y dijo: «¡Yo nunca me haré mayor, no quiero hacerme mayor y tú no me puedes obligar!» «De acuerdo», le dije. «No tienes que hacerte mayor hasta que estés preparada. ¿Puedes decirme qué tiene de malo hacerse mayor?» Suavemente la toqué en el brazo. Cambió el lápiz negro por otro de color rojo señalándome con ello que su tristeza se había convertido en enfado. Rodeó las líneas negras del centro con círculos repintados de rojo, dibujando círculo tras círculo antes de contestarme. «Porque duele mucho», dijo tranquilamente bajando su cabecita y apartando los ojos de mí. Esperé por si ella quería seguir hablando un poco más. «Y no me gustan las cosas que hacen los mayores», otra vez desafiante, con los ojos brillantes, «especialmente las cosas que hacen a los niños». «¿Te ha hecho daño alguna persona mayor, Carin?» Dudó, luego lentamente dijo: «Si». «¿Quieres contármelo?», le dije con voz tranquilizadora. Dejó los lápices de colores y el papel, y bajando su cabecita, dijo: «Vas a creer que soy una niña mala y ya no me vas a querer si te lo cuento». Yo le dije: «Carin, yo sé que tú no eres una niña mala. Eres una niña muy buena. A veces, a los niños les suceden cosas malas, pero eso no significa que el niño sea malo. Nada de lo que me cuentes hará que yo deje de quererte, así que ahora, ya puedes contarme lo que ha pasado».

Carin cerró los ojos y empezó a llorar en silencio, mientras me contaba que su padrastro abusó de ella por primera vez en el granero, sobre un montón de heno recién segado. Recordándolo se liberaba del dolor, curando la herida que aquel hecho le había producido. Ello ocurrió hace treinta y siete años. Fue el primer abuso sexual y se prolongó durante seis años más, repitiéndose cada semana hasta que a los catorce años se escapó de casa. Después de tantos años, las heridas emocionales estaban todavía sin cicatrizar, dolían y debían ser curadas antes de que Carin pudiera llegar a ser una adulta equilibrada.

Carin representaba la más joven de ocho personalidades que eran partes fragmentadas de una de mis pacientes. Después de quince meses de terapia, Carin se resistía a fundirse con las otras partes de su personalidad. Se había creado partiendo de sus dolorosos recuerdos y debido a los traumáticos acontecimientos que ocasionaron la división de su personalidad en partes distintas y separadas, formando varios «yos» con autonomía propia. Carin necesitaba recordar y sentir el dolor de la impotencia, el miedo y la rabia que tuvo que reprimir cuando su padrastro la violó.

Su miedo a recordar y a contarlo a alguien estaba aprisionado detrás de los muros de la vergüenza y el sentimiento de culpa. El dolor y la tristeza que sentía dentro de su ser se revelaban a través de los negros garabatos de su dibujo. Los círculos en rojo me mostraron que teníamos que tratar la rabia que ella sentía, antes de ocuparnos del dolor. Mientras siguiera sufriendo por su robada inocencia de niña, por su imposibilidad de elección, por la impotencia y por la traición vividas, nunca iba a poder crecer y madurar, y lo mismo le sucedía a la mujer de cuarenta y cinco años que semana tras semana se sentaba en mi acogedora consulta.

Madurar es un proceso. Es algo con lo que vamos a estar comprometidos durante el resto de nuestras vidas. Es un proceso que a veces nos obliga a encontrarnos vapuleados entre las conductas responsables y maduras y las irresponsables e infantiles.

Al igual que cualquier otro proceso humano, el crecimiento es un cambio constante. A veces el cambio es sutil y lento, incluso parece estancarse. Otras veces nos golpea como un tornado, creando torbellinos que afectan a la totalidad de nuestra vida, desafiando nuestras reservas y nuestros recursos para sobrevivir.

A veces nos sentimos seguros, en calma, íntegros. Otras veces perdemos la serenidad y nos dejamos arrastrar por una ira inmadura que brota por las afrentas más insignificantes, sintiéndonos luego avergonzados por nuestra pérdida de control y por nuestra inmadurez. La ira desencadenada por otra persona o por un acontecimiento es la pista que nos avisa de que hemos de buscar la raíz del problema en nuestro interior, porque en ese momento no estamos actuando como seres adultos.

¿Cómo sabemos que ya somos adultos?

¿Somos adultos cuando hemos alcanzado la edad y la estatura de las personas mayores? ¿Después de los veintiuno, los cuarenta o, tal vez, los sesenta y cinco años? ¿Cuando pagamos un alquiler, desempeñamos un trabajo o tenemos hijos que educar? ¿Qué significa para ti ser adulto? ¿Hacer cosas porque tienes que hacerlas aunque no quieras hacerlas? ¿Pagar tus impuestos y ayudar con los deberes a tus hijos? ¿Arreglar lo que se estropea en casa? ¿Enfrentarte a una interminable montaña de ropa sucia o a los platos del fregadero? ¿Correr de aquí para allá para satisfacer las necesidades y las demandas de los demás? ¿Acomodarte a regañadientes a una vida muy atareada y llena de tensiones?

Sí, todas estas cosas las hacen los mayores. Pero sólo porque hagamos todas esas cosas propias de los adultos, no quiere decir que la persona que llevamos dentro haya madurado por completo y sea madura en todo momento.

Hay momentos, o días, en los que recordamos nuestros años infantiles, cuando nos sentíamos libres de obligaciones, sin todas esas exigencias y fechas límite. Anhelamos tener más tiempo para nosotros mismos, para descansar y para recuperarnos.

Algunas veces nos miramos al espejo buscando nuevas arrugas y más canas y nos preguntamos: «¿Qué estoy haciendo? ¿Cómo he llegado a aceptar tantas responsabilidades? No puedo llevarlo todo a cabo. ¿Cómo sucedió todo esto tan rápido? No estoy preparado para ello. Quiero ser niño de nuevo. Quiero ser libre y divertirme».

Estos pensamientos nos llevan a querer escapar del hecho de hacernos mayores. Ya no nos parece tan divertido como esperábamos. A veces ese niño pequeño que todos llevamos dentro está resentido o temeroso. Quizás el nuevo jefe en el trabajo nos pone inexplicablemente nerviosos y nos damos cuenta de que se parece o nos recuerda un poco a nuestro padre. Tal vez hemos de tomar una decisión importante, presentar algún proyecto o realizar un examen y nos encontramos mordiéndonos las uñas, viendo la tele con la mente perdida o bebiendo demasiado para evitar una tarea hacia la que sentimos pavor.

Una crisis puede ser el detonante para que nos demos cuenta de que no nos sentimos lo bastante maduros como para poder con todo. El niño que sigue viviendo y siempre vivirá dentro de nosotros está asustado, aburrido o loco. De hecho, puede que dentro convivan varios niños, o uno con muchos estados de humor, con edades distintas y caras distintas. Puede que le guste jugar y divertirse todo el tiempo, que esté triste o que quiera llorar y desahogarse y lo haga viendo películas tristes, especialmente ésas en las que los personajes se demuestran un amor verdadero. Puede haber otro que tal vez tenga instintos suicidas y se haga daño a sí mismo con frecuencia; otro que esconda su ira detrás de los chistes y del sarcasmo más sutil; otro que coma o beba demasiado o tome drogas para escapar del dolor interno; otro que sea sexualmente promiscuo y haga que te veas envuelto en relaciones condenadas al fracaso y al sufrimiento. Quizás haya otros que sigan surgiendo a la superficie, saboteando tu vida adulta.

Este libro ha sido escrito para mostrar cómo se puede llegar a reconocer, a educar y a curar a esos niños que hay en nuestro interior, evolucionando hacia la madurez, sintiéndonos al mismo tiempo felices, satisfechos, equilibrados y en paz con nosotros mismos.

Al igual que Carin tuvo que pasar por el dolor de recordar, expresar y sentir todo aquello que no había podido sentir cuando fue víctima de la violación, quizás tengamos que bucear en los recuerdos de nuestro pasado, por doloroso que éste sea, para curar nuestras viejas heridas y poderlas dejar atrás, permitiendo nuestro crecimiento y liberando al ser adulto que hay en nosotros.

Cuando ocasionalmente explotas, y a causa de la tensión acumulada la tomas con tus hijos, tu pareja, tu mejor amigo, o tu perro, puedes herir a los que más quieres al descargar tu ira sobre ellos. Luego, una vez que te has calmado te sientes culpable.

¿Y cuánto tiempo hace que tratas de reunir el valor suficiente para decirles a tus padres que dejen de meter las narices en tus asuntos? A veces te siguen tratando como si fueras un niño. O tal vez tú, en su presencia, todavía te sientes como un niño, incluso si ellos intentan tratarte como a un adulto.

¿Te sientes maduro en momentos así? ¿Te recuerdan esos momentos al niño que te es tan conocido, ése que un día descubrió que el mundo puede ser un lugar aterrador?

¿Y esas veces en las que te olvidas de que eres mayor y actúas como un niño, sólo por placer? Saltas sobre un montón de hojas secas o gritas como un loco viendo un partido de fútbol en la televisión o estás una hora riéndote con una película tonta. Vuelves a sentirte niño, aunque sólo durante un ratito. Y te sientes bien.

Si algunas veces te ocurren estas cosas, ¿eres realmente adulto? ¿Significa el hecho de crecer que no podrás jugar ni divertirte ya nunca más? En absoluto. Ser maduro no significa estar siempre serio. Puedes equilibrar tu vida entre el trabajo y la diversión.

Crecer es también cosa de adultos

Cuando yo era joven, creía en el mito de que sería totalmente adulta al cumplir veintiún años. También pensaba que los adultos, de forma automática, tenían los sentimientos acertados, las ideas correctas y el pensamiento desarrollado, y que tomaban siempre las decisiones adecuadas. Creía que a partir de ese momento mágico ya siempre tendría pensamientos y sentimientos de adulto, sabría qué decisiones tomar en cada momento y conocería todas las respuestas.

Pero como sabemos, no es así. Ni al llegar a los dieciocho, ni a los veintiuno, ni siquiera a los treinta y cinco, cincuenta y ocho o setenta y cinco años conocemos todas las respuestas correctas: De hecho, a menudo ni siquiera conocemos las preguntas correctas. Y con frecuencia, cuando tomamos las decisiones acertadas es sólo debido a un golpe de suerte. Lo mejor que cada uno de nosotros puede hacer es aceptar la vida tal y como viene, utilizando lo que hemos aprendido a través de los años para responder a cada nueva pregunta y para enfrentarnos a cada nuevo problema que surge.

Las personas maduras empiezan a ser inteligentes cuando se dan cuenta de que no siempre hay una respuesta correcta. En lugar de ello tenemos opciones y posibilidades entre las que podemos elegir en cada momento. Unas veces nuestra opción es sólo escoger entre «lo menos malo». Otras, nos vemos obligados a escoger entre opciones buenas, como cuando nos llegan dos buenas ofertas de empleo en el mismo día.

Crecer es algo que hacemos durante toda nuestra vida, independientemente de lo larga que ésta llegue a ser. El viaje está lleno de paradojas. Llegas al final sólo cuando mueres. Y como muchas otras personas, puede que lleves a término tu viaje sin haber madurado por completo.

En este transcurrir de la vida, habrá veces en las que queramos salir corriendo y escapar. Especialmente esos días en los que nos sentimos desbordados por las responsabilidades, ya sean éstas familiares, sociales o profesionales. Estamos destinados a vivir momentos de temor e inseguridad, y a veces, puede que deseemos desaparecer, evadirnos.

¡Pero lo bueno es que para ser adulto no es necesario hacerlo siempre todo bien! Ser maduro sólo significa que hemos de hacerlo lo mejor posible siempre que podamos. Siempre habrá ciertos ámbitos de nuestra vida en los que seremos capaces de actuar mejor. Enfrentarnos a esos desafíos es lo que nos conduce a la auténtica madurez y al cambio evolutivo.

El proceso de madurar significa que dejamos atrás la peor parte de la niñez —la dependencia, los miedos, la falta de autocontrol, el no tener opciones— conservando todo lo mejor, como ser espontáneos, reír, amar, dar, jugar y divertirnos.

Este libro te ayudará a identificar tu grado de madurez: en qué sentido eres menos maduro de lo que podrías ser, qué modelos de conducta te están impidiendo crecer y qué técnicas puedes poner en práctica para recorrer el camino que te conduzca a la madurez. Puedes acabar la tarea que tus padres y tus maestros emprendieron; de hecho, tienes que acabarla: ésa es la tarea básica de vivir. A largo plazo, eres el único responsable de tu propia madurez; tus padres y tus maestros sólo fueron responsables de ti durante unos cuantos años.

No dejes que esta responsabilidad de adulto te deprima. Ser mayor no consiste sólo en deberes y trabajo. Madurar es lo que da sentido a esta vida. A medida que nos hacemos auténticamente responsables de nuestras decisiones y de nuestros actos, vamos convirtiéndonos más en el verdadero «Yo», en el mejor «Yo» que podemos ser. Como adultos, tenemos opciones y oportunidades de alcanzar metas, de contribuir, de servir a otros, de crear, de salvar este mundo y de decir: «Esto es lo que yo soy. Me acepto a mí mismo. Si tú no me aceptas, no me importa demasiado, porque dentro de mis posibilidades, estoy siendo la mejor persona que puedo ser».

Como adulto sabes quién eres, has aprendido a aceptarte con todos tus defectos, tus miedos y tus fracasos y a enorgullecerte de las cosas que haces realmente bien. Renuncias a caerle bien a todo el mundo y a que constantemente te den su aprobación y te acepten, porque eres consciente de que tal y como eres ahora, estás muy bien.

La capacidad de responder adecuadamente

En mi intento por trazar un modelo de adulto utilizo la palabra *responsabilidad* muy a menudo. La responsabilidad es la clave conceptual para entender lo que es madurar. Esencialmente significa *la habilidad para responder apropiadamente a cualquier eventualidad que suceda en tu vida.*

Las personas maduras aceptan la responsabilidad de lo que sucede en sus vidas, sabiendo que no siempre pueden controlar los acontecimientos y menos a otras personas, pero saben que tienen opciones entre las que elegir, a fin de responder a las situaciones que se les presenten. Si quieres cambiar, aprender, adaptarte y aceptarte, no puedes eludir esa responsabilidad.

Dentro del proceso de crecimiento hay un momento en el que

debemos dejar a un lado las fantasías y las expectativas de la niñez. Tal vez tu cónyuge, tu trabajo, tus hijos y tu vida no sean perfectos, pero son los tuyos y están llenos de ricas posibilidades de alegría y amor. El ser maduro, sabe cuándo debe buscar la solución a los problemas que la tengan y cuándo debe abandonar y empezar de nuevo.

Quienes han crecido tienen confianza en sí mismos, saben reconocer sus errores y aceptan sus limitaciones y sus debilidades. Valoran sus logros y están orgullosos de su fuerza. Mejoran aquello que merece el esfuerzo de ser cambiado y no se angustian por cosas que son imposibles de cambiar o cuyo cambio no es importante.

El niño interior

¿Recuerdas a esos niños a los que hice referencia anteriormente? Dentro de cada adulto hay un niño, a veces inseguro, asustado, dudoso o necesitado. Esas partes más jóvenes de ti siempre buscan lo mismo: amor, aprobación, aceptación y seguridad. El niño interior quiere ser cuidado, lucha entre la dependencia y la independencia y a veces quiere escapar de las responsabilidades. Estas viejas necesidades afloran con más frecuencia en las situaciones tensas, en los conflictos y en las crisis.

Ser adulto es sobre todo el proceso de mantener controlado a ese niño pequeño, y al mismo tiempo, de educarlo. Ese niño interior es parte de nuestra responsabilidad, igual que lo es la de cuidar de nuestros hijos en su desarrollo. Si somos siempre indulgentes con él y le permitimos tomar todas las decisiones, puede que en algunas ocasiones no elija juiciosamente. Nuestra parte adulta tiene que decidir lo que más beneficia al niño interior. Hemos de controlar sus deseos, sus miedos, sus impulsos y sus necesidades con amor, paciencia y comprensión. Tenemos que convertirnos en esos padres sensatos y cariñosos que quizás no tuvimos. Hemos de apoyarle y animarle para que se haga mayor.

¿Por qué continúa el niño interior interfiriendo en tu proceso de desarrollo y evolución? ¿No deberíamos en algún momento dejar atrás toda esa locura infantil y dedicarnos a las cosas serias de la vida? Mis pacientes a menudo me comentan que el pasado no existe ya y que debe ser olvidado. Cuando les oigo sé que están inmersos en una forma u otra de rechazo y que están buscando un arreglo rápido temporal, que les alivie el dolor que sienten.

En teoría, olvidar el pasado puede ser un gran logro, pero sencillamente, no es propio de la naturaleza humana desvincularnos de nuestro pasado. Pasamos la mayor parte de nuestra vida adulta haciendo frente a los mitos, ilusiones, desilusiones, heridas, abandonos, abusos y separaciones de nuestra niñez. Incluso con los padres más sensibles, los niños sufren traumas, pues por muy bienintencionados que éstos sean, no pueden proteger a sus hijos de todos los peligros de la vida. La excesiva protección del núcleo familiar puede crear en los hijos expectativas poco realistas acerca de lo que se encontrarán luego en la vida. Los padres deben caminar por una línea muy fina, permitiendo que sus hijos se enfrenten a las decepciones y al mismo tiempo protegiéndolos de situaciones abusivas.

Lo cierto es que la mayoría de nosotros fuimos educados por padres que sufrieron dolor, fueron heridos en su propia niñez y luego no tuvieron la más mínima idea de cómo criar a sus hijos de una forma sana y feliz.

La edad adulta es el tiempo adecuado para dejar de lado los cuentos siniestros de la niñez, junto con las fantasías de los cuentos de hadas. Para aprender que las cosas no son tan perfectas como prometían los cuentos que nos contaban para dormirnos ni tan horribles como nuestros traumas infantiles sugerían. Los acontecimientos que suceden en la vida son interesantes y valiosos. Debemos decirles adiós a los personajes de los cuentos, a los monstruos y a las brujas de nuestra niñez. Es hora de escribir nuestro propio final feliz.

Lo mejor de ir creciendo es que al ser un proceso, podemos vernos a nosotros mismos evolucionando. Cada paso que damos hacia la madurez emocional, la autosuficiencia y la responsabilidad por nuestros actos nos acerca a una vida más satisfactoria y más plena. Si nos comprometemos a crecer, nuestra vida mejorará cada vez más.

La parte menos buena es que nunca llegaremos a esa meta y que siempre permaneceremos en ese proceso. Seguirán aflorando problemas basados en los miedos y las necesidades del niño, los cuales complicarán las cosas. Por ejemplo, tu yo adulto quiere cumplir con sus responsabilidades y reduce los gastos para poder pagar las facturas pendientes, mientras que el niño que hay en ti quiere divertirse y se toma unas vacaciones utilizando la tarjeta de crédito. Tu yo maduro sabe que permanecer al lado de un esposo que frecuentemente te golpea es doloroso y erróneo, mientras que el niño interior se siente desvalido y dice que quizás te merezcas ese trato o bien piensa que es más fácil simplemente aguantar y esperar que algún día todo cambie por arte de magia.

Pero aunque nunca alcancemos la perfección como adultos, esa lucha tiene en sí un aspecto positivo. Cada uno de esos conflictos es un nuevo reto, una oportunidad de aprender, otra posibilidad de hacer frente a esas áreas problemáticas de nuestra vida, una forma de zanjar viejas cuestiones y de cambiar los modelos de conducta anclados en el pasado. Es otra oportunidad de madurar.

Luchar por el equilibrio

Hacernos mayores no es alcanzar cierta posición en la vida, en la que podamos ser etiquetados como adultos y ya está. Madurar es una cuestión de equilibrio, es decir, cuidar todas las facetas de nosotros mismos. Cuando sientes que tu vida está rompiendo con todo lo que la rodea, que no está funcionando efectivamente, esto es una señal de que necesitas algún reajuste en tu equilibrio.

Nos desequilibramos cuando uno de los cuatro aspectos del ser humano absorbe por completo a los otros ámbitos de nuestra vida y descuidamos esas otras partes.

Estos cuatro aspectos son: el físico, el emocional, el intelectual y el espiritual. Puedes ser maduro o inmaduro en una o en varias de esas facetas. Incluso cuando sientes que las cosas van bien en dos o tres de estos ámbitos, si los otros se han descuidado, te sentirás desequilibrado.

Permanecer equilibrados puede ser un gran reto. A veces, es un desafío que nos produce alegría y recompensas, porque perder el equilibrio de vez en cuando no es ningún desastre. Puede ser una señal de que necesitamos trabajar un poco más interiormente y de que estamos preparados para seguir creciendo.

Todos hemos visto a los malabaristas en la feria o en el circo y nos hemos sentido electrizados en ese momento cumbre en el que consiguen que todos los platos den vueltas al mismo tiempo. Pero, ¿cuánto tiempo dura? Unos cuantos segundos, quizás como mucho, un minuto. El malabarista, inevitablemente, deja caer algo o se le cansan las piernas o los brazos, o los platos pierden su impulso y dejan de dar vueltas. ¿Se retira el artista avergonzado? No, simplemente acepta el aplauso del público, recoge los platos y empieza a hacerlos girar otra vez.

Lo mejor es tratar de vivir a tu manera. Se te caerán los platos de vez en cuando porque el equilibrio de ser adulto es difícil. Pero cada vez que sientas que estás perdiendo el equilibrio será una nueva oportunidad de mejorar tus habilidades. Cada momento difícil de nuestra vida nos ofrece una nueva posibilidad de crecer un poco más. De niños, a eso lo llamábamos hacernos mayores; de adultos, lo llamamos crecimiento.

El miedo nos impide crecer

Cuando hacemos cosas sin sentido, cosas que no son precisamente lo mejor que sabemos hacer, cosas que nos impiden seguir creciendo, que no concuerdan con la imagen que tenemos de nosotros mismos, ello suele estar motivado por algún miedo de la niñez. El miedo es el elemento clave que nos impide avanzar. Es la base de todas las emociones negativas, como la ira, la depresión, la angustia, la vergüenza, la culpabilidad, la autocompasión y la desesperación.

Los temores irracionales de la niñez que no han sido examinados ni superados pueden dispararse en momentos de crisis, como un divorcio, la muerte de un ser querido, la pérdida del trabajo, el traslado a una nueva ciudad o el comienzo de una nueva relación. También pueden dispararse sutilmente y con cosas más simples que se encuentran escondidas en el inconsciente, como el color rosa, el llanto de un niño, un artículo del periódico o el hecho de oír a dos personas gritándose.

Durante esas crisis nos sentimos dolorosamente vulnerables y fácilmente heridos. Pero al mismo tiempo, los sucesos que desencadenan el miedo también nos hacen estar más abiertos y receptivos a cualquier cambio significativo que nos conduzca a la meta de la madurez. Estas crisis nos ofrecen la oportunidad de explorar y enfrentarnos a nuestros temores. Encontrar un buen terapeuta que nos ayude a acelerar este proceso nos facilitará un entorno en el que nos sentiremos seguros y aceptados.

Recuerda que las crisis son una oportunidad de aprender, de crecer, de afrontar tus miedos y de luchar contra ellos. En lugar de algo temible, la crisis es una oportunidad de reconocer nuestros temores, dominarlos, comprenderlos y luego dejar que se disipen.

Aprender a amarnos y a aceptarnos

¿Qué sucede cuando empiezas a renunciar a tus temores? Si aprendes a caminar por el sendero de la madurez dejando los temores atrás, uno por uno, ¿dónde acabarás? ¿Dónde irás?

El lugar donde nos lleva el viaje de la madurez es el Amor. El Amor, ese lugar en el que a todos nos gustaría estar, es lo contrario del Miedo. El amor es un estado del ser en el que estás a gusto, no tienes miedo, estás a salvo, te sientes seguro y eres autosuficiente, porque te amas a ti mismo y crees en tu capacidad para sobrevivir y para cuidar de ti mismo.

Dejas de tomar las afrentas de los demás como algo personal. Te das cuenta de que ellos también tienen problemas, y puedes responderles con compasión y comprensión en lugar de estar siempre a la defensiva. Eres capaz de escuchar sin opinar y puedes compartir tus experiencias con los demás sin miedo a ser juzgado.

Aceptarte significa saber que seguirás convirtiéndote en la mejor persona que puedes llegar a ser, y que ya, tal como eres, te gustas a ti mismo.

CAPÍTULO 2

CRECER EN TODAS DIRECCIONES

En el equilibrio y la armonía de toda persona humana intervienen sus cuatro partes inseparables: la física, la emocional, la intelectual y la espiritual. Cualquiera de estas partes puede desequilibrarse si es descuidada, mal utilizada, sobrevalorada o afectada por un inesperado accidente. Al mismo tiempo, cada una de ellas puede ser una fuerza que nos proporcione habilidades y recursos, que podremos aplicar para solucionar problemas que surjan en otras áreas.

Cada uno de estos aspectos exige por nuestra parte una atención especial en distintos momentos de nuestra vida. Por ejemplo, recientemente un amigo mío levantó una caja de herramientas muy pesada, por lo que sufrió un tirón en la zona lumbar. Inmediatamente se desequilibró. El tremendo dolor que sentía le exigió enfocar toda su energía y su atención en su estado físico. En lugar de seguir con su plan de pintar la cocina tuvo que visitar al médico, tomar la medicación adecuada y guardar el reposo absoluto que le prescribieron.

Los dolorosos espasmos musculares que padeció reclamaron toda su atención. Su emotividad también aumentó, ya que sintió la frustración de tener que cambiar sus planes. Se deprimió porque se vio incapaz de poder cambiar la situación de forma inmediata. También sintió temor ante una posible consecuencia negativa, como la de tener que someterse a una operación para corregir el problema.

Trató de utilizar su capacidad mental para leer y estudiar, pero no podía concentrarse. Involucró a su parte espiritual en el proceso de curación utilizando la meditación, la relajación contra el dolor y la visualización de su espalda ya curada.

Una semana después se había recuperado por completo. Pintó la cocina y pudo seguir adelante con sus tareas habituales de forma responsable, y de nuevo, en equilibrio.

Cuando un adulto está en armonía, todos estos elementos convergen y funcionan al unísono, de una forma tan delicada que ni siquiera somos conscientes de ellos como entes separados. Si estás en equilibrio eres un ser completo. Esta armonía te permite dar el máximo en cada uno de los aspectos que conforman el todo de un ser humano. Vives con una sensación de bienestar y sabes que sigues avanzando en tu vida.

Después de mencionar qué significa ser adulto en cada una de estas cuatro dimensiones del ser, veremos con más detalle cómo funcionan las cuatro partes al unísono y cómo podemos aprender a mantenerlas en equilibrio. Por ahora, vamos a observar algunos conceptos del crecimiento y algunas de las cosas que interfieren en dicho proceso.

El crecimiento espiritual

La espiritualidad es el pegamento que mantiene unidas todas las partes del Ser. Como seres humanos, todos tenemos una esencia eterna, una chispa que enciende la vida en nuestros cuerpos y que se apaga cuando morimos. Las experiencias de nuestra vida nos impulsan a creer en algo superior a nosotros. A través de la historia, tanto los pueblos primitivos como los modernos han tenido la misma necesidad de buscar más allá de la realidad visible las respuestas a esas preguntas que todos nos hacemos sobre la vida y la muerte.

Imaginemos una mano cubierta por un guante. El guante es nuestro cuerpo y la mano es nuestra esencia o espíritu. Cuando nos quitamos el guante, la mano permanece. La mayoría de las personas en este planeta creen que después de la muerte física el alma o espíritu vive en otra dimensión.

Ser espiritual no significa necesariamente ser religioso. Cada uno posee distintas creencias acerca de Dios y la eternidad, y algunas personas no creen en absoluto que exista una vida más allá de la existencia cotidiana. Crecer espiritualmente significa aprender a valorar las dimensiones espirituales de nuestro ser, como la creatividad, la intuición y la conciencia. Ello nos conduce a la búsqueda del sentido de la vida y de la verdad, de esa verdad que trasciende los acontecimientos cotidianos.

El camino espiritual nos lleva a cultivar nuestra capacidad para el amor y para adquirir experiencias positivas y constructivas. La madurez espiritual puede ayudarnos a convertir los acontecimientos negativos o dolorosos en oportunidades para aprender y crecer, y nos puede ayudar a desarrollar niveles más elevados de compasión y solidaridad hacia el sufrimiento de los demás.

Todos hemos experimentado los impulsos conflictivos del bien contra el mal y hemos sentido la fuerza, la claridad y la paz que surgen al hacer lo moralmente correcto, incluso a costa de nosotros mismos. Ser espiritualmente maduros es aprender a escuchar las voces más positivas que nos hablan desde nuestro interior.

Esa pequeña parte de nosotros que se siente amenazada es temerosa y egoísta, es el diablo que en la sombra te susurra: «Sigue adelante, hazlo, no te dejes engañar». Tus impulsos positivos para ser generoso y desprendido proceden de tu aspecto espiritual más elevado, es el ángel que te susurra al oído para que hagas el bien y actúes con amor hacia ti mismo y hacia los demás.

Crecer espiritualmente es necesario para tu desarrollo total como ser humano. Los otros tres aspectos del ser son sólo la vestimenta y las joyas que colocamos sobre la mano espiritual. La mano es la sustancia real. En términos de crecimiento, necesitamos desarrollar el sentido interno para ayudarnos a ser más positivos. Es esencial aceptarnos y amarnos a nosotros mismos, antes de que podamos verdaderamente amar a los demás.

El desinterés por nosotros mismos, es decir, la postura de dar a los demás a costa del sacrificio de nuestras propias necesidades nos abocará a convertirnos en seres resentidos, que no supieron avanzar en su espiritualidad y su emotividad y se quedaron estancados en los conceptos de la infancia.

La persona egoísta sólo da para recibir algo a cambio. Si cuando das un regalo no quitas la etiqueta del precio, no estás dando en el sentido espiritual más elevado. Si te sientes fácilmente amenazado y con frecuencia te hallas a la defensiva, estás reaccionando a los retos de la vida y de los demás de una forma egoísta y desde el aspecto más negativo de ti mismo, lleno de temores, igual que un niño.

Cuando aprendes a amarte y a aceptarte a ti mismo puedes llegar a ser lo bastante fuerte y generoso como para aceptar a los demás en el nivel de desarrollo que hayan alcanzado, de una forma abierta, incondicional y sin juzgarlos.

¿Quieres desarrollar tu Individualidad y abrirte a tu propio crecimiento espiritual? Si es así, ¿estás dispuesto a?:

— ¿Permitir que la parte espiritual de tu ser te guíe para integrar tus aspectos físico, intelectual y emocional?
— ¿Tomar el control de tu propia vida sin importarte lo que suceda en el mundo en el que vives?
— ¿Aprovechar tus recursos internos —que desconocías— mediante el uso de la intuición?
— ¿Ser receptivo a las intuiciones que te propicien las prácticas religiosas, la oración, la meditación y la naturaleza?
— ¿Desarrollar más flexibilidad en tus actitudes?
— ¿Encontrar la fuerza necesaria para aceptar los desafíos y probar nuevas cosas?
— ¿Aprender a disfrutar de la soledad?
— ¿Perdonarte a ti mismo y a los demás por las viejas ofensas?
— ¿Transmitir a los demás paz, amor y aceptación?
— ¿Hacer frente a la tragedia, las pérdidas y la muerte con valor y serenidad?
— ¿Creer que todo en la vida tiene un significado y un propósito?
— ¿Conducir tu vida según la forma que mejor dé, a pesar de lo que piensen los demás?
— ¿Superar el egoísmo, la mezquindad y la censura a los demás?
— ¿Admitir que siempre estás en el proceso de crecer y aprender?
— ¿Vivir en el aquí y ahora y tener fe en que todo se solucionará del mejor modo?

La Individualidad es una postura de madurez que te permite conocer tus propios deseos y las necesidades de los demás sin sacrificar tu integridad personal. Crecer espiritualmente es el camino para alcanzar ese estado de paz interior.

El crecimiento físico

Es tentador pensar que el crecimiento físico acaba una vez que nuestro cuerpo se ha desarrollado. Sin embargo, incluso después de los rápidos cambios de la niñez y la adolescencia nuestro cuerpo continúa cambiando. Requiere un cuidado continuo y un mantenimiento durante toda la vida adulta. Al sobrepasar la mediana edad, tu cuerpo necesitará un cuidado todavía más intenso.

Dado que sólo tenemos un cuerpo, debemos cuidarlo lo mejor posible. Puede que lleguemos a vivir ochenta, cien o más años; por lo tanto, si desgastamos el cuerpo en los primeros veinte o cuarenta años, pasaremos el resto de nuestra vida en un cuerpo completamente exhausto.

En la actualidad es difícil escapar a los constantes mensajes que aparecen en los medios de comunicación sobre el cuidado de la forma física. Si necesitas comer menos, hacer más ejercicio, reducir el estrés o abandonar algún hábito destructivo como fumar, beber en exceso o abusar de las drogas, no tienes ya excusas para no llevarlo a cabo ahora. Una persona madura se responsabiliza de su forma física, ya no necesita a «mamá» para que le diga que se cuide mejor.

Incluso si tienes una buena forma física, todavía corres el riesgo de desequilibrarte. Al igual que cualquier otro aspecto en la vida, la forma física puede ser llevada a extremos peligrosos. Si te centras demasiado en perfeccionarte físicamente descuidando otros aspectos de tu ser, a la larga pagarás un precio por ello, como les sucede a los jóvenes deportistas que abusan de los esteroides sin considerar los efectos negativos que a largo plazo producen en su cuerpo.

Puedes perder tu equilibrio si dejas que la tensión dañe tu cuerpo. Nuestra vida está cargada de estresantes. Una cantidad moderada de tensión es estimulante, pero demasiada resulta mortal. La tensión excesiva no sólo agota la mente y desgasta las emociones, también afecta enormemente al sistema inmunológico y reduce la capacidad corporal para hacer frente a las enfermedades.

Las personas maduras no recurren al alcohol ni a las drogas para relajarse y reducir la tensión; en lugar de ello, aprenden a utilizar la meditación, el ejercicio físico o un *hobby*. La relajación, la autohipnosis y otras estrategias nos pueden ayudar a todos a mantener bajo control la tensión de nuestras vidas.

¿Quieres crecer físicamente? Te gustaría ser capaz de:

— ¿Controlar y dirigir tus niveles de estrés?
— ¿Utilizar el ejercicio físico para reducir la depresión y la meditación para mitigar el dolor?
— ¿Hallar la fuerza de voluntad necesaria para acabar con los malos hábitos como el exceso de comida, las drogas, el tabaco o el alcohol?
— ¿Dejar de preocuparte por aquello que tus genes no te han proporcionado y enorgullecerte de tu propia belleza innata?
— ¿Dejar de buscar ese ejercicio físico definitivo o esa vitamina que haga que tu cuerpo sea perfecto?
— ¿Descubrir por qué esa dependencia que sientes hacia los placeres del sexo, las drogas, los deportes u otras formas de estimulación te deja en el fondo insatisfecho?
— ¿Sobreponerte a los traumas e inhibiciones que interfieren en tu satisfacción sexual?
— ¿Disfrutar de todos los aspectos de la vida —incluso de una vida sexual sana y completa— a pesar de poseer alguna discapacidad física o alguna enfermedad?

El hecho de equilibrar e integrar tu ser físico con los otros aspectos de ti mismo te deparará estos descubrimientos. Crecer físicamente no es un proceso que se detenga con el crecimiento natural del cuerpo después de la niñez. Crecer físicamente significa adquirir un conocimiento valioso de nuestro cuerpo, de sus necesidades y de sus satisfacciones.

El crecimiento emocional

La clave para ser emocionalmente adulto es aprender a reconocer, expresar, controlar y gobernar los sentimientos. No es una tarea fácil y en su juventud muy pocas personas están preparadas para ello.

Nuestra sociedad siente fobia hacia los sentimientos. Tenemos miedo de examinar y cambiar nuestras respuestas emocionales porque tememos el malestar del dolor emocional. Eso simplemente significa que tenemos miedo de una parte de nosotros mismos, de nuestros sentimientos. A la mayoría de nosotros nos enseñaron desde muy temprana edad a no mostrar nuestras emociones, a esconderlas y a refrenarlas, con lo cual hemos terminado siendo adultos emocionalmente inmaduros.

Por supuesto, los padres han de enseñar a sus hijos a controlar sus impulsos y a utilizar conductas apropiadas para satisfacer sus necesidades. Pero estas lecciones pueden ser enseñadas sin coartar la expresión de los sentimientos del niño.

Sólo recientemente hemos aprendido a valorar las emociones del niño. A saber consolarlo cuando se siente herido o triste. A permitirle que exprese su enfado y a enseñarle las formas de encauzarlo, en lugar de humillarlo, ridiculizarlo y avergonzarlo con castigos.

Por desgracia, la mayoría de los padres son adultos que también tuvieron que aprender a rechazar sus sentimientos cuando eran niños. Aprendieron a temer y a reprimir sus emociones y ahora transmiten esos miedos a sus hijos. Les transmiten los mismos mensajes de castigo que ellos recibieron cuando eran pequeños.

Padres impacientes y frustrados nos decían que no lloráramos, que no nos enfadáramos o al menos que no demostráramos que nos sentíamos heridos o tristes. Cuando eras niño, ¿cuántas veces te dijeron: «¡Deja de llorar!», «¡no seas niño!», «¡sé un buen niño!», «¡sé una buena niña!»?

La parte oculta de esos mensajes es: no sientas miedo, dolor, daño o enfado. Esconde tus sentimientos. Cuando demuestras esas emociones, eres una mala persona. Un mensaje más enriquecedor sería el de enseñar a expresar y a comprender los sentimientos, en un entorno seguro y en el momento adecuado.

Para conseguir que los adultos nos amaran y nos aceptaran aprendimos a negar y a rechazar nuestras emociones. Algunos de nosotros fuimos física o verbalmente castigados cuando no lo hacíamos. Aprendimos a insensibilizarnos cuando sentíamos emociones fuertes, especialmente las negativas, como la ira, el dolor, el miedo o la tristeza.

Esos mensajes recibidos se quedaron grabados en nuestras mentes y puede que pasemos el resto de nuestra vida adulta cincelándolos para apartarlos de nosotros.

Con mucha frecuencia, los comportamientos que aprendimos para sobrevivir cuando éramos niños ya no nos sirven al llegar a la edad adulta. Si nuestras emociones fueron castigadas o ridiculizadas en lugar de ser valoradas y reconocidas, crecer emocionalmente puede convertirse en una ardua lucha que dure toda nuestra existencia.

La mayoría de los humanos del mundo *civilizado* no son emocionalmente maduros. Los antropólogos nos explican que ciertas tribus fomentan el desarrollo emocional de sus niños, como los bosquimanos de África o los indios senoi, que cada mañana escuchan con atención los mensajes recibidos en sueños, tanto de los niños como de los adultos. Es interesante observar que en estas sociedades *primitivas* no existe el crimen ni la enfermedad mental. En lugar de resistir, negar, combatir y evitar el dolor, los adultos debemos aprender a admitirlo, sentirlo y expresarlo. No importa cuánto nos resistamos al dolor, esa resistencia no va a hacer que desaparezca, sólo vamos a lograr que nos haga más daño. Todas las emociones se hacen más fuertes cuando luchamos contra ellas. El rechazo y una actitud defensiva disminuyen nuestra fuerza para tratar con los sentimientos y tan sólo consiguen que esos sentimientos dolorosos aumenten.

En el otro extremo se encuentran esas otras personas que están aprendiendo a reconocer sus emociones y van por ahí constantemente contando todo lo que sienten. Eso es algo temporal, es tan sólo una fase adolescente en el proceso de la madurez.

La persona emocionalmente adulta aprende a determinar qué sentimientos tiene que expresar, la forma adecuada de compartirlos y con quién ha de hacerlo. También aprende a reconocer si esos sentimientos tienen importancia, si son una reacción visceral a un mensaje o a un miedo del pasado y cuándo indican una necesidad de solucionar un problema o de cambiar algo en su vida, algo que provoca emociones con las que es difícil seguir viviendo.

¿Te gustaría llegar a ser emocionalmente adulto?

— ¿Aprender a enfrentarte a tus miedos y dejar de vivir en un estado de ansiedad?
— ¿Aprender algunos métodos para controlar tu agresividad?
— ¿Convertir los sentimientos negativos en positivos?
— ¿Conseguir detener la depresión antes de que te domine y darle la vuelta convirtiéndola en su opuesto?
— ¿Liberarte del sentimiento de culpabilidad y de la vergüenza?
— ¿Reconocer sentimientos normales como la desilusión o la frustración, antes de que se conviertan en algo abrumador como la depresión o la cólera?
— ¿Perdonar a tus padres y a los demás, incluso a ti mismo, por no ser perfectos?
— ¿Comunicar tus sentimientos de forma positiva y sin violencia?
— ¿Aprender que el verdadero control procede de dentro hacia fuera, no de fuera hacia dentro?
— ¿Terminar la tarea comenzada por tus padres en el lugar donde ellos la dejaron?
— ¿Sentir y expresar amor y cariño hacia los demás?
— ¿Utilizar tus pensamientos para crear emociones positivas?
— ¿Ser más dichoso y feliz de lo que nunca has sido en tu vida?

El crecimiento emocional promete liberarnos de todas estas formas de dolor. No tienes por qué dejar que las mismas gobiernen tu vida nunca más.

El crecimiento intelectual

Otro aspecto del proceso de maduración es desarrollar técnicas efectivas para la solución de problemas, a las que puedas recurrir cuando las necesites. Los adultos utilizan su inteligencia y su capacidad de razonamiento para analizar, racionalizar e imaginar los resultados de diversas posibilidades. Cuando nos enfrentamos a una crisis o a un desafío, debemos estudiar las opciones disponibles en esa situación y elegir la mejor de ellas a partir de la información que poseemos.

Los investigadores del desarrollo cognoscitivo creen que la habilidad para pensar comienza a la edad de siete años. A esa edad, el cerebro puede ser entrenado y la memoria empieza a estar basada en el razonamiento en lugar de estarlo en los instintos y los condicionamientos, que son lo que utilizamos para amaestrar a los animales modificando su conducta mediante recompensas y castigos. Ésta no es la mejor forma de aprendizaje para los seres humanos que están empezando a crecer.

La capacidad para pensar y solucionar problemas es lo que diferencia a los seres humanos de los animales, y su adecuada utilización es una característica de las personas maduras. Durante toda nuestra vida, expandimos y refinamos nuestras capacidades para pensar, conceptualizar, analizar y predecir. Ser un ser humano completo supone utilizar nuestro cerebro en equilibrio con nuestras otras capacidades.

Por supuesto, todos conocemos a personas que confían casi totalmente en sus capacidades intelectuales y llegan a ser excesivamente racionales. Analizan todos sus sentimientos, descuidan la importancia del cuerpo y dicen que no necesitan tener creencias espirituales. Otros, que no han madurado intelectualmente, no razonan lo suficiente; tan sólo reaccionan emocional o físicamente, o actúan con una fe ciega, en lugar de decidir y obrar después de considerar los hechos y las consecuencias de su elección.

La auténtica madurez intelectual no tiene nada que ver con la cantidad o con el tipo de instrucción formal que uno haya recibido. La maduración intelectual tiene lugar en nuestro interior, no en las aulas. Significa valorar la dicha de aprender, aplicando nuestra creatividad e imaginación, recordando las cosas importantes en lugar de llenarnos la mente con trivialidades, y significa utilizar las dotes del cerebro para hacer que la vida fluya suavemente.

¿Quieres ser intelectualmente maduro independientemente de cuál sea tu coeficiente intelectual o tu formación educativa? Estás dispuesto a:

— ¿Utilizar tus pensamientos para cambiar tus sentimientos o tus hábitos físicos?
— ¿Descubrir esas capacidades intelectuales que no sabías que poseías?
— ¿Mejorar tu memoria?
— ¿Reunir toda la información necesaria para tomar mejor tus decisiones?
— ¿Desarrollar nuevas técnicas para solucionar problemas?
— ¿Saber cómo y cuándo utilizar la parte derecha o izquierda del cerebro?
— ¿Comprender cómo el lenguaje influye en tu actitud?
— ¿Liberar tus capacidades imaginativas y creativas?
— ¿Perder el miedo a aprender nuevas habilidades e ideas?
— ¿Sentir que puedes mantener tu postura en cualquier conversación?
— ¿Compensar cualquier vacío que exista en tu formación académica independientemente de la edad que tengas?
— ¿Aprender a parar tu atareada y bombardeada mente para poder relajarte y concentrarte en un tema concreto?

Una persona madura posee todas estas facultades y aprende a equilibrar sus dones intelectuales con los otros aspectos de su ser. Sigue teniendo curiosidad por aprender durante toda su vida, sin pensar jamás que «ya lo sabe todo», sino que continúa fomentando y desafiando a su mente, acumulando conocimientos y agudizando sus procesos mentales.

La conducta adulta: equilibrio y responsabilidad

¿Cómo se comportan las personas maduras? ¿Qué sucede cuando alguien madura en los cuatro aspectos del ser y consigue mantenerlos en equilibrio la mayor parte del tiempo?

Somos maduros cuando tomamos decisiones responsables y actuamos en consecuencia, respondiendo apropiadamente en cualquier circunstancia o asunto, ya sea negativo, positivo o indiferente.

Las personas maduras tienen la capacidad de discernir entre varias respuestas y de reconocer cuáles son las apropiadas. Son capaces de encontrar diversas opciones, examinar cómo les influirá cada una de ellas, emocional, espiritual, intelectual y físicamente, y después elegir la más indicada en ese momento. Cuando ya eres una persona madura, este proceso se realiza de forma rápida y automática en el caso de decisiones rutinarias, y de forma más deliberada y cuidadosa cuando esa decisión supone un mayor impacto en tu vida.

Las personas maduras no siempre toman la decisión correcta, pero lo intentan, dependiendo del tiempo, las alternativas, la repercusión sobre los demás y cualquier otra circunstancia. *Los adultos también saben que cualquier cosa que decidan será lo correcto.*

Las personas maduras aprenden de cada experiencia.

En sus relaciones con los demás tratan de crear situaciones beneficiosas para todos.

Saben cuidar de su cuerpo de forma razonable.

Son capaces de enfrentarse a los miedos del pasado que los mantienen bloqueados, en lugar de actuar reaccionando con emociones pueriles.

Reemplazan la condena, la crítica, la culpabilidad y el odio por la compasión, la tolerancia, el perdón y el amor.

Escuchan su voz interior.

Procuran mantener el equilibrio entre el cuerpo, las emociones, la mente y el espíritu. Saben que es una lucha que va a durar toda su vida y lo aceptan de buen grado. Por eso, solamente siendo un ser comprometido y responsable, estas luchas de nuestra propia vida pueden convertirnos en mejores personas.

Aceptar la responsabilidad de lo que sucede en nuestra vida nos libera de las críticas de los demás y de los temores de la niñez. Nos ofrece la libertad en aquellos conflictos en los que no podemos ganar y nos desafía a vivir una vida en la que podemos aprender y crecer.

El yo completo

Si el proceso de crecer y madurar te parece una tarea ardua y estás preocupado por tu capacidad para mantener todo eso en equilibrio, controlar a esos niños que viven en tu interior y aprender todas estas cosas nuevas, no te preocupes.

Puedes llegar a ser verdaderamente adulto sin hacerlo todo siempre perfectamente bien. Recuerda que la meta es encontrar y mantener el equilibrio entre los cuatro aspectos del ser. Tus frecuentes esfuerzos con esos niños internos que se han quedado atrapados en las formas de actuar del pasado, llenas de temor, son la causa de que constantemente pierdas el equilibrio. Tu misión es llegar a conocerlos, conocer sus juegos, sus caprichos, sus tretas para intentar manipularte, sus aversiones, sus penas, sus barreras y sus rechazos y fomentar, amar y apoyar su crecimiento. Si ellos no crecen tú tampoco lo harás.

Cuando acabes este libro no serás un adulto al cien por cien, pero habrás avanzado mucho. Recuerda que los descubrimientos que haces a lo largo del camino son lo que da valor a este viaje.

Un descubrimiento importante es que madurar significa percibirte a ti mismo como una entidad completa —como un ser humano íntegro. Tú no eres tan sólo un cuerpo o una mente. El «yo» completo es más grande que la suma de los cuatro aspectos del ser. Todos poseemos el potencial de ser mucho más, pero nos quedamos cortos, porque esos aspectos a veces se desequilibran o porque una o más partes son más débiles y menos maduras que el resto.

Te invito a unirte a mí en este viaje hacia tu interior. Ya es hora de que echemos un vistazo al mundo interior y veamos en qué aspectos funciona tu vida y en cuáles no lo hace. Con esa visión interna, y teniendo la fuerza necesaria, serás capaz de hacer lo que hay que hacer para lograr todo tu potencial. Los límites van a ser los que tú mismo establezcas.

El primer paso

Examinar la forma en que respondes a los acontecimientos que vives te dará algunas pistas para saber qué grado de madurez posees y con qué partes de ti mismo debes trabajar. La mayoría de nuestras respuestas a los sucesos que nos ocurren son modelos determinados por los temores y las necesidades de la niñez. A veces estos modelos de respuesta surgen de forma automática y no nos damos cuenta de que nos están impidiendo convertirnos en los seres humanos que podemos llegar a ser. Dado que madurar significa elegir las respuestas adecuadas, aquí te presento algunos deberes para casa.

Seguidamente encontrarás algunas preguntas que te ayudarán a ver cómo respondes o cómo te enfrentas a los problemas, las emociones, necesidades y deseos de tu vida y qué equilibrio posees en los cuatro aspectos de tu ser. No existen respuestas correctas ni puntuaciones. El propósito de estas preguntas es hacerte pensar y explorar tus actitudes, lo que es importante para ti y cómo te gustaría ser.

Simplemente lee las preguntas y elige entre las distintas opciones según tu forma habitual de reaccionar. Pon un 1 a la respuesta que sea más frecuente en tu caso, un 2 para la siguiente en frecuencia y así sucesivamente. Valora todas las opciones de cada pregunta.

Trata de ser consciente de cómo te sientes al responder a cada pregunta: ¿Te da vergüenza tu respuesta?, ¿tienes miedo de decir la verdad?, ¿deseas evitar la pregunta?, ¿te sientes confundido?, ¿nunca habías pensado en ello?

Una vez que hayas marcado todas tus respuestas, examínalas buscando los modelos del pasado. ¿Reflejan tus respuestas madurez o inmadurez física, intelectual, emocional y espiritual? ¿Concuerdan tus respuestas con lo que tú conoces de ti mismo?

Cuestionario de madurez

1. La gente se siente atraída hacia mí debido a:
    - *Mi apariencia física.*
    - *Mis logros en la vida.*
    - *Mi personalidad cálida y simpática.*
    - *Mi seguridad y mi confianza en mí mismo.*
    - *Mi conversación amena.*
    - *Mis recursos financieros.*
    - *Mi carisma.*

2. Cuando considero a una potencial pareja o amistad, lo que más me interesa es su:

Apariencia física.
Éxito en la vida.
Personalidad cálida y simpática.
Confianza en sí mismo.
Conversación amena.
Dinero, posición profesional y consideración social.
Inteligencia.

3. Cuando fracaso en algo me digo a mí mismo:

Eres un tonto y un estúpido.
Todo el mundo comete errores alguna vez.
Deberías avergonzarte.
¿Qué puedo aprender de esto?
Debería haber dejado que otra persona hiciera esto.
Sé que mis amigos y mi familia me quieren, no importa lo que haya hecho.
Me quiero esconder de todo el mundo.

4. Me gustaría tener más dinero porque:

Quiero comprarme cosas nuevas para impresionar a los vecinos.
Podría dar más dinero a los que lo necesitan.
Me sentiría más seguro cuando sea anciano.
Nadie me diría lo que tengo que hacer.
Sería libre para dedicarme a cosas más creativas.
El futuro de mi familia estaría asegurado.
Me quitaría mucha presión de encima.
No tengo ningún deseo de tener más dinero.

5. Mi actitud acerca de la enseñanza académica es:

La facultad es un buen lugar para conocer al tipo de personas adecuadas.
Quienes han estudiado en colegios de pago pueden elegir trabajos mejor pagados.
El estímulo intelectual es siempre valioso en sí mismo.
Quiero pasar el resto de mi vida aprendiendo, en la escuela y fuera de ella.

Lo importante es aprender sobre mí mismo.
Saber utilizar todos mis talentos importa mucho más que los títulos que posea.

6. Cuando he de tomar una decisión:
Me entra el pánico y me dejo dominar por la presión.
Trato de que otra persona decida por mí.
Rezo para recibir inspiración.
Lo evito tanto tiempo como me sea posible.
Sé que, decida lo que decida, a largo plazo funcionará.

7. Lo que me hace sentir más feliz es:
Ganar en los negocios, competiciones o deportes.
Estar enamorado y ser amado.
Lograr una meta.
Participar en un proyecto importante.
Que alguien me ofrezca un regalo o me dé una sorpresa.
Ser capaz de olvidarme durante un rato de todas mis preocupaciones.
Participar en una fiesta con mis amigos.
Estar cerca de mi familia.
Compartir mi tiempo con alguien que lo necesita.
Sentirme en contacto con Dios y con la naturaleza.

8. Cuando tengo miedo:
Silbo alguna canción y hago como que todo va bien.
Lo mantengo en secreto porque me avergüenzo de mi debilidad.
Puedo sentir el pánico en mi cuerpo.
Me deshago de él, proyectando mi enfado sobre otra persona.
Imagino lo más negativo que pueda ocurrir.
Me hago fuerte utilizando alcohol o drogas.
Hago frente a la situación inmediatamente, demostrándome que la controlo.
Busco a alguien que pueda cuidar de mí.
Me relajo y trato de sentirme bien interiormente.
Me doy cuenta de que tengo controlada la situación y de que tengo diferentes opciones.

9. Mi cuerpo es:

Una máquina que ha de ser mantenida cuidadosamente.
Feo.
Un objeto sexual, una forma de obtener lo que quiero.
Una carga que he de soportar.
Una fuente de placer.
Un engorro que me hace perder demasiado tiempo.
Un soporte para mi alma y mi verdadero ser.
Motivo de orgullo y alegría.
El templo de mi alma.
Una proyección externa de mi ser interior.
Mi mejor bien.
Un divertido reto para mostrarme y sentirme tan bien como pueda.

10. La muerte es:

Angustiosa y dolorosa.
El final, la terminación de todo.
Un apacible final para todos los problemas que tenemos en la tierra.
Algo en lo que resulta triste y deprimente pensar.
Tristeza y dejar atrás a mis seres queridos.
Una pérdida injusta y sin sentido.
Algo para lo que hay que prepararse y a lo que enfrentarse.
Un misterio.
El final de la existencia física y el comienzo de una vida espiritual.
Algo que te recuerda lo precioso que es cada día.
Un nuevo comienzo, el principio de algo maravilloso.

Ahora que has respondido a estas preguntas y has considerado lo que pueden decirte, te presento otra herramienta especial para que te valores en los cuatro tipos de desarrollo, en una escala del 1 al 10: 1 es el grado inferior y 10 el más elevado. Responde sinceramente dónde crees que te encuentras ahora y no dónde te gustaría estar. Suma tu puntuación total. Fíjate en la distribución.

Pon una X en la línea más cercana a tu nivel de desarrollo

	1 2 3 4 5 6 7 8 9 10
Físico	1..10
Intelectual	1..10
Emocional	1..10
Espiritual	1..10
Puntuación Total	....

Los resultados serán tratados en capítulos posteriores. Ahora te invito a viajar junto a mí en este camino y a aprender a convertir esos miedos y esas crisis en oportunidades para crecer.

SEGUNDA PARTE

CRECER ESPIRITUALMENTE

CAPÍTULO 3

¿QUÉ SIGNIFICA CRECER ESPIRITUALMENTE?

«El deseo básico del ser humano es un anhelo por la trascendencia y la unión.»

Erich Fromm, *El arte de amar*.

Ser una persona espiritualmente adulta supone ser capaz y estar en disposición de oír la voz interior que nos dice qué es lo realmente importante en la vida y que nos señala las verdades que intuitivamente conocemos. Ser espiritualmente adulto significa profundizar en nuestro *interior* sin miedo a descubrir capacidades y conocimientos que jamás encontraremos fuera de nosotros.

La espiritualidad es algo que está al alcance de todos, tanto si sigues una religión organizada como si no. Tu crecimiento espiritual es la clave para curar el cuerpo, la mente y las emociones de todas esas cosas que nos impiden alcanzar un crecimiento completo. El desarrollo espiritual es el combustible que hace que tenga lugar el proceso de la madurez.

La espiritualidad significa aceptar, aunque no lo comprendamos intelectualmente, que la vida siempre contendrá misterios. Supone estar dispuestos a vivir con lo desconocido, confiando con fe en que existe un propósito, una verdad y una razón más allá de lo aparente. Al igual que en los otros niveles de la madurez, el crecimiento espiritual es un proceso constante y dura toda una vida.

En esta búsqueda, cada uno debe buscar sus propios medios de enseñanza y de apoyo, ya sean las iglesias oficiales, los rituales, la oración, la meditación o la lectura y posterior reflexión de obras sobre espiritualidad. Algunas personas encuentran esa guía en su voz interior, que oyen con más claridad con la ayuda de la música, el arte, la conexión sexual o emocional con otras personas, la cercanía de la naturaleza o la meditación.

Sea cual fuere el método que elijas para profundizar en tu interior, tu camino es el camino correcto para ti. Si estás realmente determinado a crecer espiritualmente, podrás utilizar tu método para encontrar respuestas a tus preguntas. La mayoría de nosotros empezamos con las mismas preguntas básicas sobre el significado de la vida, la muerte, el sufrimiento, el amor, lo que está bien y lo que está mal. Pero cada uno de nosotros afrontamos y nos cuestionamos estas experiencias de forma diferente. Por ello, las respuestas que hallamos son aplicables de manera individual.

Lo importante es reconocer que existen las preguntas y que las respuestas son algo que merece la pena encontrar. Esa búsqueda de respuestas a través del esfuerzo y el sufrimiento es lo que da lugar al crecimiento.

El deseo de hacerse preguntas, de admitir la confusión y de aceptar con los ojos de la fe nos hace receptivos a aprender. Como dice el Nuevo Testamento: «Bienaventurados aquéllos que creyeron sin haber visto». ¿Recuerdas los chiflados que a principios del siglo XV creían que la tierra era redonda? Antes de los viajes de Cristóbal Colón no tenían pruebas, sólo su intuición los guiaba. Eran considerados locos por la mayoría de la gente de su época. Finalmente, la historia les dio la razón.

Quizás la ciencia nunca corrobore las verdades espirituales en las que crees, pero tu corazón te puede decir que el conocimiento de tu alma es tan válido como los «hechos» de la *realidad* exterior. El acto de creer en esta sabiduría interna se llama *fe*.

El crecimiento espiritual puede llenar al buscador de confusión, porque cuanto más aprendes sobre las verdades supremas, más dudas tienes. A menudo, encuentras que las verdades son paradójicas, que una lección parece contradecir a otra. La auténtica lección suele ser que dos visiones opuestas son verdaderas. La capacidad de aceptar las dicotomías, sabiendo que la verdad es superior a la lógica, nos capacita para seguir adelante, para sentirnos felices, para encontrar significado a un mundo lleno de confusión y dolor.

La madurez espiritual es importante para crecer, porque nos proporciona fuerza y estabilidad: es un ancla en el ancho mar de la vida. Esta fuerza, nos ayuda a enfrentarnos a cualquier problema o reto que surja a partir de nuestras experiencias físicas, emocionales o intelectuales. Un sentido de comprensión espiritual conecta y mantiene unidos a los otros tres aspectos del ser, manteniéndonos en equilibrio. Es esta sabiduría superior la que hace que merezcan la pena todos nuestros esfuerzos.

La separación y la unión

Aunque consideramos el crecimiento espiritual como uno más de los aspectos del Ser, para el proceso de madurez es el más importante. El crecimiento espiritual abarca los otros tres niveles y es esencial para alcanzar la individualidad del ser adulto. Cuando una persona está integrada y en equilibrio, el resultado es la paz y la tranquilidad interior.

El aspecto espiritual no sólo conecta e integra nuestras partes internas, sino que también nos vincula con los demás individuos.

La mayor desgracia del ser humano es nuestro sentido de separación con respecto a los demás. Todos nos hemos sentido solos alguna vez, incluso en medio de la multitud o junto a nuestros seres queridos. En tiempos de crisis, puede que sientas que el tormento de tu sufrimiento es algo personal: nadie más puede comprender o saber cómo te sientes. Si existe un infierno, es esa sensación de absoluto aislamiento, ese vivir, luchar y sufrir en soledad.

La espiritualidad es el puente que te une con los demás. Al extender la mano, compartir, tocar, ayudar y servir a los demás, vuelves a estar conectado y unido otra vez. Cuanto más profundices en tu interior y más busques el conocimiento de ti mismo, más vinculado estarás a los demás en el mundo que te rodea.

La apertura espiritual

A pesar de ser una persona inteligente y ética, quizás hayas evitado los desafíos espirituales, o simplemente nunca hayas pensado especialmente en el papel que el espíritu desempeña en tu vida. Tal vez algunos factores te hayan impedido desarrollar este aspecto de ti mismo. Tal vez nadie te haya enseñado nunca la forma de empezar el camino.

Quizás todo lo que has oído acerca del espíritu te parece un galimatías y no encuentras nada con lo que identificarte en los sistemas de creencias que conoces. Puede que hayas sufrido dolor y desilusiones en la vida que interfieran en tu deseo de creer en un orden o fin supremo. Tal vez tus primeras experiencias con las religiones tradicionales sólo te demostraron la hipocresía, los prejuicios y la crueldad de los supuestos iluminados o te hicieron sentir culpable por cosas que para ti tenían todo el sentido del mundo. Quizás por ello decidiste que todo lo que se saliera de la realidad observable sería falso, incoherente e increíble.

Ser espiritualmente inmaduro o no interesarse por los asuntos espirituales no significa que seas una mala persona, del mismo modo que el hecho de tener cualquier problema emocional o una falta de cultura tampoco te convierte en malo. Sin embargo, si ignoras tu desarrollo espiritual te estás perdiendo algo. Estás sufriendo un desequilibrio. Quizás seas responsable física, intelectual y emocionalmente, pero sin el elemento espiritual es fácil olvidar por qué. La fe nos ayuda a aliviar los otros esfuerzos y nos da la disposición necesaria para aceptar los desafíos que esos esfuerzos requieren.

La madurez espiritual es una roca en la que nos podemos apoyar cuando ser adulto sea, sencillamente, demasiado difícil. No sólo nos recompensa por tratar de esforzarnos al máximo, sino que también nos da fuerzas para llevarlo a cabo.

A veces el cuerpo, la mente y los sentimientos se frustran y se agotan. El espíritu nos alimenta y regenera todos los aspectos del Ser y nos mantiene en pie cuando decaemos. El espíritu es superior a todas las demás partes, es más importante de lo que creemos, al menos mientras estamos en este cuerpo físico.

El despertar — La manifestación del alma

En el camino espiritual, cada uno de nosotros se encuentra en un nivel distinto de desarrollo y consciencia. Algunas personas han nacido con talentos naturales excepcionales, como Mozart, que tocaba tres instrumentos a la edad de cuatro años y componía música a los siete.

Yo considero nuestro desarrollo espiritual como un reóstato que regula la intensidad de la luz. En las primeras etapas, la luz es muy tenue y es difícil poder ver. Gradualmente, durante un largo período de tiempo, la luz se va haciendo cada vez más brillante, gracias al aprendizaje de las lecciones de la vida, enmendando el daño y el dolor que hemos ocasionado a otras personas y sirviendo a los demás sin esperar recompensas materiales.

Muchos de nosotros sabemos cosas sin tener ni idea de cómo hemos adquirido ese conocimiento. Lo sabemos porque nuestro inconsciente lo aprendió antes y nuestra alma lo recuerda. El famoso psiquiatra suizo Carl Jung creía que todos podemos acceder a una fuente de conocimiento espiritual que él llamaba el *inconsciente colectivo.*

Cada vida es una versión reducida del camino espiritual completo. Empezamos como bebés, dependientes e inocentes. Luego continuamos como niños, centrados sólo en la satisfacción de nuestras necesidades. Después como almas jóvenes, gratificándonos con cosas materiales, satisfaciendo las necesidades de nuestro ego y deseando el reconocimiento y la aprobación de nuestros semejantes.

Más tarde en la vida, llegamos a la edad adulta. Somos capaces de evaluar lo que hemos aprendido y de descartar valores anticuados o inútiles. Finalmente somos almas viejas y en muchos aspectos sabias, más abiertamente receptivos al amor, más flexibles, más tolerantes y más pacientes.

Las crisis de la vida

En cada existencia se presentan tres crisis evolutivas que nos hacen replantearnos profundamente el significado de la vida; tales cuestionamientos nos aportan las mayores oportunidades para renovarnos y crecer. Durante cada una de estas tres etapas —la adolescencia, la mediana edad y la jubilación— es común pasar por un período de búsqueda interior, de una búsqueda del sentido y del propósito de nuestra vida.

La función de la adolescencia es hacer de puente entre la niñez y la vida adulta. Es el momento de establecer los valores personales y dejar atrás los de nuestros padres. Los adolescentes experimentan la vacilación y la tensión entre querer ser independientes y todavía necesitar a los padres.

Cuando mi hijo mayor tenía quince años se despertó una mañana sobresaltado y asustado. Había soñado con una gallina madre que estaba posada sobre el nido. Uno de los polluelos, inquieto y curioso, se escapó del nido. El pollito se lo pasó muy bien explorando el mundo durante un rato, pero luego se asustó y trató de encontrar el camino de vuelta a casa. Buscó por todas partes y por fin, después de una frenética búsqueda, encontró el camino de regreso al nido, quedándose otra vez dormido y sintiéndose a salvo bajo las plumas de su madre. Por supuesto que mi hijo adolescente era ese polluelo que trataba de encontrar su lugar en este mundo, pero todavía no estaba preparado para abandonar el nido y enfrentarse solo a los desafíos de la vida.

La adolescencia es un periodo necesario y crítico, en el que afrontamos los miedos y exploramos diferentes conductas, integrando algunas de ellas en nuestra personalidad y rechazando otras. Durante este tiempo nuestros semejantes son importantes, porque nos sirven como caja de resonancia mientras buscamos nuevos valores, actitudes y creencias. Es una etapa de rápido cambio físico, de intenso desarrollo intelectual y de crecimiento emocional sensible y profundo.

La etapa entre los veinte y los treinta años es un época llena de actividad y exigencias, que nos deja poco tiempo para la búsqueda del alma. La mayoría de las personas a esta edad están completamente enfrascados en los desafíos que día a día se les presentan en la universidad, el trabajo, la búsqueda de pareja y el inicio de una familia.

La mediana edad nos presenta otro grupo distinto de tareas. Es el momento de buscar el significado de nuestra vida. Surgen cuestiones como: «¿Por qué estoy aquí?, ¿quién soy yo?, ¿qué es la verdad?, ¿qué es lo bueno y lo malo de mi vida?, ¿adónde me dirijo desde este punto?» y otras cuestiones por el estilo.

No existe una edad fija que se pueda considerar como la mediana edad, pero generalmente coincide con grandes cambios en la situación de la persona. Son muchos los factores que pueden hacer que la persona se replantee toda su vida en la mediana edad, y estas crisis pueden ocurrir más de una vez entre los treinta y los sesenta años.

Sea cual fuere el suceso que desencadene la crisis, la mediana edad es el momento de hacer un balance, aceptar ciertas limitaciones y recomponer las relaciones con los demás o acabar con ellas para siempre.

En tu vida profesional, puede que sea la etapa en la que te des cuenta de que nunca vas a llegar a ser jefe de departamento o director de la compañía. En esa época los padres dicen adiós a sus hijos y se acomodan a un nido vacío. El tiempo toma un significado completamente distinto, empiezas a pensar cuánto tiempo te queda hasta la muerte, en lugar de cuánto tiempo has vivido desde que naciste. Lees cada día en el periódico las necrológicas y te fijas en la edad del fallecido.

En la mediana edad, empezamos a reconocer que esencialmente estamos solos. Y comienza la búsqueda de la paz interior, la armonía y el equilibrio. Para algunos de nosotros es algo muy doloroso. Debemos admitir nuestros fracasos y nuestra parte de culpa en ellos. Los matrimonios fracasados finalmente se rompen. El segundo índice más alto de divorcios tiene lugar en uniones que duraron entre veinte y treinta años. El dolor y la confusión de la ruptura y la separación son un campo fértil para la introspección y la reorganización de las prioridades personales. Esta búsqueda también puede crear una alegría renovada y un nuevo planteamiento de aquellos matrimonios que llevan muchos años de casados.

La frenética actividad de la vida, sacando una familia adelante y ganándose el pan, se atenúa un poco en estos años y la mayoría de nosotros en la mediana edad disponemos de más tiempo y más dinero para disfrutar de la vida. En los momentos de introspección vuelve a surgir un contacto con tu esencia. Cuando exploras tu interior, tu alma se manifiesta y te pide que *seas* en lugar de que *hagas*. Es otra fase del crecimiento, crecer con un nuevo conocimiento de ti mismo.

Te ves de nuevo obligado a renunciar a algunos mitos de la niñez. Se te presenta otra oportunidad de aprender lo que en la adolescencia no aprendiste debidamente.

Cuando llega esta etapa te encuentras bastante satisfecho con tu trabajo y valoras el hecho de aprender. Aprecias el cuidado de tu cuerpo y renuncias a los malos hábitos. Has dejado atrás casi todas las emociones infantiles y ahora buscas la alegría en lo que haces. Finalmente reconoces que no tiene sentido gritar: «¡Esto no es justo!» y la igualdad ya no es algo que te preocupe. Ser íntegro es lo importante. Aprendes a vivir sacando el máximo provecho que puedes a cada momento, tratándote a ti mismo y a los demás con delicadeza, amabilidad y respeto; ésas son las cosas que realmente cuentan para ti.

En la mediana edad hemos adquirido suficiente sabiduría como para saber que la vida es imprevisible, y de algún modo, nos hemos resignado a sus imprevistos. Justo cuando las cosas parecen ir bien, surge un problema. La fama, la fortuna, el fracaso, la derrota, la enfermedad, la muerte, el divorcio, el amor y la separación aparecen en tu vida para desafiarte una vez más. Estos acontecimientos parecen llegar inesperadamente y sin invitación. Pero de hecho, nosotros mismos los provocamos para que nos enseñen lo que necesitamos aprender, a fin de poder continuar creciendo y madurando.

El camino espiritual se suele despertar durante la mediana edad. Si vives de forma abierta y creativa, receptivo a las oportunidades de crecer y aprender, a medida que te haces mayor tu vida se va enriqueciendo. Aprendes a aceptar lo que no puedes cambiar y a cambiar lo que sí puedes.

Aprecia cada esfuerzo porque es también tu resurrección. Al igual que Jesucristo resucitó al tercer día, también tú te levantarás después de cada crisis. La muerte es el símbolo de todo tipo de final

—de una conducta, de un empleo, de lugar de residencia, de una amistad y de un amor. Después de la aflicción y el dolor comienza un nuevo principio. La confusión se aclara, recobras la visión e integras tu nuevo conocimiento en la nueva visión de lo que puede llegar a ser tu vida. Este proceso se llama *despertar*.

A todos se nos repiten las oportunidades de aceptar los desafíos que la vida nos presenta, pero también podemos rechazar estas lecciones. Siempre podemos elegir, ya que el libre albedrío forma parte de la condición humana. Podemos elegir vivir períodos de confusión, duda, ambigüedad, miedo y fracaso, o podemos evitarlos.

Muchas personas se escudan en conductas insensatas como las drogas o el alcohol, las telenovelas, las lecturas románticas, las enfermedades, la represión de los sentimientos, las depresiones crónicas y la desesperación. Si elegimos uno de estos métodos de escapatoria, la vida nos seguirá presentando oportunidades para aprender. No obstante, si elegimos escapar y no aceptamos las lecciones que la vida nos ofrece, nos quedaremos atrapados en la edad infantil del espíritu, sin la alegría del crecimiento.

La tercera época de crisis en la vida es la jubilación. Puede suceder a cualquier edad, pero usualmente tiene lugar después de los sesenta años. Cuando finaliza la vida profesional activa, se presenta de nuevo una etapa de búsqueda de identidad, de significado y de valoración de la existencia.

Muchas personas identifican el propósito y la utilidad de sus vidas con su trabajo. ¿Te has convertido en el trabajo que llevas a cabo? ¿Dices: «Soy médico, soy abogado, soy el jefe, soy secretaria, contable, esposa y madre...»? Todos estos son papeles sociales, no lo que tú eres. No son la esencia de tu verdadero Ser.

La tragedia de definir tu identidad de forma tan limitada, es que cuando la función acaba, también lo hace el propósito de tu vida.

Cuando esto sucede, la gente se siente inútil e innecesaria. Piensa en el alto índice de fallecimientos que se dan en varones poco después de su jubilación y el alto índice de suicidios, especialmente entre varones de edad avanzada. Es el grupo de edad que presenta una mayor incidencia de suicidios.

Uno de los temas de esta tercera época de transición es enfrentarse a la muerte. La vejez es la etapa adecuada para comprobar la puntuación que arrojan nuestras derrotas y nuestras victorias, de dejar atrás viejos resentimientos y frustraciones y de aclarar asuntos pendientes en nuestras relaciones con los demás. Yo he trabajado durante muchos años con ancianos y he escuchado historias interminables de ofensas sin resolver. Muchas de las personas involucradas están muertas, pero el dolor sigue viviendo en los corazones de los ofendidos. Cuando una persona lleva encima esa innecesaria carga de sentimientos de dolor, ira o amor sin resolver durante años, ello genera un desgaste en el individuo. Los últimos años de vida son el momento adecuado para resolver definitivamente todas estas cuestiones.

Si uno ha conseguido pasar con éxito las pruebas del camino y continúa creciendo y aprendiendo, esta transición será relativamente fácil. Los acontecimientos dolorosos saldrán todavía a la superficie, al igual que en cualquier otra época de tu vida, pero ahora podrás enfrentarte a ellos con valor y podrás resolverlos.

La persona que llega a la vejez espiritualmente madura no teme a la muerte: la acepta gustoso como la justa recompensa por vivir una existencia larga y fructífera. Ve a la muerte como una parte natural del ciclo de la vida. Hace rectificaciones, se perdona a sí mismo y a los demás, se preocupa de los asuntos inacabados y utiliza su energía para vivir cada día al máximo, en el amor y servicio a sí mismo y a los demás.

La muerte, fase final del crecimiento y de la vida, tal como la conocemos, es considerada de un modo distinto en las diferentes etapas. Esto lo explico con detalle en mi libro *Irnos con amor: El proceso del duelo*. El tiempo de tu vida es un regalo que se te da para que aprendas lecciones que te conduzcan al conocimiento y a la consciencia de ti mismo. Si utilizas bien el tiempo que se te otorga, la muerte se convierte en un triunfo, no en una tragedia.

El crecimiento espiritual

La vida es un proceso interminable: cometer errores y luego crecer y aprender de ellos. Mi padre solía decirme que si yo le escuchara, podría aprender de sus errores. A menudo su consejo era acertado, pero la vida no funciona de ese modo. Aprendemos mejor viviendo el dolor y las consecuencias de nuestros propios errores y decisiones que con los consejos de otra persona.

La única experiencia auténtica es la nuestra propia. Somos los creadores del guión de nuestra vida y de nuestro destino. Cada acontecimiento y cada relación que vivimos es una oportunidad para aprender y para crecer. Aprendes a desenvolverte, a sobrevivir, a cuidar de ti, a ser auténtico y sincero en tu trato con los demás. Al ir aprendiendo esas lecciones, vamos aumentando en sabiduría, que es un conocimiento del corazón y del alma. La lucha por alcanzar ese conocimiento profundo es parte del proceso de crecimiento espiritual y es esencial para llegar a ser un adulto equilibrado.

Para aprender y mantener la joya de la verdadera sabiduría debes entregar el control a tu Yo Superior. La esencia de lo que tú eres es mucho más que el cuerpo que cubre tu espíritu. Cuando le entregas el control a un poder superior y más profundo que el ser físico, emocional o intelectual, te liberas del miedo, de los pensamientos negativos, los hábitos autodestructivos, los sentimientos de culpa y la ira.

Tus creencias espirituales o religiosas deberían, a fin de aumentar tu crecimiento espiritual, hacerte profundizar más hacia tu interior. El crecimiento espiritual no se produce por seguir ciertos rituales o por asistir a servicios religiosos. Sucede cuando a través de esas prácticas, llegas a ser consciente en ti mismo de nuevas percepciones y nuevas fuerzas, y cuando conviertes tus creencias en actos positivos.

Generalmente buscamos fuera, en los líderes espirituales, en una iglesia o en la participación en rituales una respuesta a las preguntas más importantes. A medida que exploramos estos caminos en busca de la verdad espiritual, las respuestas nos van llevando hacia nuestro interior, a ese entendimiento intuitivo, a esa aceptación de lo que hallamos. Eso es la fe.

Al mismo tiempo que tu espíritu se fortalece, crees más en ti, en la chispa que te conecta con toda la vida del Universo, así como en el Yo Superior, que te proporciona la fuerza necesaria para enfrentarte a los problemas que vas encontrando en tu camino. En ese proceso, vas siendo más consciente del mundo en el que vives y de las personas que lo comparten contigo. Esa consciencia te lleva de nuevo al exterior, fuera de ti mismo, para dar, para ayudar y servir a los demás, y ello genera todavía más crecimiento, más felicidad y más satisfacción personal.

CAPÍTULO 4

PUNTOS CRUCIALES DEL CRECIMIENTO ESPIRITUAL

Los acontecimientos de nuestras vidas, particularmente aquéllos que consideramos como momentos de crisis, nos suelen hacer pensar cómo hemos vivido en este tiempo limitado que se nos proporciona en la tierra y cómo vamos a vivir el resto que todavía nos queda. Tomamos decisiones sobre moralidad, sobre nuestros valores y sobre el tipo de persona que queremos ser; descubrimos cosas acerca de nosotros que no nos gustan y otras que nos gustan. Si estamos decididos a crecer, en un proceso que va a durar toda nuestra vida, querremos cambiar algunas cosas: ser mejores, ser más sinceros con nuestro sentido interno de lo que está bien y de lo que está mal, llevarnos mejor con los demás y tolerar ciertas cosas que no nos gustan.

Algunos de los problemas que pueden surgir y que indican una oportunidad para el crecimiento espiritual tienen que ver con lo flexibles que seamos: ¿Eres capaz de manejar los cambios, tanto los planeados como los no deseados? Las crisis también te obligan a enfrentarte a la cuestión de si quieres o no arriesgarte. La habilidad para desentenderte de aquellas cosas que no es necesario controlar es otro tema, como el hecho de lograr un autocontrol interno que te ayude a crecer. Otra oportunidad de crecimiento espiritual surge cuando nos enfrentamos al hecho de estar solos y aprendemos a valorar esa soledad como una oportunidad, en lugar de temerla considerándola algo horrible y espantoso.

Finalmente, el asunto espiritual más importante con el que vas a tratar durante toda tu vida es el amor, el amor a ti mismo, a la humanidad y a la vida misma.

Flexibilidad contra rigidez

La persona espiritualmente adulta es flexible. No teme cambiar su forma de pensar ni descubrir que está equivocado; de hecho, lo encuentra estimulante porque el cambio significa que está aprendiendo y creciendo. La rigidez en las creencias o en las pautas de conducta nos limita y hace imposible que podamos crecer. La rigidez, los bloqueos y las metas muy específicas también requieren instituciones que dicten y controlen las leyes y las normas. Sin lugar a dudas, necesitamos organización en nuestra vida e instituciones en nuestra sociedad; de lo contrario nos encontraríamos con un enorme caos. Pero también necesitamos un espacio suficiente para la flexibilidad, la creatividad, para mirar las cosas viejas de formas nuevas y realizar así los cambios apropiados.

Las normas a veces son una excusa para eludir la propia responsabilidad. Cuando no queremos hacer algo, buscamos una norma detrás de la cual nos podamos esconder. Si *los demás* o las normas te impiden hacer algo, entonces la responsabilidad no es tuya; no tienes que arriesgarte o tomar una decisión. ¿Cuántas veces te han dicho —o te has dicho a ti mismo— que algo realmente sencillo de llevar a cabo no puede realizarse porque «va contra las normas»? ¿Y cuál fue tu reacción? Probablemente te sentiste enormemente frustrado porque tus necesidades y tus oportunidades fueron coartadas por unas normas externas a ti, rígidas e impuestas.

No hace mucho fui a una tienda a comprar una pila para el reloj de cuarzo de un amigo. Le pedí a la dependienta que me abriera la parte de atrás del reloj para ver qué tipo de pila necesitaba. Ella se negó y me señaló un cartel escrito a mano, que decía que el personal de la tienda no ayudaría a los clientes a cambiar las pilas de los relojes. En otras ocasiones me habían cambiado las pilas del reloj sin problemas. Ahora, me encontraba ante un verdadero problema. No sabía abrir la parte de atrás del reloj ni tenía las herramientas adecuadas para hacerlo, así que pedí hablar con el encargado de la tienda, y después de largas discusiones, él me prestó las herramientas y me indicó cómo sacar la pila gastada. Me explicó que la razón por la que ahora tenían dicha norma era que un cliente se había quejado y ellos habían tenido que compensarle con un reloj nuevo. Así que ahora todos los clientes sufrimos las consecuencias, por culpa de una sola persona.

Así es como funcionan la mayoría de las normas, no para facilitar el crecimiento y la creatividad sino para evitar problemas futuros, aunque la probabilidad de que ese mismo problema vuelva a suceder sea mínima. Las normas están hechas para proteger los intereses de una de las partes, no para facilitar las oportunidades de aprender y crecer.

La persona rígida tiene una personalidad autoritaria, necesita normas para todo e insiste en que todo el mundo se someta a ellas. Wayne Dyer, en *El cielo es el límite*, dice que la persona autoritaria no puede tolerar la ambigüedad, piensa en términos absolutos —todo es o bueno o malo, negro o blanco—, es rígido en su forma de pensar, antiintelectual, antiintrospectivo, es un conformista que se somete a cualquier autoridad sin cuestionarla. Sombras de la Alemania nazi y de las sectas actuales. Dyer continúa diciendo que en casos extremos la persona rígida es un reprimido sexual, racista, frecuentemente paranoide, aborrece cualquier forma de debilidad, adora el poder y a menudo es exageradamente patriota.

Nada agradable. Es muy peligroso y triste ir por la vida con tal rigidez. Es una posición inflexible, con poco espacio para el crecimiento, el aprendizaje o el progreso en el camino espiritual. Tiene un efecto desafortunado sobre los demás. La comunicación nunca es directa ni clara; es confusa, llena de malentendidos y mensajes con doble sentido.

La rigidez no deja espacio a la sinceridad ni a la rectificación para aceptar otro punto de vista. Los hijos de padres rígidos se convierten en adultos confundidos y alienados, que se sorprenden cuando oyen y observan a otras personas comportándose de forma distinta, ya sea a sus maestros, a los familiares de sus amigos o en la televisión.

La flexibilidad es esencial para desarrollarnos y para hacer frente a las vicisitudes que nos presenta la vida, porque ésta casi siempre se niega a seguir las normas establecidas. No hay garantías, así que tenemos que ser capaces de adaptarnos a cualquier cambio y a cualquier sorpresa que se presente. La persona rígida vive en el estado del *ser,* la persona flexible vive en estado de *convertirse en.*

La persona flexible sabe que tiene diversas opciones y que independientemente de lo que surja, va a poder tomar las riendas. En lugar de reaccionar ante el cambio de un modo rígido y estereotipado, enfoca las situaciones nuevas de manera creativa. La persona flexible es abierta, cálida, entusiasta y sabe escuchar. Sopesa los pros y los contras antes de tomar una decisión. Siempre tiene como objetivo las soluciones positivas, que a menudo le obligan a comprometerse.

Para poder avanzar espiritualmente debes permitirte a ti mismo experimentar los problemas, las dudas, la ambigüedad y la indecisión. Debes saber esquivar los golpes. Si vives conforme a ciertas normas sobre lo que es correcto, sobre la verdad y sobre cómo deberían comportarse las personas, observa esas normas, examina cada una de ellas cuidadosamente para ver si realmente te sirven para tu crecimiento en esta etapa de tu vida; si es así, síguelas; si no, recházalas.

Aceptar los riesgos

No se puede crecer sin tomar riesgos. El viejo dicho de: «Quien no se arriesga, no cruza la mar» nos viene a la mente. Cada aspecto del crecimiento y de la madurez entraña un riesgo. A veces nos resistimos al crecimiento porque implica arriesgarse y tenemos miedo de perder algo. Ese tipo de temor es normal cuando nos enfrentamos a nuevas situaciones.

¿Te acuerdas cuando de niño te subiste a un trampolín y te quedaste de pie en él sin saber si saltar o no? ¿En qué pensabas? ¿Tenías miedo? ¿Qué hiciste? ¿Lo consideraste como un desafío y una conquista? ¿Saltaste sólo por vencer el reto? ¿Te paraste a considerar los pros y los contras de la situación? ¿Estabas tan preocupado por lo que tus amigos pudieran pensar de ti si no saltabas, que simplemente ignoraste tu miedo y te lanzaste al agua?

¿O te superó el miedo hasta tal punto que te diste la vuelta y bajaste la escalera temblando? Quizás consideraste la situación con calma y decidiste que el riesgo era demasiado grande en ese momento y simplemente te bajaste sin preocupación alguna por lo que los demás dijeran o pensaran de ti.

Me temo que en la actualidad sigues tomando los riesgos del mismo modo. Tómate algunos minutos para observar en tu interior y examinar honestamente tu disposición a aceptar riesgos. Puesto que el crecimiento es continuar aprendiendo lecciones, todos debemos arriesgarnos para poder aprender. A veces, elegimos cautelosamente y el factor de riesgo es mínimo. Otras veces traspasamos los límites de lo seguro y cómodo.

Lo que suele impedirnos tomar riesgos es el miedo a lo desconocido. Cuando quieres garantías o crees que las necesitas te limitas a ti mismo.

En la vida no hay garantías, sólo oportunidades. A veces, los factores de riesgo se decantan a nuestro favor, otras veces no lo hacen. Si no lo intentas, nunca lo sabrás. Yo tengo un cartel en mi oficina que dice: «Si una persona quiere hacer algo encontrará la forma de hacerlo; quien no quiera, encontrará una excusa».

Lo que llamamos *falta de oportunidades* no es otra cosa que negarnos a sacar ventaja de una situación que se nos presenta; la oportunidad está ahí, pero tú la has ignorado o has salido huyendo. Cuando lo intentas de verdad, a veces te caes, pero te levantas de nuevo, consideras la lección que puedes extraer de eso y vuelves a intentarlo otra vez, con la ventaja de lo que has aprendido de tu error.

Joe, de treinta y tres años, tenía un trabajo estable, casa propia y una camioneta nueva, pero no tenía a nadie con quien compartir su vida. Sólo una vez, en el instituto, había salido con una chica, y resultó un desastre tal que desde entonces no se había atrevido a salir con ninguna otra.

Cuando vino a verme, soñaba con casarse y formar una familia. Pero su timidez y sus temores lo paralizaban. Pensando en el tipo de mujer que le gustaba, Joe decidió que quería enfrentarse a sus miedos y tratar de salir con alguien. Se preguntó a sí mismo: «¿Qué es lo peor que puede pasar si le pregunto a una chica si quiere ir al cine conmigo?» La respuesta es: «Podría decirme que no». ¿Y qué hay de malo en eso?

Joe se dio cuenta de que había sentido pavor al rechazo, pero después de imaginar concretamente cómo se sentiría si alguien le dijera que no, le pareció que tampoco sería tan horrible. Podría superarlo y luego invitar a otra chica a salir.

Joe y yo imaginamos varias situaciones, pensamos temas de los que hablar en una primera cita, formas de trabar una amistad con alguien que le interesara conocer y cuál sería, al principio, el tipo de velada más conveniente para él. También ensayamos algunas conversaciones telefónicas en las que Joe recibía un «no» como respuesta y otras en las que le contestaban «si». Empezó a sentirse cada vez más cómodo con la idea de acercarse más a su meta, conocer a alguien, pedirle una cita, salir con la persona y aprender a darle conversación.

Para entonces ya estaba entusiasmado con la posibilidad de encontrar pareja; la búsqueda en sí misma suponía algo tremendamente interesante. Había esperado demasiado tiempo y estaba ya cansado de tener miedo. Sus pensamientos, y lo que su mente le decía interiormente, estaban cambiando y la realidad estaba empezando a presentarse como algo mucho más tentador.

Puso un anuncio en un periódico para solteros y obtuvo 27 respuestas. Llamándolas a todas ellas, tuvo la oportunidad de practicar un poco más sus habilidades sociales. Encontró a alguien que realmente le gustaba, se citaron y estuvieron saliendo durante varios meses. A medida que transcurría la relación, Joe se fue sintiendo más seguro y disfrutó mucho más. Confiando en sí mismo y en su novia dejó atrás sus viejos temores. Ahora cree en sí mismo y sabe que puede encontrar el amor. Para Joe, ya se escuchan a lo lejos campanas de boda.

La necesidad de controlar frente al autocontrol

Las personas rígidas y dominadas por el miedo tienen una enorme necesidad de controlarlo todo, tanto a sí mismos como a los demás. Tienen miedo de llorar, de exponer su vulnerabilidad y de ser espontáneos. Al sentirse inseguros de si mismos les horroriza el hecho de ponerse en evidencia o de ser criticados. Esta obsesión de controlarlo todo es una auténtica barrera para el crecimiento emocional y espiritual.

Quienes necesitan controlarlo todo temen dejar el control a otras personas. Sin embargo, los que verdaderamente controlan son personas seguras de sí mismas y capaces de delegar responsabilidades cuando sea necesario.

Dejar de controlar no significa perder tu libertad ni tu autodeterminación. Significa que en cada momento decides qué es lo importante y confías en ti mismo para juzgar cuándo es apropiado dejar la responsabilidad en manos de otra persona. Dejas que el agente comercial represente el producto que tú has diseñado, que tu hijo adolescente salga con una chica, confías en que el piloto sabrá hacer bien su trabajo en el avión. Cuando te sientes seguro y confías en ti mismo, no tienes esa necesidad infantil de controlarte a ti ni a los demás.

La diferencia estriba en que el autocontrol positivo es dirigido desde dentro y no ocasionado por elementos externos a ti, que te dejan indefenso e impotente porque no puedes controlarlos. Hay una gran diferencia entre tener miedo a perder el control y poseer autocontrol. La desesperada necesidad de controlar a los demás es algo destructivo. Se basa en la desconfianza en uno mismo y en los demás. A veces degenera en fobias, que exploraremos en la tercera parte del libro.

Un autocontrol positivo es algo totalmente distinto. Es una respuesta adulta y una adaptación a las realidades de la vida. La clave para lograr el autocontrol, o la autodisciplina, es conseguir ser dirigidos desde dentro. Quienes se dejan dirigir desde su interior sienten su potencial personal porque saben que pueden tomar decisiones que enriquecerán su vida. Los adultos dirigidos desde su interior se distinguen por su elevada moral, su gran desenvoltura, su flexibilidad y su compromiso social. Son personas con una gran confianza en sí mismas, tolerantes, que saben utilizar al máximo su capacidad intelectual, llenas de vitalidad y de energía. Aceptan las responsabilidades derivadas de sus actos, admiten sus errores y no culpan a los demás cuando les surgen dificultades. Además, saben dominar las crisis emocionales.

En el otro extremo se encuentran aquellas personas que sienten que sus vidas están controladas por fuerzas externas, por la suerte o por otras personas y se sienten despojadas de su poder, propensas a la depresión y convencidas de que pueden hacer muy poco por mejorar sus vidas. Este tipo de personas son temerosas, rígidas, intolerantes, inmaduras y carentes de habilidades para desenvolverse en la vida y para relacionarse más.

Ser dirigido interiormente significa ser adulto, tomar decisiones y responsabilizarnos de todos los aspectos de nuestra vida, determinar qué cosas no podemos cambiar y aceptarlo; decidir qué hay que modificar y hacer todo lo necesario para realizar esos cambios.

Las personas que se dejan dirigir desde dentro viven más felices y sus vidas son más fructíferas. Incluso con limitaciones tales como graves discapacidades físicas, vivir en un régimen dictatorial o con dificultades económicas, quienes son dirigidos interiormente mantienen el control en todas las situaciones, sin permitir que los acontecimientos afecten su sentido de identidad y a su individualidad. Muchos investigadores creen que la mayoría de las personas se dejan guiar más por su interior a medida que se van haciendo mayores. No creo que eso sea cierto en todos los casos. Sin una intervención positiva, todos continuamos siendo lo que siempre hemos sido. Es decir, si de niño eres tímido y reservado, seguirás siéndolo al hacerte mayor a menos que tomes la decisión de crecer y de llevar a cabo la tarea de cambiar ese rasgo.

La soledad frente al hecho de sentirse solo

Henry David Thoreau dijo: «La mayoría de los hombres viven su vida en una silenciosa desesperación». Si esto es cierto, se debe a que nos acostumbramos al aburrimiento, a la monotonía, a la seguridad, la comodidad y la rutina. Vivimos pendientes del reloj, de una *alarma* que nos avise de que llegamos tarde al trabajo, que nos diga cuándo debemos irnos a dormir, estemos o no cansados.

Nos dejamos atrapar por hábitos, rutinas y relaciones, pensando que a cambio recibiremos la recompensa de la seguridad y la comodidad. Pero al hacer esto nos cerramos a cualquier posibilidad de que surjan nuevos intereses y oportunidades. Nos traicionamos a nosotros mismos para seguir las normas y los mandatos de la sociedad, en lugar de oír nuestra voz interior. Clark Moustakas, en su esclarecedor libro *La Individualidad y el encuentro*, dice: «Una vez establecido un determinado modelo de vida, la persona percibe sólo muy débilmente sus propias respuestas internas, sus pensamientos y sus sensaciones reales».

Lo que nos impide a la mayoría llegar a ser todo lo que podemos ser es el miedo a la soledad. Buscamos en los demás nuestros valores y su aprobación, en lugar de buscar la verdad dentro de nosotros. El crecimiento espiritual es una experiencia privada, como lo son todos los otros tipos de crecimiento. A menudo confundimos estar solos con sentirnos solos; así, además de temer dar esos pasos hacia lo desconocido, también nos da miedo tener que hacerlo solos.

Pero la soledad y el aislamiento no son lo mismo. Para poder conocernos y escuchar nuestra voz interior debemos vivir momentos de soledad. Para la persona adulta, la soledad es una experiencia enriquecedora y satisfactoria. Sentirse solo es triste, sobre todo si lo experimentamos a raíz de alguna pérdida, como la muerte de un ser querido, una separación o una enfermedad. También está relacionado con sentimientos de rechazo y de culpabilidad por no aprovechar al máximo nuestro potencial. No hace falta estar solo para sentir la soledad. Yo he estado rodeada de una multitud de cinco mil personas y me he sentido tremendamente sola.

El matrimonio puede ser uno de los estados de mayor soledad si la relación te lleva a sentirte rechazado, aislado, incomprendido e infravalorado. ¿Has observado alguna vez a una pareja de ancianos en un restaurante que apenas si se hablan o que no se comunican verbalmente en absoluto? No existe alegría ni espontaneidad en su relación. Están atrapados en la rutina y la costumbre de haber vivido juntos durante muchos años, sin entusiasmo alguno porque ya saben lo que pueden esperar el uno del otro, aguardando tan sólo a que uno de ellos fallezca para liberarse de ese terrible aburrimiento. Son compañeros de viaje, pero son también dos almas solitarias que ocupan un espacio común, atrapados en una red de dependencia mutua, y que sin embargo anhelan alegría, un sentido para sus vidas y amor.

Helen Keller escribió acerca de lo que su maestra, Anne Mansfield Sullivan, le enseñó sobre el amor. Dijo: «Tampoco puedes tocar el amor, pero puedes sentir su dulzura derramándose por todas partes. Sin amor no serás feliz y no querrás jugar». Cuando veo personas aburridas y encerradas en su soledad siento una gran tristeza porque se han olvidado de jugar y de amar. Son como autómatas esperando a que acaben sus vidas. A pesar de lo triste que puede llegar a ser la soledad, ese sentimiento es un regalo; te avisa de que no todo va bien en tu vida. Te falta algo. Como cualquier regalo, tal vez no seas capaz de apreciarlo y lo rechaces, o tal vez puedas valorarlo y utilizarlo en tu propio beneficio.

La verdad es que, nos guste o no, siempre estamos solos. Nacemos solos y morimos solos. Nadie se va con nosotros. Quizás hayamos tenido relación con muchas personas en el curso de nuestra vida, pero en esencia estamos solos. Nuestras experiencias, elecciones y sentimientos son únicamente nuestros. El autoconocimiento y la maduración son una consecuencia de que aprendamos a convertir el aislamiento en soledad.

La soledad es una experiencia positiva, cuando va asociada a una conexión con la naturaleza y a una profundización en nuestros recursos internos. Estar solos nos capacita para ser conscientes de nosotros mismos como parte de la belleza del orden natural y de la singularidad de cada ser vivo, nos capacita para apreciar la relación existente entre el viento y el mar, el aire, el cielo y la tierra, el calor del sol y el misterio de la luna y las estrellas.

Estar solos, especialmente en la naturaleza, nos ayuda a poner nuestra vida en perspectiva. Un océano, un bosque o la cumbre de una montaña son lugares apartados de las exigencias cotidianas. Allí te ves confrontado con la pequeñez de tus problemas y te das cuenta de cuánto tiempo y energía dedicas en tu vida a asuntos triviales.

Estar solos y en silencio nos da la oportunidad de escuchar y hablar con alguien muy importante para nuestro crecimiento y felicidad: nosotros mismos. Sólo cuando nos hagamos a nosotros mismos el regalo de la soledad nos convertiremos en seres completos, seremos uno con nosotros mismos. Entonces nos sentiremos vinculados de forma directa a nuestra propia esencia, a nuestro espíritu. La mayoría de nosotros, cuando nos vemos superados por las tensiones, tratamos de escapar tomando una copa o viendo un partido de fútbol en la televisión para olvidar nuestros problemas. Pero eso es sólo una solución a medias, porque estamos llenando la mente con más distracción cuando de lo que se trata es de aclararla, internarse en ella y ver por qué nuestra conducta crea tanta tensión y cuáles son las cosas que deberíamos cambiar.

Los grandes escritores y filósofos conocen el valor de tomarse un tiempo para la reflexión en soledad. La productividad creativa no puede darse en medio de una multitud. Herman Hesse trata este tema en *Demian*: «Cada hombre sólo tiene una vocación genuina, encontrar el camino hacia sí mismo. Puede acabar siendo poeta o loco, profeta o criminal, pero eso no importa, a fin de cuentas no es responsabilidad suya. Su tarea es descubrir su propio destino y vivirlo hasta el final de su existencia, íntegra y decididamente, en su interior».

Cuando pasas algún tiempo solo, explorando nuevas dimensiones dentro de ti, despertando nuevas zonas de tu ser, sintiendo una nueva conciencia, ese ser que está en expansión puede darse cuenta de que para que tu vida se convierta en algo auténtico han de darse algunos cambios. Moustakas dice: «Cuando el espíritu solitario se despierta, el individuo se cuestiona todas las dimensiones de su vida».

En soledad, sin todas esas pequeñas distracciones cotidianas, puedes experimentar lo que tu Ser interior sabe acerca de tus relaciones, de tu trabajo, de la dirección de tu vida, de tus ambiciones y necesidades, de tus esperanzas. Entonces puedes empezar a decidir si poner nuevas energías en lo que está ocurriendo en tu vida en ese momento, o si debes abandonar un camino infructuoso y buscar algo nuevo.

En tus momentos de intimidad puedes pedir a tu espíritu que te proporcione el alimento que necesitas para hacer lo que estás determinado a hacer y para conseguir que tu vida vuelva a funcionar de nuevo. La soledad es necesaria para realizar una comprobación periódica, un descanso del exceso de tensiones y para recargar todos tus sistemas. Para poder seguir funcionando bien y crecer en este mundo, debes detenerte de vez en cuando y comprobar dentro de ti qué tal lo estás haciendo, quién eres y qué deseas en la vida.

Amor incondicional (Agapé)*

Todas las religiones nos enseñan que el amor es el bien supremo. En la vida debemos dejar nuestras huellas y enseñar a amar. La enseñanza efectiva es aquélla que no se predica, que se enseña con el ejemplo, no con las palabras.

Si alguien te dice: «te quiero» y te trata mal, exigiendo constantemente, abusando de ti o poniendo límites a su amor, realmente no te ama, ni se ama a sí mismo. Está utilizándote para lograr lo que quiere y lo que necesita. El auténtico amor no tiene límites ni condiciones. Nunca se expresa con palabras como: «te amaré si...».

El amor incondicional no significa que permitas que los demás abusen de ti. Puedes amar la esencia de esa persona incluso cuando te desagrada su conducta. Puedes aceptarla y amarla desde la distancia. De hecho, los violentos, abusadores, irresponsables e inseguros necesitan mucho de tu amor incondicional.

Todos tenemos la capacidad de amar ilimitadamente. *El amor es infinito*. Puedes entregarlo y compartirlo y nunca se agota. Al amar te enriqueces, pues muchas veces, ese amor vuelve a ti.

El amor es dulce cuando te vuelves a reunir con alguien de quien te habías sentido apartado o separado. Dado que la separación y la soledad forman parte de la condición humana, el verdadero amor nos proporciona una oportunidad de unión y trascendencia. Según Erich Fromm, el amor es «el deseo más fundamental del ser humano».

---

* En castellano, la voz *Agapé* ha perdido su sentido etimológico griego original de «amor» o de «amor supremo», y en la actualidad sólo significa «banquete». Aquí hemos querido conservar su sentido original

En el sentido espiritual, la experiencia de amar nos da la oportunidad de volvernos a unir con ese Dios que todos llevamos dentro. Amar a otra persona nos permite conocer los secretos del universo. Vuelvo a unirme con mi esencia, con mi alma. El amor nos une, el temor nos separa.

Erich Fromm, en su ya clásico libro *El arte de amar*, dice: «El amor no es una relación con una persona concreta; es una actitud, una orientación de la personalidad que determina la relación de una persona con el mundo en general, no hacia un objeto de amor en particular. Si una persona sólo ama a otra persona y es indiferente al resto de sus semejantes, su amor no es amor, sino una relación simbiótica o un acusado egocentrismo».

Los componentes del amor maduro, según Fromm, son el *cuidado, la responsabilidad, el respeto y el conocimiento*. Hay diferencias entre los tipos de amor que sentimos por otras personas, el amor entre padres e hijos, el amor fraternal, el erótico, el amor propio y el amor a Dios. Cada uno de ellos es una oportunidad para sacar a la superficie distintos aspectos de nosotros mismos, para experimentar la conexión entre todos los seres.

Todos somos *idénticos* unos a otros, esforzándonos en las mismas luchas, sufriendo las mismas inseguridades, llorando con las mismas lágrimas, aprendiendo las mismas lecciones. Cuando nos damos cuenta de esto y lo ponemos en práctica en nuestra vida, estamos en armonía y tenemos la capacidad de amar verdaderamente a nuestro prójimo como a nosotros mismos. Esto es lo que se conoce con la palabra *agapé*, el amor incondicional, la más elevada forma de amor que la humanidad puede alcanzar.

Si podemos reconocer que cada uno está en un nivel distinto de crecimiento y que los demás están aprendiendo sus propias lecciones de desarrollo espiritual, quizás seamos más sensibles y más pacientes con ellos. Sin juzgarlos.

Como psicoterapeuta, no puedo juzgar ni evaluar las relaciones y las circunstancias de la vida de otra persona. Sólo puedo amar y aceptar a alguien en el punto en el que se encuentra ahora mismo. Si está atrapado o se siente desgraciado, puedo ayudarle a salir de ahí, quizás a reducir su confusión, a explorar otras opciones y a apoyarlo en su elección.

Recuerdo cuándo aprendí a poner en práctica este concepto. Fue hace unos años, trabajando para un centro local de salud mental. Venían a verme muchas mujeres que habían sido emocional y físicamente maltratadas por sus esposos. Después de escuchar las historias de esas mujeres formé en mi mente una imagen de sus aberrantes esposos. Pero cada vez que uno de los maridos venía a verme, sólo podía sentir compasión por la tragedia de su vida. Me di cuenta de que prejuzgar a estas personas incluso antes de conocerlas, me incapacitaba para intervenir de forma efectiva en cualquier terapia con esa familia. Al abandonar mis prejuicios fui capaz de trabajar con los hombres, ayudarles a resolver sus problemas y hacer que sus relaciones familiares fueran más sanas.

Para poder progresar en el camino espiritual debemos deshacernos de nuestros sentimientos y de nuestros pensamientos negativos. No podemos vivir en amor y luz mientras acumulamos odio en nuestros corazones o mientras tenemos un saco lleno de sentimientos no superados, como rencor, rabia, ira reprimida, desilusiones, dolor y culpabilidad.

Quizás has pasado por la vida recordando viejas heridas y esperando a que vuelvan a abrirse de nuevo, levantando barreras emocionales para protegerte. ¡Adivina lo que sucede! Logras exactamente lo que esperabas. Te empujas a ti mismo hacia aquello que temías porque has puesto toda tu energía en esperarlo. Éste es un buen ejemplo de cómo la vida nos regala oportunidades repetidas para aprender la misma lección, hasta que *lo logramos*.

El perdón es una forma de liberarnos y de quitarnos de encima la basura del pasado. Tal vez piensas que alguien te ha tratado injustamente sin razón aparente. En tu dolor y resentimiento rumias y te obsesionas con esa ofensa. He oído a personas decir: «De acuerdo, yo perdono, pero no olvido», o no estoy enfadado, pero me las va a pagar». ¡Anula la deuda! ¡Libérate!

Ambas actitudes implican que tienes que protegerte porque el mundo de fuera quiere atraparte; el mundo es un lugar peligroso, todos son enemigos potenciales. Si tu mente y tu espíritu albergan este tipo de ideas y sólo ves el peligro, tú mismo te estás aislando del resto de los seres humanos y te estás impidiendo recibir el amor de los demás.

Todos hemos sido ofendidos y heridos por las palabras o las acciones de otras personas. Su crueldad puede haber sido deliberada, fruto de la insensibilidad o de su necesidad de algo distinto a lo que tú querías o necesitabas. Y como resultado, sentiste dolor por algo desagradable que dijeron o te hicieron.

¿Y qué? Tus sentimientos heridos, la culpa, la ira y el resentimiento son tuyos. Puedes revolcarte en ellos o puedes utilizarlos para aprender algo más sobre ti. El dolor es un aviso y una oportunidad para mirar dentro de ti y ver de dónde proceden esos sentimientos. ¡Dales la bienvenida! ¡Bendícelos! Utilízalos para aprender y conocerte un poco más.

El perdón es para ti. Perdónate. Perdona a la otra persona para poder continuar con tu propia vida. *Deja que se marchen los sentimientos negativos*; son un exceso de equipaje que no necesitas. Aferrándote a ellos, sólo te haces daño.

William Shakespeare dijo: «Errar es humano, perdonar es divino». Perdonar es crucial para tu crecimiento y tu felicidad. Sólo eres responsable de tus pensamientos, de tus acciones y de tus reacciones. No eres responsable de lo que otros dicen o hacen. Considerar el daño como un problema de la otra persona te permite ser objetivo y sentir compasión. Olvidándote de la sensación de estar ofendido liberas tu energía para centrarte en aspectos más creativos y dichosos de tu vida. Quizás, incluso reconozcas al dolor como una bendición disfrazada, porque también puedes perdonarte tus ofensas reales o imaginarias y empezar a sentir más amor y más compasión hacia ti mismo. Y éste es un paso importante hacia tu crecimiento espiritual.

CAPÍTULO 5

TÉCNICAS DE CRECIMIENTO ESPIRITUAL

Decía Aldous Huxley: «La vida no es sólo lo que te sucede. Es lo que tú haces con eso que te sucede». Si no tomas consciencia de lo que has aprendido, probablemente cometerás los mismos errores una vez y otra, tantas veces como sea necesario hasta que realmente aprendas la lección, la reconozcas y la consideres como aprendida.

Tomar consciencia significa darte cuenta de esas lecciones y dejar que la experiencia se convierta en tu mejor maestro. Bajo tu consciencia se agitan muchas enseñanzas, pero hasta que no seas consciente de ellas te servirán de muy poco. La consciencia nos permite explorar las diferentes opciones que tenemos y actuar. Puedes convertir en una solución cada crisis o pregunta, seguida por un conocimiento que te asegure que no cometerás el mismo error de nuevo.

Quizás necesites experimentar una crisis para adquirir esa sabiduría. A veces tenemos que llegar al fondo del pozo, con malos tratos, abusos, adicciones, autodestrucción, fracaso o miedo, llegar hasta ese punto en el que lo has perdido todo, tu libertad, tu familia, casi tu vida, antes de desear aprender y crecer.

Escuchar tu propia sabiduría

¿Cómo puedes aprender todas esas lecciones que se encuentran escondidas en el subconsciente antes de que los problemas lleguen a un punto crítico? Primero, puedes desarrollar el hábito de la introspección. Cuando algo importante te está sucediendo, algo que tiene un efecto emocional impactante, que te causa incluso incomodidad física o te está planteando una cuestión difícil, pregúntate a ti mismo: «¿Qué sé yo acerca de esto realmente, en lo más profundo de mi alma?»

Luego escucha. Alguien ha dicho que orar es pedir ayuda y meditar es escuchar la respuesta. Ambos actos son un modo de convertir la sabiduría inconsciente en consciente. También hay otras formas: el hipnotismo, la terapia, la catarsis emocional, los ejemplos inspiradores de los demás o la intuición.

El gran psiquiatra Carl Jung creía que en nuestro interior todos poseemos las respuestas que nos permitirían vivir de forma positiva, feliz y enriquecedora. ¡Piensa en ello! Ya posees todas las respuestas a cualquier posible pregunta. Cuando aprendas a profundizar en ese pozo de sabiduría construido con todas las experiencias y todo el conocimiento adquirido por la raza humana a través de la historia, poseerás un valioso recurso que estará siempre a tu disposición, y además, es gratis.

Después de pasar por alguna dificultad, ¿sueles pensar que es el momento de avanzar y empezar algo nuevo? Si ha sido una experiencia dolorosa, te alegras de que haya acabado y tu interés primordial es encontrar un alivio para el sufrimiento, pero estarás mucho mejor preparado para el siguiente desafío con el que la vida te sorprenda si te tomas algún tiempo para reflexionar sobre esa experiencia y consideras, tan honestamente como te sea posible, qué lección puede enseñarte.

Una buena manera de aprender de cada oportunidad es desarrollar el hábito de dejar durante algún tiempo la experiencia en tu mente. Explora las ideas, sentimientos, impresiones y sensaciones que te provoca. Si prefieres un resultado distinto, ensaya mentalmente el resultado final deseado.

Pregúntate a ti mismo: ¿Qué he aprendido de esto?, ¿qué otra cosa podría haber hecho?, ¿qué resultado hubiera preferido? Sé creativo y sincero contigo mismo. Si no obtienes la respuesta inmediatamente, no te preocupes. Relájate y espera. Tu subconsciente se pondrá en funcionamiento de forma imperceptible para ti. Para aprender estas importantes verdades, estás profundizando en tus recursos internos, en los recursos de tu Yo Superior.

Cuando estés dispuesto a escucharte a ti mismo obtendrás las respuestas. Posiblemente llegarán a ti inesperadamente a través de sueños, de un destello intuitivo, de una ensoñación o en algún momento extraño, como puede ser mientras conduces o friegas los platos o mientras piensas en otra cosa completamente distinta. Debes aprender de estas revelaciones, reconociendo estos mensajes como una señal de que tu subconsciente tiene algo que decirte.

Puedes mejorar tu habilidad para oír el subconsciente que te habla desde la sabiduría interna de la mente desarrollando tu entendimiento y utilizando la intuición, los sueños, la meditación, la imaginación visual, el humor, la naturaleza, la música y la creatividad. Puedes aprender cuál de estos medios te da mejores resultados y puedes empezar a aplicarlos en cualquier situación espinosa o en un momento de cambio en el que creas que te ayudarán a crecer.

A veces a la «voz» interior se la llama intuición. Revela mensajes de distintas formas. En ocasiones obtenemos de repente la respuesta a un problema que nos tenía preocupados. Muchos avances significativos en la ciencia, el arte, la política o la vida intelectual han sido fruto de la percepción intuitiva. Albert Einstein descubrió su teoría de la relatividad en un «destello» intuitivo. Pero para poder alcanzar esa percepción tuvo que permanecer receptivo y lograr antes un gran conocimiento intelectual de la física a través de muchos años de trabajo.

Todos tenemos esta capacidad, pero algunos somos más receptivos que otros y confiamos más en nuestra mente intuitiva. ¿Cómo te sientes con tu propia intuición? ¡Si la utilizas de forma habitual, fantástico! Si no, olvida tus reticencias y empieza a profundizar en esta maravillosa fuente de conocimiento que posees. ¡Todo lo que tienes que hacer es escuchar!

Es como tener un guía interno. ¿Te has dicho alguna vez a ti mismo, mientras te estabas quedando dormido, que querías despertarte a una hora concreta y lo hiciste, sin utilizar el despertador? ¿Has estado alguna vez conduciendo por un aparcamiento atestado de coches, buscando un hueco para aparcar, sin suerte alguna?, ¿y entonces te has dicho a ti mismo: «quiero un lugar cerca de la puerta de entrada», e inmediatamente alguien ha sacado su coche de allí? ¿Has pensado alguna vez en alguien sin ninguna razón aparente y diez minutos más tarde recibías su llamada o su carta?

Todos hemos tenido estas experiencias. Quizás son coincidencias o quizás no, tal vez son una intervención de nuestros ángeles o de nuestros guías espirituales, o tal vez no. Tal vez sea la respuesta de algún mecanismo interno desconocido actualmente, tal vez no. Yo pienso en la solución de los problemas como si me auxiliara un guía, que puede ser interno o externo. Confío en ese guía y recibo de él ayuda cada vez que se la pido, incluso si se trata de un lugar para dejar el coche. Inténtalo y dime si también te funciona a ti.

Para poder oír nuestra voz interior debemos aprender a serenar nuestra atareada mente. En la Cuarta Parte describiré una técnica para detener el pensamiento, que te ayudará a sosegarte y que empieza con ejercicios de relajación física. Al relajar el cuerpo, automáticamente se relajan la mente y las emociones; puedes influir en estos dos sistemas a través del cuerpo. El cuerpo soporta tu tensión emocional, por lo que relajándolo, consigues relajar todo lo demás.

La meditación y la oración

El momento adecuado para escuchar tu voz interior es cuando estás relajado. La meditación es una gran ayuda. La meditación es la práctica de sintonizar con tu Ser interior. Es una forma sistemática de ponerte en contacto con tu intuición. En la meditación retiras gradualmente la atención de tu cuerpo, de tu mente y de tus emociones y sintonizas con lo más profundo de ti.

Orar es una forma de pedir ayuda, inspiración, entendimiento o curación, sea cual sea para ti la fuente de donde procedan. Sé paciente. Orar con frecuencia te ayudará a disminuir tu tensión y a encontrar paz interior. Te ayudará a llevar a cabo los cambios y a realizar las metas que más deseas, y al mismo tiempo es un modo de reducir la tensión producida por las exigencias cotidianas. Asegúrate de saber escuchar las respuestas.

La meditación es fácil, pero como cualquier otra destreza, requiere práctica. Te voy a decir cómo empezar. Túmbate en el sofá, en la cama o en un sillón cómodo. Retira cualquier distracción visual; quítate los zapatos y las joyas y afloja cualquier prenda que pueda oprimirte, como cinturones o ropa interior. No cruces ni los brazos ni las piernas. Apaga la radio y la televisión, desconecta el teléfono y evita cualquier entrada de luz o de ruido que pueda distraerte.

Ahora, respira profundamente y enfoca toda tu atención en la respiración durante unos minutos. Respira por la nariz y luego expulsa el aire lentamente por la boca. Concéntrate en inspirar aire y energía limpia y pura y en expulsar toda la tensión y las toxinas acumuladas en tu cuerpo. Llena los pulmones hasta su máxima capacidad y mantén la respiración contando lentamente hasta ocho. Luego, muy despacio, expulsa por la boca el aire, contando otra vez hasta ocho. Permanece en calma antes de volver a inspirar y contar de nuevo hasta ocho. Repite el ciclo, pero ahora expulsa el aire mucho más lentamente, contando mentalmente hasta 16, luego hasta 24 y finalmente hasta 32.

Después de utilizar esta técnica con cuatro o cinco ciclos de respiración, te sentirás muy relajado y en un estado mental y físico preparado para sintonizar con tu sabiduría interna. Te sorprenderás de lo que tan sólo 10 o 15 minutos de meditación pueden hacer para cambiar tu estado mental y para relajar tu cuerpo. Es muy útil concentrarse en una palabra concreta, para evitar que los pensamientos no deseados y los problemas sin solucionar traten de molestarte. Visualiza la palabra RELÁJATE, escrita de algún modo en el interior de tu frente y regula tu respiración para que se ajuste a dicha palabra. La meditación puede ser dirigida o no. La técnica que acabo de describir se usa primordialmente para relajar y no está enfocada hacia ningún propósito. Te ayudará a reducir la tensión, la ira, la frustración o los pensamientos que te distraigan. La meditación dirigida es similar a la oración y se utiliza para curar y solucionar problemas. Después de relajarte, puedes concentrarte en la parte del cuerpo que quieres curar y puedes imaginar una luz verde o blanca que penetra y vibra en esa parte del cuerpo. Visualiza esa parte curada y sana. Para solucionar un problema específico en el trabajo, en la familia, acerca del futuro, con respecto al dinero o cualquier otro aspecto de la vida, examina mental y sistemáticamente todos las características implicadas en el asunto y pídele a tu guía interno una solución. Luego olvídalo. Deja de pensar en el problema y espera a que te llegue la respuesta. Llegará, pero debes tener paciencia; cuanto más complejo y difícil sea el problema, más tiempo tardará la solución. A veces, la solución puede ser una decisión que tomes en tu interior para poner en práctica alguna acción positiva.

La parte derecha del cerebro y tu creatividad

Ahora que has aprendido a relajar tu cuerpo y a serenar tu mente, estás preparado para sintonizar con tu Ser interior a través de otro proceso intuitivo. Cuando conectas con la parte derecha de tu cerebro —la imaginativa, la emocional, la parte no lógica de tu mente— descubres soluciones creativas a problemas complejos de tu vida. A menudo, las soluciones se te revelan en el idioma de la parte derecha de tu cerebro: símbolos, no palabras. Estos símbolos proceden de conexiones con hechos del pasado, de tu pasado personal o bien de la experiencia universal de la humanidad, y su finalidad es ayudarte a comprender lo que está sucediendo en tu vida en el presente.

La parte derecha del cerebro puede devolverte una respuesta durante la meditación o la oración, o bien traerte su mensaje en momentos inesperados, mientras estás ocupado en tu rutina diaria. El lenguaje simbólico de la parte derecha del cerebro incluye sueños, destellos de intuición, palabras que surgen de pronto en tu mente, una poderosa atracción hacia una persona o una situación, una canción o una imagen de la televisión que no puedes apartar de tu pensamiento.

Los mensajes que nos envía la parte derecha del cerebro proceden del *superconsciente*. El superconsciente es distinto al *subconsciente*. El subconsciente trabaja como un ordenador; almacena todos tus datos sensoriales: imágenes, sonidos, olores, ideas, recuerdos y experiencias. Cuando recurrimos a él puede darnos información e impresiones en forma de recuerdos. A veces, sin embargo, sólo salen a la superficie fragmentos, y es necesario acudir a un profesional para recuperar una memoria más amplia y detallada.

El superconsciente contiene la memoria de todo lo que tú eres; la sabiduría de todo el conocimiento del Universo. El superconsciente es la sede del «inconsciente colectivo» de Jung. Es tu Ser interior, o tu Yo Superior, tu alma o tu espíritu.

Los sueños

Vamos a observar más detenidamente los sueños, como ejemplo del modo en que el superconsciente habla con nosotros. Nuestro cerebro no detiene su actividad mientras dormimos. Todos tenemos cuatro o cinco fases de sueño durante la noche, aunque probablemente sólo recordemos conscientemente la última que hemos tenido antes de despertarnos. Cuando sueñas, la parte derecha del cerebro expresa el contenido de tu superconsciente en su lenguaje simbólico. Puedes aprender de este almacén de conocimiento espiritual, desarrollando técnicas que te ayudarán a recordar mejor tus sueños y a interpretar su significado aplicándolo a los acontecimientos ocurridos en tu vida cotidiana.

Llevar un diario de tus sueños te ayudará a reconocer los temas que se repiten en ellos. Si estás interesado en profundizar más en esto, busca un grupo de interpretación de sueños que esté dirigido por un terapeuta jungiano. Algunos símbolos oníricos tienen significados universales: el agua representa las emociones; una casa o un árbol te representa a ti mismo, a tu cuerpo o tu vida. Sin embargo, la mayoría de los símbolos son específicamente propios, trazados por las experiencias vividas personalmente. Por ejemplo, una araña puede ser un animal de compañía para una persona y un monstruo horrible para otra. La forma en que la parte derecha del cerebro utilice esas arañas en tus sueños, dependerá de las experiencias que hayas tenido con ellas.

Trabajar con el contenido de tus sueños es una forma fascinante y divertida de descubrir los misterios que existen en tu interior. Puede acelerar el aprendizaje de cómo respondes a los acontecimientos que tienen lugar en tu vida y te puede ofrecer una perspectiva de tus modelos de conducta contraproducentes. Con ese conocimiento, puedes tomar mejores decisiones acerca de cómo situar tu vida en el camino correcto y cómo continuar creciendo.

Marsha es una asistente social de treinta y cuatro años que vino a verme a raíz de la ruptura de su matrimonio, después de siete años de casada. Era su segundo divorcio y se sentía fracasada, no porque estuviera desalentada consigo misma, sino porque le molestaba seguir relacionándose con hombres a los que consideraba perdedores natos. Después de nuestra tercera sesión, tuvo un sueño que le ayudó a desvelar sus problemas.

En su sueño, veía y oía una palabra que le gritaba, le susurraba y resplandecía ante ella: «Liberador-Liberador-Liberador». Se hallaba en un parque donde había muchos pájaros en los árboles y en el suelo. Por la mañana consultó en un manual de análisis transaccional que poseía en su biblioteca el término «liberador, salvador». Entonces se dio cuenta de que todos los hombres que había habido en su vida eran inevitablemente infantiles, necesitados, dependientes y pasivo-agresivos. Ellos se sentían atraídos por su fuerza y su energía. Ella los vio como «pájaros con las alas rotas» que se podía llevar a su casa para cuidarlos y sanarlos.

Con esta nueva perspectiva, Marsha pudo comprender que sus pájaros heridos no valoraban su «salvación». Sólo querían apoyarse en ella y absorber toda su energía. Ellos no se fortalecían, pero sí la debilitaban a ella, desilusionándola. Marsha empezó a definir de forma más nítida qué deseaba encontrar en un hombre. Fue capaz de permanecer alerta y evitar representar de nuevo el papel de «salvador», buscando un hombre responsable y maduro que tuviera su propia fuerza y energía interior.

Cuando nos tomamos un tiempo para prestarles atención, los sueños nos pueden enseñar cosas similares acerca de nuestra vida, ya que proceden de ese pozo de sabiduría que hay en lo más profundo de nuestra alma. Trabajar con los símbolos de los sueños a fin de desvelar sus mensajes nos puede ayudar a comprender los temores que sentimos en el presente o a resolver viejos problemas del pasado. *La Terapia Gestalt*, de Fritz Perls, describe varias técnicas de interpretación de los sueños.

No obstante, creo que es mejor trabajar sobre los sueños con un terapeuta o en un grupo de trabajo, porque ello nos da el apoyo y la información necesarios para sentirnos en un entorno seguro y cómodo.

Evitar la rigidez

No es fácil superar la rigidez aprendida en el pasado, especialmente si has vivido durante muchos años con un código de normas estricto. Pero tienes que hacerlo si quieres llegar a ser una persona flexible y así poder aprender las lecciones del crecimiento.

Empieza poco a poco, con cosas sencillas, como vestir prendas de color distinto a las que sueles llevar habitualmente o pedir en un restaurante una comida que no hayas probado antes. Conscientemente, escucha los puntos de vista de otras personas. Cuando te encuentres a ti mismo dando una respuesta ya preparada, detente un segundo y piensa en otras posibilidades distintas. No tienes por qué estar de acuerdo con todas ellas ni cambiar tu forma de pensar, simplemente reconoce que hay otras respuestas. Trata de imaginar cómo las normas o puntos de vista de otra persona le funcionan a ella tan bien como las tuyas a ti.

Date la oportunidad de disfrutar de nuevas situaciones, incluso de aquéllas en las que desconoces cuál *debería* ser el resultado. Tu Ser interior se las puede arreglar muy bien con nuevas formas y nuevas situaciones. Es maravillosamente adaptable. Es tu asustado ego el que dice: «No, tengo que hacer esto de esta forma. No puedo arriesgarme». Pero tu Ser interior es mucho más fuerte que tu ego. Ten fe en él y te guiará a salvo a través del nuevo territorio.

Dejarnos dirigir interiormente

Si crees que te sientes demasiado afectado por las circunstancias externas y quieres dejarte dirigir interiormente, tendrás que trabajar en ello. Puedes elegir una de las técnicas descritas en este libro o algún tipo de terapia o grupo de autoayuda.

La dirección interna es una de las principales etapas en el logro del estado de madurez. Cualquier cambio requiere dirección interna y fuerza interior. Puedes aplicar estos pasos generales para aumentar el autocontrol positivo en un gran número de situaciones, sea cual sea la estrategia que utilices:

1. *Reconoce que la vida es una serie de separaciones y pérdidas* que producen desorganización temporal en tu cuerpo, en tu mente y en tus emociones. Por un momento pierdes el equilibrio. Los cambios, especialmente los que tienen que ver con las pérdidas, pueden causar confusión, tristeza y desequilibrio temporal. Después de que el ciclo del dolor y la adaptación a la pérdida se haya completado, reestructurarás tu vida en un nivel de desarrollo más elevado. Es penoso que esto no suceda sin dolor, pero pocos de nosotros somos capaces de cambiar sin experimentar una crisis que nos fuerce a ello.
2. *Dispónte a examinar, revivir y completar las experiencias dolorosas del pasado, para finalmente liberarte de ellas.* Puedes deshacerte gradualmente de esa pesada carga de sufrimientos, resentimientos, desilusiones y enfados, y por fin dejarlos atrás, en vez de ir arrastrándolos contigo donde quiera que vayas. Un grupo de apoyo, un buen amigo o un terapeuta es importante, porque al contar tu historia a otra persona, sacas a la superficie esos asuntos del pasado. Entonces puedes apenarte, enfurecerte y sentir ese dolor otra vez, para poder luego apartarlo para siempre de tu vida y curar tus heridas.
3. *¡Arriésgate! Atrévete a hacer algo nuevo y diferente.* Observa tu vida y decide qué es lo que quieres cambiar. ¿Dónde te sientes infeliz, atrapado o atascado? ¿Es en tu vida amorosa? Acepta el desafío de solucionar las cosas con tu amigo o tu pareja o bien plantéate encontrar a alguien nuevo. ¿Es en tu trabajo? Pide un ascenso, o una subida de sueldo, nuevas responsabilidades, o empieza a leer los anuncios de ofertas de trabajo, pon al día tu currículum, asiste a clases para prepararte para un nuevo trabajo, etc.

   Si es tu matrimonio el que está pasando por dificultades, asiste a una consulta matrimonial o a grupos de trabajo en los que se reúnen parejas de casados, vete de vacaciones con tu pareja, habla con ella sinceramente sobre tus problemas o divórciate. Utiliza métodos positivos para solucionar tus problemas y para examinar la información que tienes sobre tus opciones y elecciones; luego, escucha tu voz interior, que te indica lo que realmente has de hacer para sentirte bien y hazle caso a esa voz. Nadie más puede responsabilizarse de tu vida. ¡Depende completamente de ti!

4. *¡Supera tus miedos! No dejes que te vuelvan rígido e inflexible.* Comienza haciendo una lista de tus miedos. Escribe lo que se te ocurra sin pensártelo, no importa lo tonto que parezca. Puede que llenes varias páginas. Ahora agrúpalos y reúnelos por zonas, como miedo a lo desconocido, al abandono, al rechazo, a no ser capaz de cuidar de ti mismo. Esto te ayudará a precisar las partes de ti en las que existe más temor, y así, podrás trabajar para superarlo.
   Puedes dejar que tu mente subconsciente te ayude a reconocer tus miedos y a descubrir su origen. ¿Qué te dicen los sueños, las fantasías y los destellos de intuición sobre esos miedos? Recuerda que la mayoría de los temores se basan en experiencias traumáticas del pasado; en tu vida diaria actual son irracionales e inoperantes. Son como humo, niebla o castillos de arena y desaparecerán con las olas de la confianza en ti mismo. Cuando se hayan marchado, rápidamente olvidarás los efectos paralizantes que alguna vez ejercieron sobre ti. Entonces te verás libre de ellos para crecer y continuar con tu vida.
5. *¡Empieza otra vez a jugar! Llega a conocer a ese niño al que le encanta jugar y que vive en tu interior.* Ése al que le gusta la aventura, las bromas, las risas y los juegos, ir al cine, ver un partido de fútbol. Ese niño a veces se cae, se hace rasguños y heridas, pero se levanta y lo intenta de nuevo. Incluso como adulto, a veces te harás daño, pero no dejes que eso te detenga: levántate y sigue adelante. Así es como se aprende y se crece. ¡No olvides reírte durante el camino!

Valorar la soledad

La soledad es necesaria para escuchar tu sabiduría interior. Si utilizas de forma asidua algunos momentos de tu tiempo para la introspección, reforzarás la conexión entre el consciente y el inconsciente, los mensajes llegarán a ti con más claridad y podrás aplicarlos a las situaciones que estás viviendo en este momento de tu vida.

Encuentra el momento y el lugar mejor para estar solo. Si tienes familia y una vida ocupada, como nos pasa a la mayoría, tendrás que usar tu imaginación y planearlo con cuidado, para poder sacar ese tiempo. Prueba a pasear unos minutos por la mañana o a la hora de almorzar, un fin de semana junto al mar o en el campo, o un retiro espiritual. Quizás llevar un diario personal te ayudará a reservarte unos minutos para ti. Negocia un tiempo de privacidad con tu pareja para que ambos podáis disfrutar de vuestro «espacio» personal.

Quizás te guste escuchar música, tocar algún instrumento, pintar, cuidar el jardín, sacar fotos o escribir poesía. Haz de la soledad una prioridad. Un poco de tiempo cada día te mantendrá equilibrado. Te lo mereces. Recuerda que eres tan importante como las demás personas que hay en tu vida, que constantemente están demandando tu atención.

Tiende la mano

Si tu vida está en desorden y te sientes confuso, pide ayuda. Encuentra a una persona o a un grupo para hablar con ellos. Se siente mucho alivio cuando sabes que no estás solo, que hay más personas que están en el mismo barco que tú. Los grupos de autoayuda están en todas partes. Alcohólicos Anónimos son un modelo extendido por todo el mundo. Hay grupos para adultos que son hijos de alcohólicos —y en general, para cualquier familia que sufra de algún tipo de desorden funcional—, para quienes sufren algún tipo de dependencias, problemas emocionales, para adictos al sexo y a las relaciones, mujeres violadas, adictos al juego y otros grupos que surgen cada día producto de las nuevas necesidades que se van creando en nuestra sociedad. Estos grupos son de carácter no lucrativo, aunque necesitan algún tipo de aportación voluntaria para su mantenimiento. Están en todas las ciudades. No son un substituto de las terapias, sino que actúan en colaboración con ellas.

Para superar la angustia y la pérdida existen *terapias de grupo*, en las que has de pagar una cantidad por los servicios del profesional que atiende al grupo. Existen también grupos de autoayuda en iglesias y centros de asistencia locales. También hay grupos especializados en personas que han perdido a algún familiar en particular, como los grupos de madres contra la droga o el alcohol, en los que se tratan casos de muertes y accidentes a causa de conducir en estado de embriaguez o bajo los efectos de las drogas; Amigos Compasivos, para padres y hermanos que han perdido a algún familiar, sobre todo niños; grupos de niños que han perdido a sus padres o grupos de padres a quienes han asesinado algún hijo.

En la mayoría de las ciudades existen grupos similares a éstos. El apoyo que supone poder compartir tu dolor y tu angustia es muy valioso para curar tus heridas, al menos mientras dura la crisis. Tiende tu mano cuando puedas ayudar a los demás y pide ayuda cuando la necesites.

Amar incondicionalmente

Algunas veces, las faltas de otra persona interfieren en nuestro deseo de ser amables. Al pensar en esa persona, no puedes evitar sentir resentimiento o criticar y juzgar su conducta. A veces tan sólo es cuestión de que esa persona, sencillamente, no te cae bien.

En tales casos, utilizo una afirmación que me libera de la carga negativa que siento cuando estoy con esa persona o pienso en ella. Utilizando su nombre de pila digo:

«*Te quiero, John.*

Te bendigo, John.

Te perdono, John.

Te dejo libre en mi mente, para que te suceda el mejor bien que el Universo te tenga reservado».

Practícalo deseando el bien para todos. Cada vez que se te ocurra un pensamiento negativo, sustitúyelo por uno positivo. A veces vemos y nos fijamos en cosas de otra persona que en realidad son algo que no nos gusta de nosotros mismos. Es lo que se llama *proyección*; proyectamos en otro algunos rasgos de nuestra personalidad que todavía no hemos querido reconocer en nosotros.

La negatividad tan sólo te daña a ti. Desgasta tu energía y te desliga de tu alma. Si empiezas a fijarte en aspectos más positivos de los demás y en actos más enriquecedores, empezarás a ser más digno de su amor y estarás también mucho más contento contigo mismo.

TERCERA PARTE

CRECER EMOCIONALMENTE

Ganadores y perdedores

¿Cómo te explicas que unos «lo consigan» y otros, a pesar de sus esfuerzos, fracasen? El talento no es suficiente. Tampoco lo es la suerte. Hay otro elemento que separa a los ganadores de los perdedores.

Cuando un ganador comete un error dice:

«Me he equivocado».
Cuando un perdedor comete un error dice:
«No ha sido culpa mía».
El ganador ataca el problema.
El perdedor da vueltas alrededor de él
y nunca logra dejarlo atrás.
El ganador dice: «Soy bueno pero puedo ser mejor».
El perdedor dice: «No soy tan malo como otros».
El ganador dice: «Me encantará hacerlo».
El perdedor dice: «No es asunto mío».
El ganador escucha.
El perdedor sólo espera su turno para hablar.
El ganador se responsabiliza de sus actos.
El perdedor culpa a los demás de sus problemas.

Autor desconocido

CAPÍTULO 6

¿QUÉ SIGNIFICA SER EMOCIONALMENTE MADURO?

«El crecimiento del individuo puede producirse a través de la lucha, la agonía y el conflicto, al igual que por medio de la alegría, el amor o cualquier otra emoción.»

Clark Mostakas

El desarrollo emocional es el más complejo de los cuatro aspectos del crecimiento. Esta sección contiene más información porque ésta es la parte en la que la mayoría de los adultos somos más infantiles y estamos más necesitados de ayuda.

Los seres humanos estamos todavía evolucionando hacia el estado en el que seremos capaces de manejar nuestras emociones. Recientes avances en el conocimiento de la psicología humana nos han proporcionado nuevas y mejores estrategias en el campo educativo y en la función paternal, valorando en lugar de castigar, avergonzar o despreciar las emociones del niño. Y como adultos, hemos de aprender a no hacer lo mismo con nosotros.

En la actualidad, muchas personas no son tan afortunadas como nuestros hijos. Para muchos adultos cuyos sentimientos en la niñez fueron despreciados e infravalorados, el proceso de crecimiento emocional es como estar perdidos en un bosque, sin mapa, dando tumbos, luchando y sufriendo soledad y confusión, tomando muchos caminos equivocados, hasta que de pronto y con un poco de suerte y mucho esfuerzo, puede que al final encuentren la salida.

La mayoría de las personas se sienten motivadas a comprender y cambiar sus emociones durante las etapas de crisis personal. Las emociones te avisan de que estás en peligro, de que no se están satisfaciendo tus necesidades básicas: te incitan a realizar cambios. Te beneficiarás al máximo de tus emociones cuando te des cuenta de que tienes opciones y de que puedes elegir, lo cual supone un enorme refuerzo para tu personalidad, ya que te devuelve el control de tu vida.

La mayoría de las personas permanecen ancladas en lo que conocen y en lo que les resulta familiar, aunque no les funcione. Hay muchas formas de «ser». Para poder mejorar, debemos estar dispuestos a abrirnos más allá de los limites establecidos y a aprender a ser receptivos a lo nuevo. Para crecer debemos estar dispuestos a ver, escuchar y sentir de formas nuevas y distintas.

Algunas personas han perdido totalmente el contacto con sus emociones. Jerry, que acudió a mí aconsejado por el juez, ya que se encontraba en libertad condicional después de ser acusado de sacarle una pistola a su esposa amenazándola con matarla y matarse a sí mismo, me contó que su único problema era que no le daba tiempo de hacer todo lo que tenía que hacer. Al principio no estaba interesado en escuchar mis consejos, excepto en lo que se refería a ayudarle a aprovechar mejor su tiempo.

Cuando le pregunté sobre la relación con su esposa, empezó a llorar y me dijo que si él no la ayudaba más en la casa ella lo iba a abandonar. Cuando analizamos juntos su horario habitual, vimos que él trabajaba catorce horas al día. No le quedaba tiempo extra alguno para hacer lo que su esposa le pedía.

Cuando le pregunté por su familia me contó, de nuevo entre lágrimas, que su madre había muerto cuando él tenía dieciocho años. Nunca superó esa pérdida. Ahora, con cincuenta y cuatro años y un título de ingeniero, este hombre estaba enormemente deprimido, estaba angustiado y había perdido por completo el control y el contacto con sus emociones. Afloraron tantas cosas que lloró en todas las sesiones que tuvimos durante tres meses. Había ignorado sus propios sentimientos y sus necesidades emocionales durante tanto tiempo, que ahora estaban todas bullendo, intentando salir para que él les prestara atención. Sus fuertes defensas se estaban desmoronando y lo estaban venciendo. Sus sentimientos estaban saliendo todos a la vez y se sentía confundido y sin control. Pensaba que el suicidio era la salida.

Una importante clave para crecer emocionalmente es aprender a reconocer y a identificar nuestras emociones, no ignorándolas o controlándolas de forma rígida y opresiva, sino utilizando cada emoción para saber si estás o no en el camino adecuado. Toda reacción emotiva fuerte procede de tu interior y es una señal de que algo va mal y requiere tu especial atención. Incluso los sentimientos negativos tienen un aspecto útil.

Tus sentimientos son parte de ti. ¡Asúmelos! No van a dejar que los ignores para siempre. Deben ser reconocidos y expresados para poder desarrollar tu crecimiento y para que poseas una buena *salud mental*.

Como seres humanos tenemos a nuestra disposición una enorme variedad de emociones. Ser emocionalmente maduros significa que somos capaces de *identificar* los sentimientos, *experimentarlos* y *expresarlos*. *Elige* una emoción apropiada para cada situación, utilízala para cambiar y aprender y luego *abandónala*.

Puedes aprender a convertir tus emociones negativas en positivas y adecuarlas para que te ayuden en tu crecimiento. La madurez emocional también supone que puedes dirigir e identificar tus respuestas emocionales y cambiarlas en tu propio beneficio.

Identificar tus emociones

Las emociones son el resultado de lo que experimentamos en nuestra vida. Sin embargo, la educación que hemos recibido no se ha ocupado demasiado de ayudarnos a desarrollar una madurez emocional adecuada. No nos enseñaron qué debemos sentir, cuándo sentirlo o cómo sentirlo. Un preocupante número de personas son incapaces de describir o incluso de hablar acerca de lo que sienten en un momento determinado. La mayoría de nosotros pasamos por la vida reaccionando frente a nuestras emociones de modo reflejo, guiándonos por ellas, pero sin comprenderlas y sin siquiera ser capaces de identificarlas.

Las emociones no son tan fáciles de identificar y definir como los órganos y las funciones del cuerpo. Cuando algo va mal en el cuerpo es relativamente fácil detectarlo y corregir el problema. Las emociones son menos evidentes y más sutiles. Son intermitentes. De algún modo se amontonan unas encima de otras, evolucionando y cambiando imprevisiblemente; sus límites son indefinidos. A menudo sientes más de una emoción a la vez. A veces, sentimientos que parecen algo insignificante se convierten poco a poco en emociones poderosas.

Por ejemplo, la preocupación se puede convertir en pánico, la frustración puede acabar siendo una explosión de cólera o un violento enfado. La felicidad se puede convertir en sublime dicha con la atención y el tiempo adecuados. A menudo experimentamos emociones mezcladas, tales como sentimientos de tristeza y sensación de pérdida por algún cambio que se avecina en nuestra vida, junto con la emoción igualmente intensa que nos provoca la perspectiva de nuevas oportunidades.

En las sesiones de consulta suelo preguntar a mis pacientes: «¿Qué estás sintiendo ahora mismo?» Una respuesta común es: «Siento que deberíamos analizar eso en profundidad». La palabra *eso* cuando se combina con «yo siento», siempre cambia el sentimiento por una idea o un pensamiento; o la respuesta es: «Me siento mal», «me siento bien», «me siento normal». Sentirse «mal», «bien», o «normal», no es un sentimiento, sino un conglomerado de varias sensaciones, posiblemente negativas o positivas, que han de ser analizadas si queremos alcanzar el nivel de comprensión emocional que corresponde a un adulto maduro. A esto lo llamamos *emociones mezcladas*.

La mayoría de las personas experimenta por término medio unas quince emociones al día; desde sentirse angustiado por llegar tarde al trabajo, frustrado por la lentitud del tráfico, impaciente porque la otra persona se extiende demasiado al otro lado del teléfono, cariñoso con su pareja, simpático con un vecino, juguetón con el gato, desilusionado por no conseguir el aumento de sueldo y así con cada acontecimiento del día.

El auténtico propósito de las emociones es enviarnos mensajes sobre cómo los acontecimientos afectan a la totalidad de nuestro ser y actuar como un barómetro que mida el nivel de equilibrio de nuestra vida. Depende de ti escuchar o no esos mensajes. Piensa en tus emociones como fieles compañeros que están ahí para ayudarte a aprender sobre ti mismo, asistirte para que puedas controlar tu vida y aconsejarte para que realices los cambios necesarios cuando te salgas del camino.

Supongamos que te horroriza ir al trabajo o que eres muy olvidadizo. Quizás sueles sentirte desesperado o te irritas por cosas insignificantes y frecuentemente discutes con tu pareja. Tus emociones te están diciendo que hay algo que va mal en tu vida. Puede ser algo en tu trabajo o en tu matrimonio; o el problema podría ser tu percepción de esas situaciones y tu respuesta ante las mismas, basadas en antiguos temores que se ponen en acción una vez y otra como una cinta magnetofónica dentro de tu cabeza.

En lugar de sentirte víctima o sentirte atrapado, deja que esas emociones incómodas te avisen de que sería más inteligente tomarte un tiempo para evaluar lo que estás sintiendo en ese aspecto de tu vida que necesita tu atención. Dado que tus emociones proceden de dentro de ti, debes observar en tu interior para reconocer lo que estás sintiendo en un momento dado.

Muchas personas creen que son víctimas de sus emociones y responden como si no tuviesen control sobre sus sentimientos. La verdad es que no sólo puedes controlar tus propias emociones, sino que, con un poco de información y práctica, puedes elegir las emociones adecuadas para cada situación.

Cuando controlas tus emociones, controlas tu vida. Tan poderosa es esa faceta de ti, que cuando no la controlas estás a merced de un bombardeo inesperado de sentimientos y estados de humor difícilmente reconocibles. Sin control, las respuestas emocionales espontáneas dominan tu vida; con control, tus sentimientos pueden aumentar tu sensibilidad, tu compasión y tu sensación de bienestar. Un control emocional maduro y sano es consciente y selectivo, no es un control rígido y represivo que detiene las emociones antes de ser sentidas y experimentadas totalmente.

Tu personalidad única

Todos los miembros de nuestra especie compartimos respuestas emocionales básicas y comunes ante los acontecimientos que tienen lugar en nuestra vida. Todos sentimos pena y dolor cuando un ser querido muere. Todos tenemos miedo cuando nos vemos amenazados. Todos nos sentimos culpables cuando le hacemos daño a alguien sin que nos provoque. Todos nos disgustamos cuando a un ser querido lo tratan injustamente. Todos sentimos alegría cuando nace un bebé sano; todos celebramos bodas, asistimos a funerales y disfrutamos del sexo.

Quizás en distintas culturas los individuos muestren estas emociones de forma diferente e individualmente todos aprendemos modelos distintos de expresión o represión de estos sentimientos a medida que nos hacemos mayores, pero en el fondo, como animales humanos todos nacemos con el mismo equipo emocional básico, antes de aprender a través de la experiencia qué debemos hacer con él.

En la parte superficial y dura del cerebelo se encuentra el cuerpo calloso que rige el sistema básico y primitivo del ser humano; es un vestigio procedente de la época en la que teníamos que competir con leones y tigres para poder conseguir comida y refugio. Nuestros instintos primitivos de supervivencia, lucha y huida están regidos por este sistema, que ha evolucionado pero aún rige nuestras emociones básicas. Al igual que las muelas del juicio, que en otro tiempo nos servían para la importante función de arrancar y masticar carne cruda, esta parte del cerebro todavía responde a los peligros con un estallido de adrenalina que nos proporciona una fuerza extra para poder hacer frente a una crisis inmediata.

Todas las emociones proceden de esta base animal. Nuestros sentimientos son mucho más complicados hoy en día, porque vivimos situaciones más complejas a las cuales hemos de responder. Al igual que en la edad primitiva, las emociones fuertes demandan nuestra atención y añaden tensión al cuerpo.

Los seres humanos somos similares en un 95%, pero al mismo tiempo somos únicos. Cada uno de nosotros es un individuo de personalidad única. Entre todas las personalidades de este mundo, no existen duplicados, ni siquiera entre gemelos. En ningún lugar del universo existe un doble exacto a ti.

Uno de los ejercicios que hago con mis estudiantes tiene la finalidad de demostrar este principio. Les reparto una nuez, un limón o una manzana a cada uno de ellos. Con anterioridad, les explico que el ejercicio consiste en que observen detenidamente su objeto para llegar a conocer todas sus características. Pasados unos cinco minutos, recojo las nueces y las coloco en un cuenco. Luego les pido que se acerquen y busquen sus nueces en el cuenco.

Siempre consiguen hacerlo. En sólo unos minutos, son capaces de captar y reconocer la singularidad de la nuez que les ha tocado, todas sus características únicas de forma, textura, apariencia, pequeñas arrugas y protuberancias. Aunque es sólo una nuez, es especial y es diferente de cualquier otra nuez. ¡Y con nosotros ocurre lo mismo!

Tu singularidad, tu personalidad, es una combinación de tu estructura genética, de tu entorno social, de tu capacidad intelectual y de tu nivel de desarrollo espiritual. Esa diferencia la sientes emocionalmente; puedes sentir orgullo, sentirte especial, incomprendido, impotente, incómodo o de algún otro modo que te haga diferente a los demás. Las personas adultas aprenden a valorar su singularidad, porque comprenden que estas diferencias son las que crean su identidad individual.

El desarrollo emocional

El desarrollo emocional comienza con la materia prima procedente de los genes y se va modelando a través de las primeras relaciones que el niño tiene en su infancia. Los niños que son tratados con respeto y amor y a quienes se les enseña a creer en sí mismos y a sentirse contentos con su forma de ser, crecerán como adultos positivos y seguros. Si tus padres te proporcionaron unos fundamentos emocionales sanos y equilibrados, serás capaz de establecer relaciones positivas y sinceras y podrás tener confianza en ti mismo durante toda tu vida.

Y al contrario, un niño que en sus primeros años ha estado sometido a castigos, amenazas, frustraciones, abusos, abandonos, que ha sufrido la muerte del padre o la madre, el divorcio de los padres, violencia, peleas en casa, guerras, que ha sido testigo o se ha visto envuelto en prácticas sado-religiosas, tendrá dificultades para relacionarse y arrastrará durante el resto de su vida una imagen de sí mismo dañada. Se convertirá en una persona suspicaz, acusadora, celosa, insociable, introvertida, reservada y poco cooperativa, que puede pasar su vida adulta tratando de evitar o resolver esos sentimientos confusos y conflictivos.

Frecuentemente los recuerdos traumáticos son suprimidos, reprimidos y enterrados profundamente dentro de la mente subconsciente. Una buena intervención terapéutica es primordial para curar las viejas heridas. En un entorno seguro, la persona ha de recordar y revivir esos acontecimientos traumáticos con los sentimientos adecuados. Es como curar una herida abierta, sangrante e infectada con pus. Después que ha sido curada, queda una cicatriz superficial que permanece como un recordatorio, pero que ya no tiene poder para causar daño.

Cuando el maltrato ha sido a una edad muy temprana y de forma intensa y continuada, el adulto se puede convertir en un psicótico o puede desarrollar un desorden de personalidad como un medio para hacer frente a los traumas infantiles, trastornos que no siempre se consiguen superar.

El adulto que fue un niño emocionalmente maltratado puede buscar desesperadamente el amor, pero no sabe cómo reconocerlo ni aceptarlo; esta persona tendrá cicatrices, al igual que las víctimas de maltrato físico.

La mayoría de nosotros, durante la niñez, recibimos una combinación de mensajes, equilibrados unos y violentos otros, ya que nuestros padres simplemente nos demostraban sus emociones y no siempre de forma apropiada. Esta combinación de mensajes procedente de nuestra niñez constituye la mayor parte de la identidad emocional que hoy en día poseemos.

Tu naturaleza emocional también ha sido influenciada por las respuestas emocionales que aprendiste de otros adultos y de los modelos de conducta que observaste a tu alrededor. Observaste cómo tus padres, tus vecinos y tus maestros respondían a los acontecimientos y captaste sentimientos de canciones, espectáculos, películas y reacciones de tus amigos.

Si los modelos de conducta de las personas mayores que te rodeaban no eran perfectos y además dichas personas no siempre respondían a tus errores y a tus preguntas con paciencia y cariño, tendrás que hacer algunos trabajos de «reparación» en tu vida. No es tarde para ofrecer ternura a ese niño que fuiste. Ese niño está todavía ahí, dentro de ti. Puedes empezar a ofrecerle cariño, a actuar de padre contigo mismo y a completar el proceso de crecimiento proporcionándote el amor y la aceptación que todos necesitamos. Entonces podrás ordenar tus emociones y madurar.

Aprender de las emociones

Debido al vulnerable estado en que nacemos, los seres humanos dependemos física y emocionalmente de nuestros padres para ser alimentados y cuidados durante muchos años. Esta dependencia es absoluta. Sin su apoyo no hubiéramos podido seguir viviendo. Los niños no pueden ser abandonados, porque no son capaces de cuidar de sí mismos.

Incluso como adultos, a veces todavía tenemos dependencias. Cuando somos vulnerables nos sentimos débiles, asustados y confusos y creemos que no seremos capaces de cuidar de nosotros mismos. Queremos ser abrazados, alimentados, tocados, escuchados, animados y tranquilizados. Si estas necesidades no se cubrieron adecuadamente en la niñez, siempre estaremos buscando a alguien que nos cuide y que satisfaga estas necesidades de dependencia.

Ésta es la razón por la cual muchas personas buscan en sus relaciones adultas a esos padres cariñosos que nunca tuvieron en la niñez. La joven agarrada al brazo de un hombre con la edad de su padre o el joven que tiene relaciones con mujeres de la misma edad de su madre son ejemplos muy obvios de esta dependencia infantil. Estas necesidades inconscientes permanecen con nosotros hasta que aprendemos a satisfacerlas o a pedir lo que deseamos de forma sana y equilibrada.

Conductas adictivas

Otras personas tratan de satisfacer sus necesidades por medio de conductas adictivas. Un reciente estudio realizado por doce abogados ha revelado que existen muchas adicciones distintas a sustancias como la comida, el alcohol, las drogas, la nicotina o cualquier otro producto que pueda ser ingerido, inhalado o inyectado en el cuerpo. Otro tipo de conductas adictivas comunes son el juego, robar en las tiendas, el trabajo y la actividad física extrema. Otras formas de conducta adictiva tienen que ver con las relaciones, como los adictos a las novelas románticas, al sexo o las personas que están emocionalmente paralizadas y son incapaces de comprometerse de forma permanente.

Una adicción proporciona un estado temporal de «elevación» y «exaltación» del ánimo, pero luego, transcurrido un breve espacio de tiempo, vuelves a caer en picado al mismo estado en el que te encontrabas al principio e incluso más abajo, lo cual estimula el deseo de probar de nuevo la sustancia adictiva o la acción que te proporcionó ese estado. Una señal de conducta adictiva es la obsesión por ese estado o por el objeto deseado cuando ya no está presente. Anhelar un objeto o a una persona es convertirse en esclavo de ello y se experimenta un alivio temporal cuando se utiliza ese objeto o se ve a esa persona.

Una persona sigue una conducta adictiva cuando se siente apartada de los demás, de su Ser espiritual, de su familia y de sus amigos. Para romper este círculo vicioso debemos volver a enlazar con estos recursos que poseemos. La recuperación es el proceso por el cual somos capaces de reconocer cuándo somos vulnerables, cuándo nos sentimos temerosos, tristes y dolidos, y el proceso por el cual somos capaces de averiguar lo que queremos y necesitamos para sentirnos bien. Luego debemos pedirlo, preferiblemente a alguien que sea capaz de dárnoslo y esté dispuesto a ello. Quizás tan sólo se trate de recibir un abrazo o de que alguien nos escuche.

Nuestras necesidades emocionales externas se cubren relacionándonos con los demás. Las necesidades internas se satisfacen volviéndo a conectar con nuestro espíritu, que como siempre, busca el equilibrio y la armonía.

La ansiedad de la separación

Una de las mayores fuentes de tensión para los niños y los adolescentes es la ausencia de la madre, del padre o de la persona que los cuida. La ansiedad de la separación, que puede salir a la superficie a cualquier edad, perdurando incluso en la edad adulta, es el temor indefinido y penetrante a ser abandonados y a quedarnos desamparados. Para los niños, cada vez que la persona que los cuida los abandona es como una pequeña muerte; gradualmente se acostumbran a la ausencia de los padres y a medida que se van haciendo mayores, comprenden que los padres siempre vuelven. Este temor surge a menudo en la vida de los adultos, cuando se encuentran solos después de la muerte de un ser querido, del divorcio o cuando los hijos dejan el hogar.

Algunas veces los padres están físicamente presentes pero emocionalmente ausentes, especialmente los padres que toman drogas o alcohol o evaden su responsabilidad para con los hijos. También sucede con padres que fueron emocionalmente abandonados cuando eran niños y no tienen capacidad para proporcionar el apoyo, el amor y el alimento emocional necesario para el niño.

Este niño también desarrollará un temor subyacente a no ser capaz de cuidar de sí mismo. Creerá que cualquier petición de que se satisfagan sus necesidades será recibida con enfado, reproches, críticas o castigos. A muy temprana edad el niño aprenderá que para estar a salvo tiene que reprimir sus necesidades, sus deseos, y lo que es peor, sus sentimientos. Se convertirá en un adulto que no estará emocionalmente disponible para sí mismo ni para los demás, quedándose bloqueado en las necesidades insatisfechas de la niñez, en esa época en la que no sabía expresarse verbalmente. A medida que trate de entender y averiguar por qué su vida no funciona se sentirá cada vez más frustrado, al saber que se siente mal pero no puede decirle a nadie el motivo. Es el primer candidato a buscar una escapatoria adictiva.

Imagina a un bebé en su cuna, llorando porque tiene hambre o los pañales mojados y nadie se ocupa de él; o un niño de dos años que se cae y se hace rasguños en las rodillas, va corriendo a su madre para sentirse confortado y ella le dice: «Deja de actuar como un bebé», o «cállate», «estoy viendo la televisión», «estoy hablando por teléfono» o «deja de llorar». La madre que no quiere ser molestada para consolar a su hijo, le está causando unas heridas que son mucho más profundas que las de la piel. La piel de su rodilla se curará, pero las otras heridas permanecerán dolorosamente presentes. Al no cubrirse las necesidades físicas y emocionales del niño, se están sembrando las semillas de los problemas: malas hierbas que en la edad adulta darán una cosecha tras otra.

Cuando en la vida adulta reaparece el temor de no ser capaces de cuidar de nosotros mismos, lo hace en forma de ansiedad o temor indefinido. A medida que te vas haciendo mayor, los acontecimientos de la vida te fuerzan a crecer, a confiar en tus propios recursos, a nutrirte y a salvarte a ti mismo. La mayoría de las personas hacen esto muy bien en circunstancias normales. Pero durante una crisis, la pérdida de un ser querido, el divorcio o el final de una relación, una enfermedad grave, una operación o un accidente, las emociones que salen a la superficie pueden llegar a causar un temor extremo, especialmente si la crisis supone algún tipo de separación.

La razón por la cual muchas personas mantienen relaciones agotadas o destructivas es porque desean evitar el dolor de la separación, por temor a ser abandonados y no ser capaz de cuidar de sí mismos, aunque sean capaces de vestirse, asearse, comprar, cocinar, conducir el coche, conservar su empleo, tener amigos y desenvolverse en todos los demás aspectos de la vida. Son personas que todavía se sienten incómodas cuando se trata de satisfacer sus propias necesidades emocionales.

Esa vieja sensación de separación y temor se dispara de nuevo y una vez más vuelves a convertirte en un niño emocionalmente desamparado. Más adelante tendremos oportunidad de ver qué podemos hacer para ayudar a tu niño a sentirse seguro, a salvo, amado y cuidado.

La *conciencia*, que está relacionada con las emociones de culpabilidad y vergüenza, también se aprende a edad muy temprana. El niño se siente culpable por no hacer lo que su madre quiere; a medida que el sentimiento de culpa se va desarrollando, también lo hace el mecanismo controlador de las pautas morales, ese mecanismo interno y sutil llamado conciencia humana. Al principio, se nos explica que es el ángel de la guarda o el diablo que está siempre detrás de ti al lado derecho o izquierdo y que ambos nos envían mensajes contrapuestos sobre nuestras opciones de conducta. La conciencia, es decir, elegir la voz del ángel, generalmente está ya establecida a la edad de cinco años. Con una apropiada orientación de los padres el niño aprende a elegir las opciones correctas, aunque más tarde el dilema moral se vuelva más complicado.

Alcanzar la madurez moral significa determinar nuestros propios modelos de conducta. Esos parámetros están basados en las enseñanzas de la más temprana edad, en la instrucción religiosa recibida y en las lecciones que aprendemos durante el proceso de crecimiento, que se prolonga durante toda nuestra vida. Las emociones actúan como un barómetro que nos avisa cuando algo va mal en nuestro interior, cuando estamos desequilibrados.

Los sentimientos negativos

La desconfianza y los sentimientos de culpabilidad y verguenza son algo que aprendemos a la edad de cinco años. Cuando los sentimientos que un niño expresa no son valorados o son ridiculizados, ignorados o castigados, el niño aprende que sus sentimientos le causan problemas. Lo más seguro para sobrevivir es entonces dejar de sentir: los sentimientos son peligrosos. A través de esta desaprobación, al niño se le enseña o se le presiona para negar sus verdaderos sentimientos y de este modo aprende que sus sentimientos son incorrectos o «malos».

Y dado que los niños no pueden distinguir entre ellos y sus sentimientos, empiezan a creer que «ellos» son «malos». Sus padres, incluso puede que les llamen «malos» o «desobedientes»; así, rápidamente aprenden que para poder obtener el amor y la aprobación de sus padres deben esconder sus verdaderos sentimientos, sentirse avergonzados de ellos y negarlos.

De este modo comienzan a sentirse inseguros, sin valor, con una pobre autoestima y con todos esos sentimientos negativos que viven dentro del individuo durante toda su vida y que en nuestra sociedad basada en la reputación y el honor, pasan de generación en generación. Con cada nueva afrenta, el niño interioriza más temores.

Cuando el niño alcanza la edad de tres o cuatro años ha acumulado un inmenso bagaje de reproches y humillaciones que entierra y esconde en su interior para acceder a ellos cada vez que surja una nueva experiencia que le ocasione dudas, enfado o tristeza. Cuando una persona es dura consigo misma o se encuentra excesivamente controlada, rígida o agresiva, ello es señal de que esconde en su interior demasiados sentimientos negativos.

La conducta agresiva comienza a una edad muy temprana. A la edad de dos años el niño ha desarrollado ya el sentido de «los tuyos y los míos» con respecto a los juguetes, la ropa y otras posesiones; este sentido de posesión es parte del proceso de comprensión de que él es un ser separado del resto de personas de su entorno. Cuando a los niños que empiezan a andar se les pide que compartan los juguetes con sus amiguitos, usualmente lo hacen a regañadientes, y pasado un corto período de tiempo se los arrebatan de las manos, dejando al compañero de juegos completamente desconcertado.

La agresión física, dirigida contra los hermanos y compañeros de la misma edad, sucede prácticamente también a la edad de dos años. Si los padres no protegen al niño de tales agresiones y no le explican al agresor que una conducta así no va a ser tolerada, el niño puede que integre la agresividad física a su personalidad. Si los padres pegan a los niños como castigo por su conducta agresiva, éstos aprenderán que la forma de detener una agresión es utilizando otra agresión, que es justo lo contrario de lo que los padres trataban de hacerles entender. Los niños aprenden más de lo que «hacen» los adultos que de lo que «dicen».

Cuando un niño pequeño se siente frustrado, es incapaz de identificar y expresar su frustración y sus temores. A veces, la primera reacción es atacar a otro físicamente, golpeándole, pegándole patadas, dándole puñetazos, mordiéndole o tirándole algún objeto. Los padres han de ayudar al niño a que hable del problema y a que halle otra forma de afrontarlo.

La conducta agresiva y la ira incontrolada pueden surgir de forma muy intensa en la adolescencia. Si siendo ya adulto tu primer impulso todavía es pegar a alguien o amenazarle, tienes que empezar a aprender nuevas formas de reaccionar ante la frustración.

La sociedad en la que vivimos permite a nuestros hijos varones expresar su enfado, pero no se lo permite a nuestras hijas. Somos más tolerantes con los arranques de furia o los berrinches de nuestros hijos varones y los animamos a practicar deportes y a jugar a cosas donde prevalezca el sentido de «matar al enemigo/competidor». También aprenden a considerar a las mujeres como más débiles e indefensas, vulnerables y, por tanto, como víctimas en potencia.

No es tan común ver a las chicas y a las mujeres expresar su enfado. Las mujeres coléricas asustan a la mayoría de los hombres ya que esa imagen les recuerda tiempos en los que eran niños pequeños y se sentían indefensos ante los enfados de su madre. Nuestra cultura no acepta a las mujeres enfadadas porque considera que eso no es «bonito». Se las tilda de brujas, regañonas, castrantes y destructivas.

Del mismo modo que a los niños se les anima a expresar su enfado, a las niñas se les prohibe hacer lo propio con el suyo. Aprenden a reprimirlo y a «guardarlo» en su interior. Se las obliga a sentirse culpables por tener esos sentimientos, así que los bloquean detrás de la vergüenza, culpabilidad e inseguridad. De este modo empiezan a sentirse confundidas con respecto a sus sentimientos, a sus límites y a sus derechos.

En lugar de eso, las mujeres jóvenes aprenden a ser chicas «buenas» para gustar a los demás, especialmente a mamá y a papá, de los que ellas se sienten tan dependientes para sobrevivir. Incluso cuando alguna mujer ha alcanzado cierta posición en los negocios o en su vida profesional, sus reivindicaciones son interpretadas como agresividad y se la considera poco femenina, mientras que la misma conducta en un hombre es considerada varonil, competente y válida.

La depresión es el mayor problema de salud mental que afecta a los ancianos en nuestro país. Es un componente importante del proceso del duelo. Antes de aceptar la realidad de un cambio o la pérdida de algo en la vida pasamos por un período de depresión. Cuanto más tiempo vivimos, más separaciones y pérdidas experimentamos, y en esos momentos es muy probable que nos sintamos deprimidos.

Cuando llegas a cierta edad, posiblemente hayas enterrado a tus padres, a tus hermanos, a tus amigos e incluso a tus hijos. Las pérdidas ocurridas en los años de la infancia le dan al niño la oportunidad de aprender a hacer frente a la tristeza y a la depresión. Si al sufrir una pérdida no somos capaces de tratar debidamente nuestros sentimientos y desahogarnos, esa tristeza se convertirá en un muro infranqueable y la depresión puede llegar a ser crónica. En mi libro *Déjalos ir con amor: El proceso del duelo* trato este tema con detalle.

La felicidad

La felicidad es un estado de bienestar y satisfacción. Podemos experimentarlo a solas, admirando una puesta de sol, haciendo una excursión por el monte, dándonos un baño de espuma, o con otras personas, bailando, cantando, riéndonos, jugando o practicando algún deporte, paseando juntos, hablando en la intimidad o compartiendo un momento de ternura.

La felicidad se experimenta en el presente, en el aquí y el ahora, y no tiene relación con acontecimientos o recuerdos del pasado ni del futuro. Es positiva, genera un sentimiento de plenitud y te hace sentir bien. La felicidad también supone la ausencia de tensión y depresión, al menos por el momento. Por desgracia, a la mayoría de las personas la felicidad les parece tan fugaz como las hojas que se caen de los árboles y acaba cuando termina ese acontecimiento tan especial o cuando una relación pasa por momentos críticos.

Puedes aprender a mantener ese estado de felicidad durante más tiempo teniendo pensamientos positivos. Es más fácil ser feliz cuando sientes amor por ti y por los demás.

El amor

El amor es la emoción más difícil de aprender y la que más necesitamos sentir y comprender.

¿Cuándo y dónde aprendemos a amarnos o a no amarnos a nosotros mismos? Algunos teóricos del desarrollo humano creen que los sentimientos de confianza, valor, felicidad y amor se aprenden muy pronto en el proceso de socialización. La forma básica en la que ahora te relacionas con el mundo quedó grabada en ti hace mucho tiempo, cuando todavía estabas en la cuna. Si cuando eras bebé te hicieron sentir seguro, satisfecho, abrazado, querido y jugaban contigo, probablemente seas, en general, un adulto positivo y cariñoso.

Sin embargo, cuando a los bebés y a los niños no se les presta la atención adecuada, cuando son emocionalmente abandonados, maltratados o se abusa de ellos, puede que crezcan sintiéndose inseguros, temerosos y con dudas acerca de su valía personal. Les resultará difícil llegar a confiar en ellos mismos y en los demás, y también aceptar el amor. Sus vidas estarán dominadas por la inseguridad y el miedo, no por el amor. Cuando un niño recibe mensajes negativos sobre su valía personal comienza una búsqueda que durará toda su vida a fin de averiguar quién es él en su interior.

Inicialmente siempre será suspicaz ante otra persona que le ofrezca su amor, y a menudo tratará con todas sus fuerzas de sabotear esa relación para probarse a sí mismo aquello que él temía: que no es digno de amor.

Crecer emocionalmente es el proceso de aprender a empequeñecer tus temores y a aumentar tu capacidad de amar.

CAPÍTULO 7

PUNTOS CRUCIALES DEL CRECIMIENTO EMOCIONAL

Tus emociones son parte de tu naturaleza. Son muy útiles para avisarte cuando estás en peligro, diciéndote que tienes una necesidad básica que no está siendo cubierta, permitiéndote reconocer la armonía y la felicidad y alertándote de que posees modelos negativos de conducta que interfieren en tu creatividad y que impiden que tengas relaciones amorosas que funcionen.

Las emociones contienen mensajes para todos nosotros que son al mismo tiempo útiles y frustrantes. Por ejemplo, la tristeza te hace saber que has perdido algo valioso y que para aliviarte y recuperarte debes lamentarlo, expresar tus sentimientos, evaluar tu nueva situación, y luego, continuar viviendo. El peligro de la tristeza es que te quedes bloqueado en alguna etapa del proceso y pierdas tu tiempo viviendo en el pasado, recreándote en unas circunstancias que no pueden ser cambiadas y sobre las que no tienes control alguno.

En nuestra vida adulta todos tenemos asuntos emocionales que necesitan ser solucionados. Estos asuntos proceden de nuestras experiencias infantiles, incluso de acontecimientos que ya no podemos recordar. Nuestros primeros recuerdos proceden de la edad de tres a cuatro años. Pero antes de esa edad se puede hacer mucho daño a los niños.

Ciertas reacciones emocionales muy intensas pueden ser desencadenadas por hechos que nos hacen volver a experimentar un acontecimiento importante de la niñez. Las crisis suelen también traer a la consciencia antiguos sufrimientos emocionales, especialmente aquéllos que no han sido resueltos todavía. Tales momentos en los que se desatan esas emociones del pasado pueden obligarnos a darnos cuenta de que hay conductas y sentimientos que han estado con nosotros durante toda nuestra vida y que nos han impedido crecer y ser felices. Ahora es el momento de llevar a cabo algunos cambios en los modelos de conducta del pasado. Las emociones primarias que todos necesitamos encauzar para poder madurar son: la confianza, los sentimientos de culpa y vergüenza, la ira, la depresión, los temores y la ansiedad.

Cuando seas capaz de tomar el control sobre estos aspectos negativos de las emociones, podrás experimentar más alegría y más dicha en tu vida diaria.

Para alcanzar la madurez emocional necesitas entender el origen de tus emociones, y luego aprender a discriminarlas e identificarlas, a recordarlas, sentirlas y expresarlas de forma apropiada para que no causen daño a los demás ni a ti. Finalmente, con cierta práctica, serás capaz de cambiar esas respuestas emocionales negativas que te impiden madurar por sentimientos positivos que te pueden ayudar a crecer y a dirigir tu vida hacia la felicidad y la alegría.

Conectar con tus emociones

A veces es difícil saber lo que estás sintiendo exactamente en un momento dado; quizás necesites centrarte en tu interior y permanecer con ese sentimiento incómodo hasta que puedas identificarlo. Recuerda que, a menudo, sentirás varias emociones al mismo tiempo.

Sandra experimentaba una fuerte reacción negativa cada vez que se ponía a estudiar. Había estado posponiendo la conclusión de su tesis doctoral en geografía. Los apuntes y libros utilizados en sus investigaciones estaban esparcidos por toda la habitación, pero durante más de un año había sido incapaz de ponerse a trabajar en su tesis. Cuanto más tiempo pasaba, más deprimida se sentía. Su vida se encontraba en un callejón sin salida. Finalmente, la Universidad estaba a punto de dejarla fuera del programa de graduados.

Le sugerí que entrara en su habitación y se forzara a sí misma a permanecer allí y permitir que salieran todos los sentimientos que deseara expresar en ese momento. A la semana siguiente, después de intentar este ejercicio de dejar salir sus sentimientos, Sandra me informó de que mientras estaba en su estudio, se dio cuenta de que estaba muy disgustada con su ex-esposo, porque sentía que él la había obligado a realizar ese doctorado. Si acababa la tesis, era como dejar que él se saliera con la suya y no deseaba que él le ganara ninguna otra batalla. Una vez que Sandra se dio cuenta de lo irracional y frustrante que era aquel enfado, lo olvidó y acabó la tesis para su propia satisfacción personal.

Cuando miras en tu interior para identificar tus sentimientos, descubres que salen a la superficie emociones que en realidad no se parecen en nada a las iniciales. Por ejemplo, por debajo de la ira puedes encontrar dolor; para algunas personas la ira es más fácil de admitir y de expresar que el dolor, ya que demostrar tu enfado generalmente te coloca en una posición de control o ataque y a la otra persona la pone a la defensiva. Admitir el dolor te hace más vulnerable. Sin embargo, admitir y hablar sobre tu dolor y tu vulnerabilidad es mucho más efectivo y más práctico, pues te permite una intimidad auténtica con los demás seres.

Con frecuencia nuestros sentimientos son capas de emociones diversas, superpuestas y conectadas entre ellas. Tal vez la que surge a la superficie cubre a las demás que están debajo.

PARA LOS HOMBRES	PARA LAS MUJERES
IRA	TRISTEZA
TRISTEZA	IRA
MIEDO	MIEDO

Aunque parezca excesivamente estereotipado, este esquema suele ser cierto debido a la forma en que nuestra sociedad trata a los chicos y a las chicas. La ira es más tolerada en los chicos y el llanto se acepta mejor en las chicas. Estas respuestas se aprenden en la niñez y la mayoría de las personas continúan utilizándolas como su primera línea de defensa cuando son adultos. Por supuesto, si el niño pequeño llora y con ello consigue la atención que necesita o si la niña pequeña se enfada y le funciona, automáticamente de mayores siguen utilizando estas estrategias.

Las emociones apropiadas para cada situación

Cuando tengas un problema que desencadene una fuerte reacción emocional, puedes utilizar tu intelecto para tratar de analizar qué es lo que produce dicha reacción. A veces es posible cambiar el hecho desencadenante y el problema se soluciona. Si esto no funciona, puedes tratar de cambiar las circunstancias o las situaciones. Si el riesgo de buscar ese cambio no vale la pena emocional, física o prácticamente, entonces puedes elegir cambiar tu emoción o no hacerlo.

Quizás tu reacción no sea apropiada para esa situación, quizás te lo estás tomando demasiado en serio o demasiado a la ligera. Las reacciones inapropiadas suelen causar problemas, como montar en cólera por un pequeño incidente. Supongamos que tu hija ha dejado otra vez la bicicleta delante del garaje. O que este sábado que habías pensado ir al campo se ha puesto a llover.

En cualquiera de ambas situaciones la ira es inapropiada. Lo único que conseguirás con ella es agotar tus energías, y quizás, causarte dolor.

Si te sientes frustrado es que no has conseguido lo que quieres, pero sigue intentándolo. Si te sientes desilusionado, olvídate de ello y continúa haciendo otras cosas.

Si te sientes desilusionado con tu hija y te dejas vencer por la desesperanza diciendo: «Nunca aprenderá a dejar la bicicleta en su sitio, por mucho que le diga», eso supone que aceptas su tozudez, y tal vez no darás los pasos necesarios para explicarle por qué no debe dejar la bicicleta frente a la puerta del garaje. El resultado será que renunciarás a tu deber como padre y como educador.

La frustración por la conducta de tu hija es apropiada, porque quieres que cambie sus hábitos. Esperas que aprenda a ser considerada y responsable en el futuro. Sin embargo, has de comunicarle ese mensaje a ella. Es frustrante tener que repetirle una y otra vez lo mismo, pero eso es parte de la educación. Siéntete frustrado. Deja que se te pase y luego habla con tu hija.

Por otra parte, si te sientes frustrado porque llueve el día en que pensabas ir al campo, tu sentimiento es inapropiado, porque no puedes cambiar el tiempo por mucho que lo desees. La lluvia no es algo que tú puedas controlar y no se detendrá hasta que la nube descargue o se traslade a otro lugar. Sentirte desilusionado te permite aceptar lo que no puedes controlar y te permite continuar con otra actividad, lo cual es el modo más inteligente de aprovechar un día lluvioso.

Emociones inapropiadas

El peligro de las reacciones emotivas inadecuadas es que usualmente se expresan desplazando los sentimientos hacia otra persona o hacia un animal, generalmente alguien cercano y querido que no se merece que proyectemos nuestra furia sobre él. He visto a personas que en un ataque de ira, han golpeado y maltratado brutalmente a algún animal.

Quizás te sientes menospreciado y frustrado en el trabajo por culpa de tu jefe. No consigues que algo importante salga adelante como tu deseas y estás disgustado. Llegas a casa y te encuentras otra vez la bicicleta en la entrada del garaje. Tienes que bajarte del coche y apartar la bici para poder meter el coche. Ahora estás furioso. Buscas a tu hija con los dientes apretados y cuando la encuentras le gritas y le das una bofetada delante de sus amigos. Luego, muy enojado, le dices que se vaya a su habitación.

Obviamente, ésta no es una respuesta apropiada. Tu hija no tiene la culpa de que tu jefe sea un déspota. Realmente no estás tan enfadado con ella, pero proyectas tu rabia y tu frustración sobre ella; de ese modo *desplazas tus emociones* de una situación a otra más segura para ti.

Desgraciadamente, sacar de su sitio las emociones es una conducta común en la mayoría de nosotros y no es un comportamiento de persona adulta. Dejar cosas que suceden en un área de tu vida sin asignarles las emociones apropiadas tiene un efecto en otras facetas de tu vida. Fuiste pasivo con tu jefe, por ello reaccionas excesivamente agresivo con tu hija. Lo que debías hacer es aprender a ser firme con tu jefe.

Aprender a sentir

Sentir forma parte del ser humano. Para crecer y madurar has de ser capaz de experimentar tus emociones de forma positiva y constructiva.

Si no estás dispuesto a trabajar con tus emociones ahora, puede que en el futuro te veas obligado a hacerlo, cuando llegue un momento de crisis. Las crisis nos fuerzan a ponernos en contacto con nuestras emociones y nos obligan a realizar cambios, para bien o para mal. Lo bueno de las crisis es que son una oportunidad para trabajar con esas emociones y para cambiar las conductas y los sentimientos del pasado.

Ahora vamos a observar algunas de las emociones que nos debilitan y nos mantienen atrapados en antiguos patrones de conducta.

Los miedos

Crecer emocionalmente es el proceso de transformar los miedos en amor e intimidad. Intimidad significa estar disponible emocionalmente tanto para ti como para los demás, cuando ello sea necesario.

El miedo es la emoción más importante y está acechando en la base de todas las emociones negativas. En realidad todo orgullo es miedo, toda culpa es miedo, toda vergüenza es miedo, todas las preocupaciones son miedo. Estos sentimientos negativos te atrapan, haciéndote dudar, nublando tu creatividad, confundiendo y debilitando tu crecimiento espiritual y obstaculizando tu capacidad para pensar con claridad, para concentrarte, para recordar y para vivir una vida de felicidad, libertad, paz interior, equilibrio y armonía.

Cuando el temor gobierna tu vida, la mayoría de las experiencias son negativas y llenas de pesimismo. Buscas pruebas que confirmen tu propia «Ley de Murphy». Si algo puede salir mal, lo hará, debido a tus expectativas y a la forma en que ves los hechos y las personas que te rodean. Recuerda que tú eres quien crea tu propia realidad y que tus supersticiones se alimentan de tus temores. Te impides a ti mismo ver los hechos objetivamente y ver las buenas posibilidades que te rodean.

A veces el miedo nos ayuda a protegernos. Nos avisa del peligro, instándonos a pelear o a huir, al igual que el dolor y la enfermedad son señales que nos avisan de que debemos atender al cuerpo. La adrenalina llega a las venas permitiéndonos actuar para ponernos a salvo. Quizás hayas oído el caso de la madre que, después de que su hijo fuera atropellado por un coche, levantó ella sola el coche de encima de su hijo.

Por supuesto, algunos temores son necesarios. El miedo actúa como señal de aviso de que es necesario atender una parte de nosotros, pero si dejamos que gobierne nuestra vida estaremos retrasando nuestro crecimiento y engañándonos a nosotros mismos, privándonos de la dicha y la alegría para las que todos nacimos.

Algunas personas temen al miedo. Creen que si algo horrible les ocurrió una vez, volverá a sucederles lo mismo en circunstancias similares. El hecho de haber tenido una experiencia negativa no es razón para poner tu vida en alerta continua. El único modo de vencer el miedo es hacerle frente. Cuanto antes lo hagas, antes te liberarás de él.

Conductas basadas en el miedo

Si eres una persona que odia, culpa, manipula, engaña, pone excusas, roba y miente, vives con miedo. Si temes perder el control del poder, del dinero, de la fuerza, de tus emociones o de la conducta de los demás, vives con miedo. Si crees que no eres digno de amor y que nunca tendrás el amor, el apoyo, el cariño y el afecto de otra persona, vives con miedo.

Si simulas que eres fuerte cuando no es cierto, si aparentas ser feliz y no lo eres, si finges que amas a alguien cuando no es verdad y si sonríes cuando estás sufriendo, estás viviendo una mentira, porque te estás protegiendo a ti mismo de tus propios temores. Y lo que es aún peor, te estás engañando a ti mismo ante la posibilidad de hacer frente a tus miedos y de llegar a ser verdaderamente libre. La verdadera liberación consiste en liberarte de tus miedos.

Las siete emociones básicas siguientes poseen rasgos basados en el miedo, aunque en principio no te parezca muy evidente. Probablemente podrás reconocer uno o más de estos patrones en tu respuesta emocional ante la vida.

La Testarudez es el miedo a enfrentarse a nuevas situaciones. ¿Evitas cualquier cambio a toda costa, a pesar de que existan razones válidas para cambiar? ¿Te inventas formas de evitar las situaciones nuevas? ¿Te puedes considerar a ti mismo como alguien decidido, aunque esa determinación sea fruto del miedo? La testarudez es un rasgo muy difícil de soportar para las personas que viven contigo, puesto que no ofreces ninguna flexibilidad.

La Autodestrucción es básicamente el miedo a perder el control. Si eres un perfeccionista disciplinado o un fanático de la política o de la religión, tus esfuerzos por mantener el control a cualquier precio pueden estar enmascarando un temor a intimar con alguien, ya que ello supondría poner al descubierto la sensación que tienes de valer muy poco. Actuar desde la necesidad de controlar, crea barreras entre los que te aman y tú. Una autovaloración pobre te puede conducir a una lenta destrucción personal y al abuso de las drogas, el alcohol, la comida, el sexo u otras conductas de evasión.

El Infravaloración procede del miedo a sentirte inferior. ¿Te sientes humillado o insignificante en muchas situaciones? Si te estás continuamente rebajando ante los demás y de algún modo estás haciéndoles saber que los vas a defraudar, es que te sientes inferior. Si te sueles embarcar en empresas vacías de contenido y rara vez acabas nada de lo que empiezas, o si continuamente haces cumplidos a todo el mundo con la esperanza de que te lo sepan agradecer, puede que estés viviendo con este temor.

Ser un mártir es el miedo a considerarte inútil. Eres un mártir cuando de algún modo te dejas manipular, convirtiéndote en el cordero sacrificado por otros con la esperanza de que se rinda tributo a tu valía personal. Cuando recuerdas constantemente a los demás todos los sacrificios que has hecho por ellos, obligas a quienes te quieren de verdad a aceptar tus irracionales peticiones, buscando obtener su apreciación en pago de los servicios prestados. Sentirse mártir puede sabotear cualquier progreso en la vida, destruir relaciones personales y causar enfermedades.

La Codicia procede del temor a la pérdida de algo y también del deseo. Las personas codiciosas nunca tienen suficiente amor, fama, dinero ni objetos materiales. Pueden llegar a ser voraces y despiadadas cuando tratan de obtener lo que desean, y nunca miran atrás para ver a quién o a qué le han puesto la zancadilla en el camino. Si eres una persona vanidosa y con tendencia a jactarte, tal vez estés actuando con codicia.

La Arrogancia es, en el fondo, miedo a ser vulnerable. En realidad eres tímido, pero aparentas ser presuntuoso y altivo para mantener a los demás lejos de ti. Los demás encuentran muy difícil establecer una relación íntima contigo porque no les dejas acercarse lo suficiente. Crees que debes proteger tu vulnerabilidad. Si tefijas, descubrirás que debajo de tu vanidad y tu orgullo hay un enorme vacío.

La Impaciencia es el miedo a perderte algo, con el convencimiento de que haya lo que haya al volver la esquina, siempre será mejor que lo que está sucediendo en el aquí y el ahora. Alguien impaciente empezará muchas cosas y acabará pocas de ellas. ¿Te sientes constantemente agotado e insatisfecho, queriendo que todo se haga al momento y molesto cuando tienes que esperar? La persona impaciente hace que quienes la rodean se sientan abandonados y despreciados, pues parece que preferiría estar haciendo otra cosa en lugar de atender el asunto que ahora la ocupa.

En algún momento de nuestra vida todos hemos tenido estos rasgos, pero por lo común, uno de ellos suele predominar sobre los demás. Si puedes identificar cuál es tu rasgo predominante serás capaz de trabajar para superarlo y tratarás tus emociones de un modo más maduro.

Separación, ansiedad, angustia y fobias

Los miedos no superados pueden conducir a la ansiedad o a las fobias. El estado crónico de angustia es básicamente un temor a lo desconocido o a lo que pueda ocurrir. Generalmente está relacionado con el futuro inmediato y con situaciones concretas, como la necesidad de abandonar una relación o un trabajo, o bien un próximo traslado a una nueva ciudad.

La ansiedad va desde sensacciones leves de temor, exasperación o preocupación hasta fuertes sentimientos de pavor, agitación nerviosa o terror. La gente suele quejarse de síntomas físicos como excesiva transpiración, palpitaciones, hiperventilación, vista nublada, temblores en las manos y en los pies e incapacidad para pensar o concentrarse. Los síntomas son angustiosos. Cuanto más atención se les presta más se acentúan. Para alguien que esté sufriendo un ataque de ansiedad, la enfermedad grave o la muerte parecen algo inminente. En casos extremos la ansiedad puede derivar en ataques de pánico.

Para algunas personas, las semillas de una posterior ansiedad activada por la separación del cónyuge o la pérdida de un ser querido, fueron sembradas en la niñez. Su mayor temor se hizo realidad: sus padres no estaban cuando los necesitaron. Resulta especialmente dramático para los niños que pierden a alguno de sus padres o cuando éstos se divorcian. El niño se siente realmente abandonado y cualquier relación posterior de amor arrastra un elemento de temor a ser dejado o abandonado de nuevo.

Ray es un paciente de veintitrés años que estuvo drogándose durante muchos años para encubrir el dolor y el sentimiento de culpabilidad que sentía por el divorcio de sus padres, ocurrido cuando él tenía ocho años de edad. Justo antes de venir a verme, él y su novia Pat habían visitado a los padres de ella, y durante esa visita, Pat se ausentó unas cuantas horas para ir a ver a algunos amigos de la infancia.

A pesar de que Ray no se había negado a que ella se ausentara durante un tiempo, cuando regresó estaba furioso. «¡Me has abandonado!», le gritó una y otra vez, golpeando las paredes preso de una angustia total. Nada de lo que Pat pudiera hacer o decir conseguía calmarle. Ella se dio cuenta de que lo que estaba pasando por dentro de Ray era más fuerte que su reacción ante una corta ausencia. Mientras él seguía gritando: «¡Me has dejado!», ella le preguntó que quién le había dejado, y él contestó: «Mi papá me abandonó cuando él y mi madre se divorciaron» Ray se desmoronó, sollozando, al recordar el dolor de sentirse abandonado.

Pat tuvo la inteligencia de quedarse y soportar junto a su novio esos momentos de sufrimiento, que entonces se comportaba como un niño de ocho años que experimenta el dolor del abandono por parte de su padre. Y Ray tuvo el valor de hacer frente a su dolor hasta que el sufrimiento salió fuera y pudo ser aliviado. Si él no se hubiera enfrentado a esa enterrada emoción del pasado, permitiéndose a sí mismo sentirla, describirla y expresarla, inconscientemente habría esperado ser abandonado en todas sus posteriores relaciones íntimas, durante el resto de su vida. Sin darse cuenta, habría creado situaciones que sabotearían cualquier relación, para volver a experimentar el dolor de ser abandonado una vez y otra, hasta permitir que la herida se mostrara y que finalmente fuera curada.

Toda fobia es una reacción emotiva exagerada de miedo en el presente basada en un incidente traumático ocurrido en el pasado, que a menudo está relacionado con una pérdida, aunque no siempre.

Jack tenía fobia a las escaleras desde que vivió un incidente relacionado con ellas en la niñez. Una noche, cuando tenía siete años, lo mandaron a buscar patatas al sótano, para preparar la cena. En un tramo de las escaleras una rata saltó sobre él, y empezó a gritar aterrorizado. Ahora todas las escaleras representan un peligro potencial e inesperado, profundamente arraigado en su subconsciente. Mucho tiempo después, el incidente había sido olvidado, pero la ansiedad irrumpió de pronto en forma de fobia, permaneciendo al acecho cada vez que él se enfrentaba a unas escaleras.

Cualquier escalera era el detonante que hacía surgir el viejo temor, sin tener siquiera en la mente el recuerdo consciente del incidente. Trabajamos durante varias sesiones antes de traer el incidente a su memoria. Una vez que lo recordó y se liberó del trauma, el miedo a las escaleras desapareció.

Una fobia tiene un gran componente de ansiedad. Quizás seas una persona que se angustia fácilmente, sin poseer ninguna fobia en concreto, pero si tienes alguna fobia es seguro que te sentirás muchas veces ansioso. Las fobias te hacen reaccionar en el momento actual frente a un incidente del pasado, generalmente frente a algo que hace tiempo has olvidado, y proyectas tu miedo hacia el futuro. La ansiedad implica temor al resultado desconocido de un acontecimiento futuro.

En la actualidad, en los Estados Unidos, uno de cada cinco adultos experimenta algún tipo de fobia. Algunas veces la fobia viene acompañada de ataques de pánico totalmente paralizantes.

El miedo irracional e incontrolado que se siente durante un ataque de pánico está vinculado con experiencias vividas en la niñez en las que la seguridad y la supervivencia se vieron gravemente amenazadas. Si experimentas ansiedad o fobias, busca ayuda profesional. Estos problemas son relativamente fáciles de tratar con terapia.

Sentirse culpables

La culpabilidad es una emoción que nos deja atrapados en el pasado. Te obsesionas con lo mala persona que eres porque hiciste algo o lo dejaste de hacer, dijiste algo o no lo dijiste, sentiste o no sentiste algo. La culpabilidad aparece cuando le dices a alguien o te dices a ti mismo lo que *deberías* haber hecho, dicho o sentido. Te sientes culpable cuando transgredes un valor o una creencia personal. La culpa aparece cuando sientes que has infringido tus propias reglas internas sobre lo que crees correcto, lo incorrecto, lo bueno o lo malo.

La culpabilidad es un sentimiento útil y legítimo para alguien maduro que realmente ha sido injusto con otra persona o la ha herido. En tales casos hemos de reparar de la mejor forma posible el daño causado; si hemos tomado algo que pertenecía a otra persona, devolviéndoselo, disculpándonos y pidiendo perdón, o haciendo lo que sea necesario para reparar la ofensa causada.

Sentir un poco de culpa puede ser muy útil como punto de referencia, porque nos permite comprobar si estamos comportándonos de acuerdo con nuestro sistema de valores. De no ser así, tal vez necesitemos realizar algunos cambios en nuestra vida.

Si vives de acuerdo con valores pasados de moda o según mensajes del pasado procedentes de tu etapa educativa que ya no te sirven en el momento actual, quizás sea bueno descartarlos o modificarlos. Lo que era importante para protegerte o para enseñarte alguna lección a la edad de cinco o diez años, tal vez ya no sea importante o no te funcione como adulto. Para aprender a madurar es importante revisar nuestros valores y nuestras creencias, a fin de hacer frente mejor a nuestras necesidades actuales.

La culpabilidad no genera ningún signo físico concreto. Algunas personas que se sienten culpables tienden a ocultarse o a esconderse en su interior, pues se sienten también vulnerables. El sentimiento de culpabilidad empeora cuando uno se critica a sí mismo constantemente, llamándose estúpido, tonto, loco, etc.

El lado destructivo del sentido de culpa se puede observar claramente en la persona que cree que es inferior a los demás y que se siente responsable por cualquier cosa que salga mal, sea o no culpa suya. En los casos extremos pueden aparecer conductas autodestructivas, desórdenes alimenticios como la anorexia y la bulimia, así como abuso de sustancias adictivas como las drogas y el alcohol.

La persona dominada por un sentimiento de culpabilidad trata de ser perfecta pero nunca lo consigue, y asume la responsabilidad de los problemas ajenos como un medio de sentirse más poderosa.

La persona tiranizada por un sentimiento de culpabilidad sigue un rígido código interno, según el cual nunca debe cometer error alguno, lo que significa que nunca podrá ser humana. Es muy dura y crítica consigo misma y a menudo reacciona con enorme violencia ante los fallos de los otros. Cree que no es suficientemente buena a los ojos de los demás, aunque parte de la responsabilidad pertenezca ciertamente a otras personas.

La persona que se siente culpable no es capaz de distinguir la diferencia entre una conducta adulta responsable, basada en directrices internas sobre lo correcto y lo incorrecto, y los mandatos de una figura autoritaria externa —padres, profesores, jueces, superiores en el trabajo, líderes religiosos, etc.

El sentido de culpa está ligado al pasado. El hecho es que hemos aprendido una larga lista de cosas por las que sentirnos culpables. Proceden de nuestros padres, de la iglesia, la escuela, nuestras parejas e incluso personas extrañas como dependientes y camareros, también de nuestros hijos, y para abreviar, de cualquiera que nos mirara «mal» o en un momento dado nos hiciera saber que deberíamos haber hecho otra cosa distinta a la que hicimos.

Una palabra que resume el sentido de culpabilidad es «importar»: «Si yo te importara realmente me llevarías contigo», o «si yo te importara no estarías todo el día trabajando», o «no importa, lo haré yo mismo, olvídalo».

Este tipo de mensajes hacen que algunas personas adultas se sientan culpables y crean que han defraudado a los demás y a sí mismas.

Las personas maduras distinguen sus límites morales, y cuando se miran al espejo, pueden decir: «Tal y como eres, eres una buena persona». El sentido de culpabilidad es contraproducente. Establecer valores morales propios, de acuerdo con tu elección personal, es una parte del crecimiento espiritual y emocional.

El tema que más sentimientos de culpabilidad despierta en la vida adulta es el sexo. En la niñez, todos hemos recibido mensajes que prohibían la natural curiosidad del niño por su cuerpo o los juegos como «jugar a médicos» o la masturbación en la adolescencia. Para muchos adultos, esta antigua sensación de culpa actúa como un mecanismo inhibidor, que interfiere en sus relaciones sexuales sanas y normales.

Recuerda que el sentido de culpabilidad está relacionado con un hecho del pasado que no puedes ya cambiar. No puedes volver y rehacerlo de nuevo, pero sí puedes aprender de él algo que puede poner en marcha un proceso de cambio y de crecimiento. Siempre tienes la oportunidad de cambiar. Puedes transformar el sentido de culpabilidad, que es un residuo inútil, en fertilizante para el jardín de tu vida.

La confianza

La confianza y la desconfianza son las primeras etapas en el desarrollo del niño. Un recién nacido depende completamente de sus padres para satisfacer sus necesidades básicas. Para crecer y prosperar necesita ser alimentado, bañado, vestido y acariciado. La madre es para el niño algo precioso, deseado y querido.

Si estas necesidades no son cubiertas y el niño es descuidado y abandonado, muy pronto aprende que este mundo no es un lugar seguro y empieza a desconfiar. Y mucho peor que eso, si el bebé es maltratado o golpeado, llevará consigo esa desconfianza a su vida adulta y su desarrollo emocional se verá afectado. Tendrá miedos que no podrá describir porque ese maltrato sucedió incluso antes de que aprendiera a hablar.

Cuando somos adultos, los problemas de desconfianza se manifiestan en forma de paranoias, no confiando en nadie o siendo excesivamente ingenuos y confiando demasiado, poniendo en peligro incluso nuestra propia protección emocional. Esta falta de autoprotección nos coloca en una posición en la que es fácil que los demás traten de aprovecharse de nosotros, y que se confirmen así nuestros temores. Dicha conducta repite los mismos modelos de la niñez una vez y otra, hasta que llegamos a darnos cuenta de que podemos sobrevivir y cuidar de nosotros mismos.

Cuando un adulto reacciona con excesiva negatividad al hecho de estar solo, podemos generalmente descubrir en ello la huella de una herida, un abandono o un maltrato ocurrido en sus primeros años de desarrollo emocional.

La mentira y la falta de honestidad

Otra cuestión problemática relacionada con la confianza es decir mentiras. Para algunas personas, éste es un problema tan grave que necesitan ayuda profesional. He visto cómo se destrozaban matrimonios y otras relaciones por culpa de las mentiras. Al final el mentiroso queda atrapado en su propia red, ya que una mentira lleva a otra hasta que ni siquiera él mismo sabe ya cuál es la verdad. Inevitablemente, todo sale a la luz y la confianza resulta profundamente erosionada. Una vez que ha sido quebrantada, esa confianza es muy difícil de restablecer.

La confianza no se regala, hay que ganársela, y cuando se destruye es muy difícil reconstruirla y restaurarla. La persona que ha sido engañada se ve forzada a mantenerse alerta ante posibles mentiras futuras y se encuentra en la incómoda posición de sospechar y dudar constantemente de lo que el mentiroso dice o hace.

Básicamente hay tres tipos de mentiras: la mentira protectora, la mentira agresiva y la mentira fantasiosa. *La mentira protectora* trata de proteger al que miente, para no ser cazado haciendo algo incorrecto. A menudo se la llama mentira blanca, y se justifica a veces diciendo que simplemente se trata de proteger los sentimientos de la otra persona. Lo que en realidad estás haciendo es protegerte a ti mismo de un enfrentamiento con los demás, de sentir vergüenza, de ser responsable de tus actos. Lo importante es que mentir es deshonesto.

El segundo tipo de mentira es *la mentira agresiva.* En este caso, el que miente trata deliberadamente de descargar la culpa o el castigo sobre otra persona. Esta conducta es muy común entre hermanos pequeños. Las personas que persisten en reaccionar con venganzas no han perdido la necesidad infantil de mentir de esta forma. Culpar al otro diciendo: «Es culpa tuya», es una forma infantil de eludir nuestras responsabilidades, una manera vengativa de desquitarse, poniendo al otro en un aprieto. Es una forma pasivo-agresiva de descargar la hostilidad que sentimos hacia otra persona.

El tercer tipo de mentira es *la mentira fantasiosa.* Se trata de una exageración o maquinación imaginativa que ayuda a adornar el prestigio de la persona. Las mentiras pueden ser abiertas y deliberadas, o encubiertas y escondidas, ocultando parte de la información. De ambas formas, la mentira es un acto de falsedad y abre una brecha en la confianza posterior. A menudo a las personas pasivas o pasivo-agresivas les resulta más fácil decir mentiras que ser directos y hacer frente a la verdad y a las consecuencias de sus actos.

La mentira patológica es un síntoma de enfermedad mental. En este caso existe una fuerza compulsiva que obliga a mentir incluso acerca de cosas insignificantes. Básicamente, esta forma extrema de mentira es una combinación de los otros tres tipos descritos. Se suele utilizar para encubrir sentimientos de inferioridad, vergüenza y culpa. Con el tiempo, las mentiras son trampas que deterioran las relaciones, destruyendo la confianza. Es necesario obtener ayuda profesional para resolver los problemas subyacentes que generan este tipo de conducta autodestructiva.

La vergüenza

Hasta hace poco la vergüenza se confundía con la culpabilidad. Sin embargo, en los últimos años los psicólogos las han diferenciado convenciéndose de los efectos devastadores que la vergüenza negativa tiene sobre el espíritu y la psique en los seres humanos. El hecho de sentirse humillado afecta al núcleo mismo del individuo, a su autoestima y a la confianza en sí mismo. La vergüenza es uno de los problemas subyacentes en la mayoría de los desórdenes y enfermedades mentales.

La vergüenza se instala en el niño entre los dieciocho meses y los tres años de edad. No obstante, si se sigue viviendo en un entorno basado en la crítica y los reproches, esa sensación denigrante seguirá con él durante el resto de su vida. Los mensajes de desaprobación y las recriminaciones empiezan a muy temprana edad, cuando el niño está aprendiendo a hacer sus necesidades en el orinal y los padres esperan y exigen de él cierto autocontrol y responsabilidad. Cuando el niño no satisface esas expectativas, los padres reaccionan con censuras y humillaciones tales como: «¡Qué vergüenza!», o incluso en público: «No hagas que me avergüence de ti».

En ese momento se siembran las semillas de la duda, el desprecio personal y el fracaso. Y esto sucede incluso antes de que los niños aprendan a expresar con palabras lo que sienten, antes de que el cerebro esté lo suficiente desarrollado como para almacenar recuerdos y antes de que se formen las emociones. Por ello, muchos adultos que sufren problemas de vergüenza y confianza, al recibir el impacto emocional que desencadena la crisis no saben expresarse.

Pero la vergüenza tiene también un lado positivo. Nos ayuda a conocer nuestras limitaciones, tanto personales como culturales. Cuando los niños comienzan a explorar el mundo se les enseñan ciertos límites físicos, por su seguridad y para evitar el peligro. En el proceso de aprendizaje ellos ponen a prueba esos límites, experimentando cosas y conductas nuevas y aprendiendo cuáles son las consecuencias de traspasar esos límites establecidos por sus padres. Por ejemplo, aprenden a ponerse ropa cuando salen fuera a jugar. Luego, cuando ya son adultos, saben que no pueden ir desnudos al supermercado. Esta función positiva de la vergüenza y el pudor actúa en el marco prescrito por la sociedad.

Por desgracia, sus efectos negativos generan demasiada infelicidad en la mayoría de nosotros. En su libro *La vergüenza: El poder del cariño*, Gershen Kaufman escribe: «La vergüenza es el sentimiento "enfermizo" que da origen a muchos complejos y trastornos internos: depresión, alienación, inseguridad, aislamiento, soledad, paranoia, esquizofrenia, desórdenes compulsivos, dobles personalidades, perfeccionismo, complejo de inferioridad, inadaptabilidad y fracaso, es decir, es la línea divisoria entre la normalidad y los desórdenes del narcisismo».

Casi todos consideramos la vergüenza como la incomodidad de hacer el ridículo, la timidez y el sonrojo. Pero la sensación de sentirse indigno es algo mucho más grave y profundo. Está directamente relacionada con la humillación y el trauma emocional que puede conducir a la alienación interior, a sentirse despreciado y desear retirarse de la vida normal, incluso a la agorafobia, que es el aislamiento absoluto.

John Bradshaw, en su libro: *Curar la vergüenza que te aprisiona*, se centra en el aspecto destructivo de la vergüenza, que él denomina «vergüenza perjudicial». Dice: «La vergüenza patológica te hace sentir menospreciado, fracasado y aislado. Es como una herida interna que está siempre sangrando».

Los niños interiorizan esa vergüenza cuando son abandonados, maltratados, ignorados, o dejados a un lado, como sucede a veces en las familias con muchos hijos, en las que algunos se sienten abandonados tanto emocional como físicamente. Otras veces son educados por familiares que constantemente los censuran, y que a su vez suelen ser padres que fueron de algún modo humillados en su infancia.

Desgraciadamente, esta descripción se ajusta a la mayoría de los adultos actuales. Somos una población insegura, constituida por personas con pobres conceptos de nosotros mismos, que dudamos en muchas ocasiones, tratando a menudo de averiguar por qué nos sentimos tan aislados y solos y por qué nuestras vidas y nuestras relaciones no funcionan. Entonces tratamos de satisfacer las necesidades de los demás, esperando que de algún modo ellos nos devuelvan esa atención, cariño y aprobación. Este tipo de conducta es lo que se denomina *codependencia.*

Si tu crecimiento emocional fue obstaculizado durante tus primeros años de edad por un trauma, como la muerte de uno de tus padres o el abandono de alguno de ellos, o por ser maltratado y descuidado, es muy probable que tu desarrollo emotivo se haya detenido en esa edad. Por ello, al experimentar una fuerte conmoción emocional, especialmente algo relacionado con el dolor de perder a un ser querido, es posible que emocionalmente vuelvas al pasado y lo revivas de nuevo. Quizás incluso retrocedas a esa etapa en la que no sabías aún hablar, y por lo tanto, sientas el dolor pero no sepas con exactitud qué es lo que anda mal ni cómo te sientes en realidad.

Marta era una señora de cincuenta y dos años que vino a mi consulta después de que se le muriera su madre. Estaba en el hospital cuando su madre murió, a las tres de la madrugada. Aunque sabía que se estaba muriendo, cuando le dijeron que su madre ya había muerto salió corriendo del hospital y siguió corriendo y corriendo hasta quedar exhausta, sin aliento. De hecho, inconscientemente huía de sus propios sentimientos, algo que todos hacemos cuando un acontecimiento tan terrible nos amenaza. Es el instinto básico de defensa y huida.

Si nuestro crecimiento emocional fue ralentizado o detenido, regresamos a esa edad en la que fuimos dañados. Así, a veces nos podemos sentir como un indefenso niño de tres años, independientemente de cuál sea nuestra edad cronológica. En cierto modo nos defendemos del sufrimiento.

Una de las cuestiones que los adultos tratan de esconder es su necesidad de dependencia, pues los avergüenza y los asusta. En realidad, temen no ser capaces de cuidar de sí mismos emocionalmente. Así se sentía Marta, incapaz de hacer frente a sus necesidades de supervivencia emocional, indefensa, como un niño sin su madre. Estaba asustada, desamparada y confusa, todo al mismo tiempo.

Probablemente, el principal temor de las personas que sienten vergüenza de sus sentimientos es verse en una situación en la que esos sentimientos sean expuestos ante los demás. La vergüenza está profundamente escondida en los recovecos de nuestra mente subconsciente. Incluso antes de la época que podemos recordar se nos educó para responder a las críticas; así, desde muy pequeños desarrollamos estrategias de supervivencia emocional que cubren esta sensación de déficit. Algunas de estas tapaderas son el machismo, la grandilocuencia, la fanfarronería, el escepticismo, la histeria, la hipocondría —utilizar síntomas físicos para desviar sentimientos subyacentes—, la ansiedad y la depresión.

La vergüenza patológica es la sensación de que uno tiene un defecto interno, y de que no posee suficiente valor moral como persona. En el exterior es irreconocible, pero se manifiesta a través de sensaciones de incompetencia, de rechazo, de inseguridad y de ser indigno de ser amado. Al ser la humillación tan dolorosa, queda enterrada en lo más profundo de nuestro ser.

Los adultos que constantemente se preocupan por lo que otros piensen de ellos tratan de mantener una fachada ante los demás para que no puedan ver el *yo real* que tiene problemas de vergüenza. Esa sensación de desprecio a sí mismos les roba la capacidad de tener relaciones íntimas y amorosas.

Cuanto más profundamente escondida se halle esa vergüenza de sí mismos, más difícil será sacarla a la superficie para descubrir su origen, examinar los acontecimientos que la produjeron y curarla.

«El miedo a la exposición de uno mismo —dice Kaufman— opera encapsulando la vergüenza aún más profundamente, escondiéndola a los ojos de los demás y finalmente enmascarándola por completo a nivel consciente, con lo que en último término, lo único que queda presente en la consciencia, es una sensación de temor.»

Una vez que la vergüenza permanece interiorizada, cualquier acontecimiento puede causar sacudidas en ese depósito interno, sacándola otra vez a la superficie y atormentándonos. La crítica, descubrir que alguien nos mira de cierta forma, un desaire o una mala respuesta serán interpretadas como un rechazo, una desaprobación y una señal de inferioridad. Los acontecimientos vinculados con el final de una relación, ser despedidos del trabajo, ser multados o cualquier tipo de rechazo desencadenarán profundos sentimientos de inferioridad, desprecio y fracaso como persona.

Kaufman llama a esto el «efecto de la bola de nieve». Cada nuevo suceso se añade al anterior y es la chispa que hace experimentar otra vez tanto la vergüenza antigua como la nueva. El resultado es que esa vergüenza profunda se va arraigando cada vez más hasta convertirse en una espiral que nos arrastra hacia un pozo sin fondo.

El problema que la vergüenza interiorizada supone para el crecimiento emocional de una persona son las fuertes defensas que se desarrollan para protegerse de que dicho dolor sea expuesto, tanto ante uno mismo, como ante los demás. La vergüenza es compensada buscando constantemente la aprobación y la dependencia de los demás, o bien se traslada a otras personas culpándolas o induciéndolas a sentirse avergonzadas, especialmente si son personas cercanas y queridas.

Dado que nuestra cultura está basada en ese miedo al ridículo y en la vergüenza, vamos traspasando esas sensaciones de generación en generación a través de las conductas represoras ejercidas por los padres sobre sus hijos y manteniendo escondidas las vergüenzas familiares en el armario de los *secretos*. Los secretos sobre aquel familiar que era homosexual, sobre el que se suicidó, el que estaba loco y sobre aquellos abusos sexuales. Los secretos son como los champiñones: crecen en la oscuridad y se alimentan de estiércol.

Sacar a la luz los secretos de familia significa abrir de par en par las puertas del armario y contar esos secretos deshonrosos. Muchas personas confunden los secretos de familia con ellos mismos. Nadie es responsable por lo que hizo otra persona, sólo por sus propios actos. No te dejes enfangar con la vergüenza ajena. Contando a otra persona esos secretos de familia comenzarás tu proceso de curación.

¡Hazles frente y cúrate!

CAPÍTULO 8

MÁS SOBRE LAS EMOCIONES

La ira

La mayoría de la gente cree que la ira no es sólo parte del ser humano, sino que tenemos derecho a expresarla. Ciertamente, expresarla es mejor que reprimirla, pero sólo si se hace adecuadamente.

Existe todo un conjunto de conductas que pueden ser interpretadas como ira. Van desde los mensajes no verbales, como miradas «asesinas», dar un portazo, marcharse en mitad de una conversación, expresar aburrimiento, enseñar los dientes y señalar con el dedo, hasta expresiones verbales que incluyen insultar a alguien, gritarle, criticarle o usar el sarcasmo y el humor incisivo.

También existen muchas emociones que están relacionadas con la ira. Pensemos en una línea imaginaria y coloquemos en un extremo de ella las emociones suaves, y en el otro, las más fuertes. Al final de las emociones suaves coloquemos la frustración y sigamos luego hasta las emociones fuertes.

Después, por orden de fuerza, podríamos colocar el enojo, la irritación, la desilusión, el resentimiento, la impaciencia, el agravio, el odio, la ira, la rabia, la pérdida del control y la locura. Quizás tu línea personal difiera un poco de ésta, pero el hecho es que estos sentimientos son considerados por la gente como reacciones de ira.

El propósito de estas emociones relacionadas con la ira es hacerte saber que tus necesidades no están siendo cubiertas, que estás siendo utilizado o que se están aprovechando de ti, que tus derechos están siendo pisoteados o que estás siendo dañado de algún modo. Las emociones de más baja intensidad te avisan para que estés atento y te prepares a defenderte y tal vez a cambiar algunas cosas. Recuerda que el cambio es posible, pero requiere determinación, esfuerzo y tiempo.

Es muy fácil pasar de un sentimiento de menor intensidad a otro más fuerte y más destructivo. Por ejemplo, de la irritación a sentirnos agraviados, y de ahí a la rabia. La diferencia en la mayoría de los casos estriba en tus propios pensamientos, en lo que te dices a ti mismo en ese momento.

La ira puede hacer saltar la chispa y convertirse en un impulso físico de ataque hacia alguien o hacia algo. Los asesinatos violentos tienen lugar cuando alguien ha dejado que su ira aumente hasta un punto en que se sienten fuera de control.

La mayor parte de las violaciones, crímenes, palizas y otros incidentes de maltrato físico suceden cuando el agresor se encuentra en uno de estos estados. En los tribunales de justicia a estas emociones se las llama locura transitoria, pero en realidad son pérdidas de control sobre las emociones.

Si emocionalmente no percibes tus sentimientos de ira, puede que reconozcas los síntomas físicos relacionados con ellas. Son los mismos que se presentan en las enfermedades relacionadas con el estrés: tensión alta, alteraciones del sueño, colitis, gastritis, disfunciones sexuales como la eyaculación precoz, úlceras, asma, erupciones cutáneas, palpitaciones y propensión a los accidentes.

La ira es una emoción reactiva, más saludable si se expresa que si se esconde; al igual que una cebolla, las emociones son a veces como capas unas encima de otras. Puedes ir pelándola capa a capa y a veces te hacen llorar. Debajo de la piel externa de la ira yacen el dolor, la vergüenza, la culpabilidad, el miedo y la desolación.

Un marido que maltrata físicamente a su esposa, lo más probable es que bajo su rabia y su violencia esconda un niño asustado a quien también pegaron y que está aterrorizado porque va a perder su única y más cercana relación de intimidad con otro ser humano. En lugar de hacer frente a los miedos de la niñez, al abandono, los reproches y el dolor, trata de utilizar su ira para controlar, intimidar, asustar y manipular a su pareja. Mediante estos métodos de autodefensa, destruye lo que más quiere y desea, que es ser amado, ser valorado, ser cuidado y apoyado.

Demasiadas mujeres se han visto atrapadas en relaciones violentas con hombres que estaban obsesionados con sus sospechas de infidelidad. A pesar de las negativas de la esposa y de la falta de pruebas, el hombre iba poco a poco montando en cólera y ejercía toda su violencia sobre ella y los hijos.

La mujer vive temerosa y aterrorizada por sus impredecibles cambios de humor y sus ataques de ira, especialmente cuando el hombre la ha apartado de su familia, sus amigos u otras formas de apoyo —recientes estadísticas indican que alrededor del 3% de los que propinan las palizas son mujeres, y un 97% son los esposos.

Cualquier persona que permita que su enfado alcance estos límites extremos tiene un problema mental que necesita asistencia médica, y probablemente también un problema grave de personalidad procedente de su propia niñez. Lamentablemente, este tipo de personas rara vez buscan ayuda profesional. Culpan a los otros de sus problemas, siguen negándolos, no se responsabilizan de su conducta ni buscan ayuda psicoterapéutica. Por ello son pocas las esperanzas de poder recuperar o cambiar a alguien así.

La cólera es una conducta aprendida. Los bebés no nacen enfadados. La gente sigue mostrando su enfado porque les resulta beneficioso para sus intereses. Hace que los otros les presten atención, asusta y controla a los demás y evita la familiaridad e intimidad con ellos. También crea adicción, puesto que cuanto más resultados obtienen, más la utilizan, y llega a convertirse en una fuente de poder, que generalmente toma forma de una violenta explosión contra alguien más débil y vulnerable.

Aunque no abuses de otras personas de tu familia, quizás tengas arrebatos incontrolados con demasiada frecuencia, los cuales pueden contribuir a maltratar emocionalmente a los demás. La infantil obsesión por poseer cosas y personas puede convertirse en un equilibrado sentido de protección y una capacidad de compartir, como ocurre en los niños que crecen con normalidad. Si, siendo ya una persona madura, tu primer impulso cuando te enfadas es pegar a alguien, tienes que aprender nuevas formas de responder a los sucesos que desencadenan tu ira. Las emociones de la parte final de la línea son destructivas y peligrosas para ti mismo y para los demás. Sin embargo, la expresión sincera de los sentimientos relacionados con el enfado es algo sano y positivo.

Es importante aprender a expresar la ira adecuadamente, porque si se reprime se filtra, reapareciendo luego en forma de sarcasmo o débilmente disfrazada de humor punzante: «¡Sólo estaba bromeando!».

La depresión ha sido a menudo definida como ira interna, como una incapacidad para realizar elecciones positivas, como una escapatoria tanto física como mental y como ira desplazada.

En nuestro interior, la ira tiende a fortalecerse. En las personas que son pasivas y no actúan inmediatamente, las pequeñas ofensas, las críticas, los resentimientos y las frustraciones, cuando no son tratadas positivamente se van acumulando. Son como pequeñas gotas de gasolina que van cayendo en un depósito: parecen inofensivas pero, cuando el tanque está lleno, el último suceso enciende la chispa de la explosión.

La ira se transforma en cólera y la persona que solía ser pasiva se vuelve agresiva. Se dicen cosas desagradables y puede ocurrir algo violento. Luego viene el sentimiento de culpabilidad, los lamentos, las disculpas, las promesas de nunca decir o hacer otra vez cosas tan horribles. Pero lentamente, el tanque comienza a llenarse otra vez y el ciclo se repite.

En terapia, la ira es controlada vaciando todas las reservas almacenadas. Generalmente esto se lleva a cabo investigando el pasado, recordando y sintiendo la rabia y la ira que la persona no pudo sentir o expresar cuando tenía menos poder, por ser un niño. Cuando esas heridas del pasado quedan reducidas a simples cicatrices, es mucho más fácil tratar las iras del presente.

Cuando aprendes a ser directo en tus relaciones cotidianas no acumulas más ira. Uno de los mejores favores que te puedes hacer a ti mismo es aprender a reaccionar con franqueza y decisión ante tu ira; puedes encontrar grupos en alguna facultad, en iglesias o en centros locales.

Los adultos equilibrados hablan de sus sentimientos de ira cuando aún no son peligrosos, antes de que llegue la fase de explosión. Siendo conscientes de sus emociones ante los sentimientos de frustración, desilusión, resentimiento o irritación, pueden encontrar la solución al problema antes de que se desarrolle algo más profundo. Impiden que sigan cayendo gotas de gasolina en el tanque; y si no hay acumulación, no habrá explosión.

La ira explosiva y la agresividad extrema es lo contrario a la franqueza enérgica. Otra respuesta insegura e inmadura es el comportamiento pasivo-agresivo, o la expresión indirecta de la ira. Por ejemplo, una amiga te pide que le compres algo en una tienda aprovechando que vas de compras. Tú accedes, aunque te desagrada que esta amiga te pida lo mismo con tanta frecuencia. Entonces, en lugar de decirle que no quieres hacerle su compra, olvidas comprárselo.

La conducta pasivo-agresiva es otra forma aprendida en la niñez como estrategia de supervivencia. La persona pasivo-agresiva quiere salirse con la suya sin aceptar la responsabilidad de sus acciones. Es una persona manipuladora, que culpa a los demás cuando algo sale mal. Lanza indirectas y provoca en los demás sentimientos de culpabilidad presentándose como el bueno y dejando a los otros el papel de malos. Su motivación es vengativa, acusadora y castigadora. Debajo de esa actitud se esconde el temor, la inseguridad, la cobardía y la inferioridad.

Al igual que la persona pasiva explota cuando acumula suficiente frustración, lo mismo le sucede a la persona pasivo-agresiva, quien reacciona cuando sus triquiñuelas ya no le funcionan.

La depresión

La depresión es una red de emociones negativas que han de ser desveladas. Está íntimamente ligada a la pérdida de algún ser querido, a la tristeza, y en general, al hecho de apegarse a cualquier cosa pasada y ya concluida. Puede ocurrir tras la muerte de ese ser querido, con el final de una relación, cuando los hijos se casan y abandonan el hogar, o en cualquier cambio que implique pérdida, humillaciones, culpabilidad o un cúmulo de incidentes que nos debiliten y nos dejen indefensos.

La depresión es el problema de salud mental más importante en los Estados Unidos y quizás en el resto del mundo, porque la mayoría de las personas no saben hacer frente a las inevitables pérdidas que se sufren en la vida. Con cada pérdida no superada emocionalmente y cada cambio forzado por las circunstancias, acumulamos resentimientos, frustraciones e inseguridades. Cuando estas emociones se acumulan y no somos capaces de superarlas y liberarnos de ellas, nuestra energía queda bloqueada y va disminuyendo, mientras tratamos de soportar esas dolorosas y profundas sensaciones de tristeza, dolor y rabia.

Cuando no tratamos de forma directa nuestros sentimientos y sensaciones de pérdida, a nivel físico se ponen en funcionamiento los síntomas de la depresión. Si tu nivel de energía se debilita, te sientes constantemente fatigado, no puedes dormir bien, pierdes interés por el sexo, tu concentración disminuye, sufres pérdidas de memoria y cambias tus hábitos alimenticios, probablemente estés pasando por una depresión.

La depresión que todos sentimos de vez en cuando como respuesta a situaciones de verdadera frustración o tristeza es normal y dura tan sólo un corto espacio de tiempo. Cuando la depresión se prolonga durante varias semanas o meses, o se presenta de forma muy extrema, constituye un problema grave. La depresión crónica es una situación continuada a largo plazo en la cual la persona siente una constante bajada de energía, se siente abatido, falto de motivación, entusiasmo y alegría. Puede pensar en el suicidio o desear ser rescatado de ese estado por el destino o por la muerte. A veces la causa reside en un desequilibrio psicológico y otras veces en no saber hacerles frente a los problemas que la vida nos presenta.

Por ejemplo, mantener una relación destructiva y perjudicial que no te aporta nada, puede crear la sensación de sentirte atrapado y puede conducirte a una depresión crónica. Cada vez que te sientes aprisionado también te sientes debilitado, y la depresión siempre incluye sentimientos de pérdida de fuerza e indefensión. También puede implicar autocastigo, culpabilidad y sensación de responsabilidad por los sentimientos y la vida de otras personas. Algunos terapeutas describen la depresión como la rabia que se interioriza y que se ejerce sobre uno mismo en lugar de hacerlo sobre otra persona o cosa.

La depresión ataca particularmente a las personas mayores, ya que durante su existencia han sufrido muchas pérdidas, han perdido la salud, se enfrentan a la jubilación, a unos ingresos reducidos que limitan sus posibilidades, a la muerte de familiares y amigos, no pueden ya conducir, con la consiguiente dependencia de otros, y sobre todo se enfrentan al aburrimiento. Estas personas han de aprender a hacer frente al aislamiento y a la soledad a una edad avanzada, con muy pocas ilusiones ya de vivir y muy pocas razones para seguir haciéndolo.

Todos sabemos lo que es tener la moral baja cuando hemos de hacer frente a una pérdida por muerte, divorcio, enfermedad o separación. Ésta es una depresión específica y circunstancial. Es apropiada, normal y esperada. Es parte del proceso luctuoso que nos hace dejar atrás el pasado antes de poder dar la bienvenida a lo nuevo. Nos proporciona el tiempo necesario para adquirir una perspectiva de la pérdida sufrida. Las depresiones a corto plazo son temporales y pasajeras y se van superando a medida que transcurre el tiempo y emprendemos nuevas actividades.

Incluso podemos sentirnos tristes cuando ocurren en nuestra vida cambios positivos como casarnos o tener un bebé. Para poder empezar una nueva fase en nuestra vida, lo viejo ha de marcharse. Dejar atrás la vida de soltero, la independencia de dormir toda la noche sin un bebé que alimentar y dejar las viejas formas de ser, puede traer consigo un tiempo de tristeza y depresión.

La depresión nos señala un cambio. Y cambiar es necesario para el crecimiento del ser humano. Nunca crecemos ni cambiamos sin dejar atrás los antiguos modelos de conducta. A veces esto puede suceder a través de una repentina intuición, pero suele ocurrir por medio de la autorreflexión y después de pasar por un período de sufrimiento.

Las personas maduras, cuando han de realizar cambios, reconocen la importancia de la depresión circunstancial. La depresión es parte de este proceso que nos frena lo suficiente para que podamos dedicar un tiempo a abandonar lo viejo y hacer sitio para lo nuevo. No podemos llenar una copa que ya está llena. Hemos de vaciarla primero de su antiguo contenido. Y esto, algunas veces, es triste y deprimente.

Felicidad y alegría

Puede que experimentemos la depresión como una nube gris que constantemente flota por encima de nuestras cabezas y nos sigue donde quiera que vayamos. La felicidad, sin embargo, es como una mariposa esquiva:

> *La felicidad es como una mariposa. Cuanto más la persigues, más esquiva se vuelve. Pero si pones tu atención en otras cosas, se acerca a ti, y delicadamente, se posa sobre tu hombro.*
>
> Anónimo

Sientes la felicidad cuando estás completo, contento y satisfecho o cuando no hay problemas ni preocupaciones que requieran tu tiempo, tu atención y tu energía. Podemos ser felices solos o en compañía de otros. Sentimientos espontáneos vienen a nosotros cuando estamos relajados y libres de tensiones y de emociones debilitantes. El disfrute y el placer son tan agradables que tratamos de agarrarnos a esa experiencia y la deseamos continuamente. Quisiéramos que sucediera una vez y otra o que durase para siempre.

Desgraciadamente, esas expectativas y esos deseos son los que nos crean problemas. Cuando no se cumplen quedamos atrapados en nuestra propia y negativa trampa emocional. ¿Cuánto vamos a tardar entonces en recurrir a nuestro resentimiento, nuestro dolor y nuestro enfado y en culpar a los demás de nuestra infelicidad? La verdad es que nadie puede hacernos felices y que no podemos hacer feliz a nadie, sólo a nosotros mismos. Uno se puede sentir feliz cuando está con otra persona, pero cualquier cosa que sintamos, es algo que procede de nuestro interior. Cuando estás con alguien que amas o con quien te sientes seguro y a salvo, es muy fácil ser positivo y optimista.

Dice John Powell: «Las únicas personas verdaderamente felices son aquéllas que han encontrado a alguien o alguna causa para amar y a quien pertenecer. Unidos a otros nos sentimos apreciados, aceptados, valorados y reconocidos».

Las relaciones nos brindan oportunidades y al mismo tiempo son grandes desafíos en nuestras vidas. Son las causantes de que nos sintamos muy altos de moral o muy bajos.

El amor y la felicidad están entrelazados. Para nuestro bienestar, el amor es más importante que ninguna otra emoción. Es lo que mantiene unidas a las personas y lo que hace que la vida merezca la pena. Una relación amorosa aumenta nuestras posibilidades de ser felices. Los momentos especiales con nuestros seres queridos y nuestros amigos, asistir a una buena obra de teatro, ir a un concierto, a un banquete de bodas o al nacimiento de un bebé en la familia son ocasiones dichosas. Pero la felicidad es esquiva y huidiza, como una mariposa que cuanto más tratas de alcanzarla más se aleja.

Sin embargo, puedes llegar a ser feliz aprendiendo a generar buenos sentimientos dentro de ti. Para poder hacerlo has de convertirte en tu mejor amigo, ser cariñoso, compasivo, no juzgarte y perdonarte. Tu amor propio consiste en aceptarte tal como eres: flaco, gordo, calvo, distraído, con verrugas y con todo lo demás. Debes aprender a respetarte y a perdonarte si cometes un error.

Aprende a vivir en el presente. Apura al máximo cada momento sacándole todo el provecho. Regálate el lujo de que en tu presente la calidad de vida sea importante. Cura las heridas del pasado y déjalas atrás; extrae de esas experiencias que la vida te dio más sabiduría para el presente. No te engañes a ti mismo perdiendo el tiempo y la energía en pensamientos preocupantes acerca del futuro, la seguridad, el dinero, el trabajo, tus hijos etc.

Vive cada momento como si fuera el último que vas a vivir; concentra tu atención en disfrutar, en estar satisfecho y contento. Este momento es todo cuanto tienes.

Si eres capaz de hacer todo esto podrás ser feliz mucho más a menudo. Con un sincero y continuo sentido de autoestima te sentirás más equilibrado en todos los aspectos de tu vida. Te sentirás lleno de dicha y podrás encontrar soluciones a los problemas, en lugar de quedarte atascado en los detalles. Serás un ser humano hecho y derecho, un adulto en toda regla, no un niño eterno controlado por sus emociones. Tú las controlarás a ellas y podrás conocerte a ti mismo de un modo distinto.

Entonces y sólo entonces estarás preparado para compartir con los demás tu auténtico ser, para mantener relaciones de profunda intimidad y sinceridad, pues ellas son la mejor recompensa para nosotros, seres sociales. Amar y compartir cosas con los demás son necesidades vitales del ser humano.

CAPÍTULO 9

TÉCNICAS DE CRECIMIENTO EMOCIONAL

El primer paso para lograr el control emocional es reconocer lo que estamos sintiendo en un momento determinado. Observa la lista que te presento más adelante y ve cómo te sientes en este momento. Repasa mentalmente los sucesos del día y trata de identificar otros sentimientos que hayas experimentado. Consulta esta lista hasta que seas capaz de reconocer e identificar tus sentimientos.

Esta lista no incluye todos los sentimientos que puedas llegar a tener. Los seres humanos podemos sentir cientos de estados emocionales y a menudo sentimos *emociones mezcladas*, es decir, más de un sentimiento a la vez. Así, en la experiencia emocional existen miles de posibilidades. Añade a la lista cualquier otro sentimiento que percibas en tu interior.

NEGATIVO	**POSITIVO**
DEBILITANTE	***ENRIQUECEDOR***
humillado	esperanzado
frustrado	seguro
agresivo	encantado
molesto	agradable
asustado	tolerante

desanimado
enfadado
fóbico
deprimido
tímido
distante
alarmado
avergonzado
desesperado
apenado
culpable
mediocre
desconsolado
débil
solitario
envidioso
celoso
irritado
preocupado
odioso
triste
confundido
censurable
desbordado
impenetrable
tenso
intimidado
aburrido
impaciente
altivo
dolido
estúpido
melancólico
ignorante
incapacitado

positivo
noble
paciente
comprensivo
satisfecho
elogiado
aceptado
admitido
dinámico
cariñoso
deseado
apasionado
leal
comprometido
dichoso
deleitado
fiel
estable
emocionado
integrado
contento
apacible
apreciado
valorado
creíble
generoso
decidido
dispuesto
servicial
admirado
motivado
curioso
anhelante
honesto
auténtico

ansioso	elevado
manipulado	capacitado
agraviado	resuelto
enrabietado	ambicioso
quemado	responsable
excluido	consciente
desilusionado	enérgico
posesivo	comprometido
inferior	afectuoso
intimidado	protegido
atormentado	divertido
aterrorizado	feliz
agitado	inspirado

Consciencia emocional

Practica la identificación de tus sentimientos imaginándote en las situaciones que más abajo se detallan. Al leer estas breves descripciones, consulta la lista y elige la palabra que mejor encaje con tus sentimientos. Trata de no utilizar tópicos como feliz, enfadado o triste. Ésas son descripciones infantiles. Los adultos poseemos términos más específicos y exactos.

Añade tus propios sentimientos a la lista si no están incluidos en ella. El objetivo de este ejercicio es descubrir el mayor número posible de emociones, a fin de incluirlas en tu repertorio y aprender a distinguirlas.

Ahora practiquemos. Rellena el espacio en blanco con la primera respuesta emocional que te produzcan las siguientes situaciones:

1. Te acaban de decir que tu jefe quiere hablar contigo en su despacho. *Te sientes* ______________________________

   ____

2. Tu teléfono suena a las 3 de la madrugada. *Te sientes* ___

   ____

3. Una persona atractiva del sexo opuesto te sonríe mientras estáis bailando. *Te sientes* ______________________________

____

4. Vas conduciendo detrás de un señor mayor que lleva su furgoneta con enorme lentitud. *Te sientes* ____________

____

5. Vas caminando por una apartada playa contemplando el atardecer. *Te sientes* ______________________________

____

6. Alguien se acerca sigilosamente hacia ti por detrás y te asusta. *Te sientes* ______________________________

____

7. Tu hija de quince años llega a casa dos horas más tarde de lo acostumbrado el día que sale con un chico. *Te sientes*

____

8. Acabas de saber que eres abuelo/a de un precioso y sano bebé. *Te sientes* ______________________________

____

9. Acabas de enterarte de que tu hermano/a ha tenido un mortal accidente de coche. *Te sientes* ________________

____

10. Te enteras de que el conductor que mató a tu hermano/a iba bebido. *Te sientes* ______________________________

____

11. Acabas de ver una película fabulosa. *Te sientes* _________

____

____

12. Estás haciéndote la cena. *Te sientes* ________________

____

13. Estás planeando tus vacaciones. *Te sientes* __________

____

____

14. Un policía te detiene por exceso de velocidad. *Te sientes*

____

15. El agente te multa. *Te sientes* ______________________

____

16. Es sábado por la noche y estás solo y sin planes. *Te sientes*

____

17. Acabas de realizar la entrevista para tu empleo soñado. *Te sientes* ____

____

18. Tu ceremonia de graduación es mañana. *Te sientes* _____

____

____

19. Un viejo y querido amigo te llama por teléfono. *Te sientes*

____

20. Tu esposo/a te dice una cosa y luego hace lo contrario. *Te sientes* ____

____

21. Odias tu trabajo pero no puedes abandonarlo en este momento. *Te sientes* ____________________________

____

22. Ves a alguien del sexo opuesto que realmente te atrae. *Te sientes* ____

____

23. A tu padre/madre no le gusta la nueva casa que te has comprado. *Te sientes* ____

____

No hay respuestas buenas ni malas. Tú eres único y tus respuestas son las correctas para ti. ¿Respondiste a muchas situaciones con el mismo tipo de emociones? Si repetidamente eliges el mismo tipo de respuestas emocionales que te es familiar y que forma parte de tu pasado en lugar de elegir lo más apropiado para cada situación, ello puede indicar que tal vez ciertos patrones estén interfiriendo en el proceso de tu crecimiento. Algunos de los modelos más comunes de respuesta emocional que hemos aprendido en la niñez son: miedo, ansiedad, culpabilidad, vergüenza, agresividad, ira y depresión. Trata de ejercitar una vez más tu imaginación y elige respuestas distintas, más sutiles, más precisas y más creativas. Piensa cómo te gustaría sentirte.

Curar antiguas heridas emocionales

El proceso de convertirnos en personas emocionalmente maduras consta de dos fases. Una consiste en curar esas heridas de la niñez que todavía nos hacen daño interiormente y que afectan a nuestra respuesta emocional en el momento actual. La otra es aprender mejores técnicas para controlar las emociones que surgen de las situaciones del presente.

Para poder curarnos hemos de regresar con la mente y el corazón al escenario original del «crimen», la niñez. Los «crímenes» perpetrados eran todos esos mensajes y castigos que recibías por llorar, sentirte triste o dolido, por hacer ruido, ensuciarte, estar cansado, enfadado, enfermo, o por la curiosidad normal en el niño por el sexo y la autoexploración del cuerpo. En cierto modo, fuiste víctima de rechazo, abandono, negligencia, castigo inmerecido, desprotección, maltrato verbal, emocional, sexual o físico.

En estas condiciones desarrollaste estrategias de seguridad que te ayudaron a sobrevivir. Pero lo que era válido para ti a la edad de tres, cinco u ocho años de edad, no te funciona ahora. No es una escena muy agradable ver como todo un hombre de cuarenta y dos años pierde los nervios y arma una bronca impresionante en el supermercado. Ni tampoco lo son las formas más sutiles y sofisticadas de controlar y manipular a los demás. El problema estriba en no haber cambiado ni eliminado esos modelos de conducta de la niñez, y además haberlos refinado y agudizado. No te servirán de nada en esta etapa adulta, ni en tus relaciones actuales.

Para poder crecer emocionalmente has de quitar las malas hierbas de tu jardín y deshacerte de tu forma infantil de hacer las cosas, curar el dolor de las viejas heridas, perdonar a tus padres, y luego intentar algo nuevo, una conducta de persona madura.

Todo este tremendo esfuerzo puede parecer divertido, pero no lo es. Las recompensas merecen el esfuerzo de cada momento de lucha, lágrimas y dolor, puesto que una vez que llegues a conseguirlo, podrás disfrutar de relaciones cariñosas, apoyo mutuo, sinceridad e intimidad con todas las personas que te rodean: tus hijos, tus padres, tus amigos, tu pareja, tus compañeros de trabajo, tu jefe, tus clientes, tus vecinos y tus nuevas amistades. Ya no hace falta recurrir al control sobre los demás, ni a las mentiras, ni a esconderse, ni a humillar y avergonzar a nadie, ni a culparles. Todo eso formará ya parte del pasado. Y comenzarás a atraer a otras personas maduras y renovadas como tú.

Cuanto más desconcertante y desequilibrante haya sido tu niñez, más esfuerzo te costará curar las heridas del pasado. Las personas que realmente sufran de traumas emocionales necesitarán ayuda profesional durante algún tiempo. Haz lo que sea necesario para curar esas heridas del pasado para alcanzar a comprender lo que sucedió con una visión madura; recurre a grupos de apoyo, a la psicoterapia, lee, investiga y practica. Ha llegado el momento de crecer y madurar.

Una nota final: es importante que esta labor sea realizada de un modo exquisito, con amabilidad, dulzura, compasión y amor hacia ti mismo. Durante las épocas de cambio tendemos a ser nuestro peor enemigo. Aprende a amar y a fortalecer al niño que llevas dentro, pues ello facilitará mucho la empresa de madurar y progresar.

Pensamientos y emociones

Para volver a equilibrar tus emociones con un grado mayor de madurez, puedes recabar la ayuda de tus sistemas físico, intelectual y espiritual. Por ejemplo, el ejercicio físico ayuda a desembarazarse de la depresión, renunciar a hábitos perjudiciales para tu salud y a incrementar tu autoestima. En los momentos de confusión, te ayudará tener fuertes convicciones acerca del significado de la vida.

Probablemente la forma más útil de crecer emocionalmente sea utilizar tu mente, hablando contigo mismo a fin de cambiar tus sentimientos. Cambia tu forma de pensar y podrás cambiar tu vida. Con tu forma de pensar sobre la gente y los acontecimientos de tu vida puedes crear tu propia realidad. Como vimos en el capítulo 8, tus pensamientos influyen en tus sentimientos, programando verdades en tu subconsciente. Esto funciona muy bien con las emociones. Si te dices a ti mismo que eres feliz y te lo crees de verdad y haces que sea verdad, serás feliz. La mayor parte del dolor emocional que experimentamos lo crean nuestros pensamientos y nuestras actitudes.

Por otro lado, los sentimientos también afectan a nuestro intelecto, porque cuando nos sentimos tristes o desesperados tendemos a tener pensamientos negativos, a escapar hacia el pasado o saltar al futuro evitando el dolor del presente. Si piensas que la vida es un cúmulo de problemas sin resolver, eso es exactamente lo que vas a experimentar. Ésa es la realidad que te has creado para ti.

Cambiando los pensamientos y los modelos de conducta, cambiamos los sentimientos que tenemos sobre nosotros mismos y sobre las circunstancias que nos rodean. El proceso de transformar una emoción fuerte y posiblemente destructiva en algo más manejable y positivo, requiere al principio tiempo y energía; el primer paso es ser conscientes de lo que estamos sintiendo. Así que mira en tu interior y averígualo.

Cuando miramos en nuestro interior entramos directamente en

contacto con lo que de verdad estamos experimentando a nivel emocional, no sólo con lo que está sucediendo externamente. Presta atención a lo que te habla desde dentro y a tus sensaciones físicas.

Las respuestas emocionales no siempre tienen lugar inmediatamente después del suceso o la situación que las producen. Entre el hecho y la reacción, ocurre algo más que nos pasa inadvertido, un pensamiento o una idea. Por ejemplo, si llegas tarde a una importante reunión, has tenido un tremendo malentendido con tu pareja o te cogen robando en una tienda, tendrás una fuerte reacción emocional basada en tus ideas acerca de lo que significa ese suceso, quizás ansiedad, enfado o miedo.

Es en ese punto, en el que brevemente registras la idea de un suceso, cuando puedes tomar el control sobre tus emociones de una forma madura. Tienes una enorme variedad de posibles respuestas emocionales para elegir y usar. La respuesta elegida dependerá solamente de las ideas que en ese momento tengas.

¿De dónde provienen estos pensamientos? Los pensamientos que preceden a una respuesta emocional contienen elementos de tus propios *valores morales, actitudes y creencias* sobre tu pasado, tu presente y tu futuro. Muchas de esas creencias se formaron en la niñez y están basadas en las enseñanzas de tus padres. Otras, las aprendiste a lo largo de tu vida cuando interpretabas los diversos acontecimientos que ocurrían.

Por ejemplo, si alguna vez perdiste un importante contrato de trabajo por llegar tarde a la reunión, cada vez que se te haga tarde, tu subconsciente volverá a ese momento del pasado y te dirá que llegar tarde es terrible. Algo malo sucederá. Este modelo de pensamiento se traduce en una experiencia emocional de ansiedad, que surge cada vez que no te sientes seguro acerca de un resultado futuro. Por otra parte, si crees que retrasarse un poco es una buena estrategia que te proporciona ventajas ante un cliente, te sentirás sereno y confiado. Y el hecho de sentir eso interiormente, se reflejará ante los demás cuando llegues a la reunión y puede muy bien determinar el resultado final de la operación.

En tu mundo emocional, tú mismo creas la realidad mediante la elección que haces de tus reacciones en cada situación. Puedes evitar trampas emocionales como la ansiedad, que simplemente te retrasa aún más o que te obliga a entrar en la reunión agitado y falto de confianza. Comprueba primero en tu interior si tu reacción emocional es apropiada, y si no lo es, elige la que se adecue mejor a la situación.

Cuando Jane vino a verme estaba teniendo problemas con un compañero de trabajo. Se quejaba amargamente de que él la utilizaba como blanco de su desahogo porque se sentía frustrado al no obtener el esperado ascenso. La ponía en aprietos delante de los demás empleados, la acusaba de cambiar de sitio sus objetos o de quitarle cosas, y generalmente se comportaba de forma ofensiva con ella. Ella había tratado por todos los medios de defenderse, regañándole, siendo muy clara y directa, pero nada funcionó. Se sentía agotada por tanta tensión y estaba pensando en cambiar de empleo.

Una vez que ella se informó bien de sus derechos en el despacho de su abogado, empezó a examinar sus sentimientos con respecto al compañero y al conflicto. Se sintió enojada con él, frustrada por el conflicto. Se dio cuenta de que esos sentimientos la atrapaban y permitían que él la atosigara. Sus propios pensamientos la separaban de sus prioridades de éxito en el trabajo.

Jane decidió cambiar sus pensamientos. Se dio cuenta de que no podía cambiar al hombre, pero sí podía sentir compasión por él y aceptar la situación. Cuando él trataba de pincharla, ella sonreía comprensivamente y le daba una palmada en el hombro; después de varios intentos vanos de soliviantarla, él cejó en su empeño y el problema quedó solucionado.

Refinar las emociones estresantes

Al igual que Jane, tienes toda una colección de emociones donde elegir como respuesta a cada situación que se te presente.

Prueba este ejercicio. Cierra los ojos y relájate. Ahora siente remordimientos, aburrimiento, frustración, cariño, afecto y sensualidad. Puedes hacer surgir todas estas emociones porque las has sentido antes y puedes reconocerlas. Puedes pensar en cómo se llaman antes de sentirlas porque tu mente y tus sentimientos trabajan al unísono.

Ahora piensa en una situación de tu vida en la que te gustaría cambiar tu forma de sentir. Mira en tu interior y determina lo que sientes ahora sobre esa situación. Luego elige el sentimiento que prefieras tener. Ensaya ese nuevo sentimiento en esa misma situación. Visualiza o imagina esa escena como en una pantalla de cine. Tú eres el director, el guionista y la estrella. Ésta es tu película y puedes crearla de la forma que más te guste.

Piensa en la maravillosa libertad y control que tendrías sobre tu vida si pudieras seleccionar y expresar emociones positivas y adecuadas en cada situación. Elegir la emoción adecuada es crucial para tu bienestar.

Ya no eres una víctima indefensa de tus sentimientos impulsivos. Puedes elegir con antelación la mejor emoción cambiando tus pensamientos, y después, revisando la situación y decidiendo responder de forma más práctica y satisfactoria si algo similar te ocurriera en el futuro.

Cuando te des cuenta de que eres capaz de elegir el tipo de respuesta emocional, podrás cambiar tus reacciones violentas y negativas convirtiéndolas en otras más adecuadas y menos enérgicas: podrás convertir la rabia y el enfado en irritación y fastidio, el odio en dolor, la ansiedad en la consciencia de que algo interno necesita tu atención, los celos en desilusión y en una oportunidad de vigilar tus temores de pérdida.

Cuando empieces a reconocer las respuestas emocionales apropiadas, tendrás energía de sobra para afrontar y solventar tus problemas, tanto en tu interior como con los demás. No malgastarás toda tu energía en esconder tus sentimientos, levantando muros defensivos ni representando ningún papel ante los demás.

Cada reacción emocional demasiado exagerada es una señal de que existe algún problema. Puede ser provocado por la conducta de alguien, pero tus sentimientos son tuyos y la solución se encuentra dentro de ti. Recuerda que la mayoría de las emociones las aprendiste y que puedes aprender una forma mucho mejor de reaccionar.

Es muy conveniente refinar esas emociones impulsivas y convertirlas en algo más atenuado; es como refinar un mineral en bruto para extraer el valioso oro puro. Puedes transformar la lujuria en amor, la pasión en compasión, la ira en franqueza, la depresión en tristeza y el miedo en seguridad. Cuando hayas madurado lo suficiente como para abandonar tus emociones infantiles y pseudoprotectoras, podrás aprender a ser uno con toda la humanidad.

Sentir plenamente

Además de a reconocer e identificar nuestras emociones es importante que aprendamos a sentirlas y experimentarlas. Llorar si estamos tristes, gritar si estamos enfadados, bailar cuando estemos contentos. Abandonemos nuestras reticencias y también el miedo. Este miedo a ser desbordados por las emociones es la principal razón por la que dudamos y nos resistimos a abordar temas del pasado, como pérdidas de seres queridos, sufrimientos y abusos.

Los sentimientos tienen un mayor poder sobre nosotros cuando tratamos de defendernos de ellos y los escondemos en nuestro interior. John Bradshaw dice que si no sientes no te puedes curar. Siente lo que tengas que sentir, no lo escondas. Una vez que hayas sentido, muy pronto ese sentimiento te abandonará y podrás continuar libre y controlando la situación.

Aprender a identificar y sentir nuestras emociones requiere cierta práctica. Si los sentimientos son menospreciados, negados y castigados como a menudo sucede con los niños, nos estamos cerrando esa parte de nosotros. Las trabas que nuestra cultura impone prohibiendo que expresemos los sentimientos, hacen que madurar emocionalmente y llegar a ser un adulto próspero y satisfecho sea un verdadero reto. Es como si una parte de nosotros se hubiera quedado congelada y para poder madurar y alcanzar nuestro máximo potencial debiéramos descongelar ese hielo.

Una vez que reconocemos lo que estamos sintiendo, debemos sentirlo. Vivir el presente. Sentir la culpa, la preocupación, el miedo, la vergüenza, el dolor o la dicha. Experimentar ese sentimiento con el cuerpo, la mente y el alma. Averiguar qué nos quiere enseñar. Es mejor que al principio realicemos estas prácticas solos, en privado y en momentos de tranquilidad. Hablemos con nuestros sentimientos, preguntémosles con qué fin han venido ahora a nuestra vida. Si encuentras ese proceso muy difícil, busca la ayuda de un terapeuta.

A veces usamos viejos sentimientos muy conocidos para tapar, evitar y soslayar emociones más profundas y dolorosas. Trata de no responder del mismo modo que en el pasado y averigua el origen de esos sentimientos y de esos modelos de conducta. Recuerda la época en la que brotaron por vez primera esos mismos sentimientos. Vuelve tan atrás como puedas recordar. Las semillas de las emociones negativas fueron sembradas en la niñez. Los sentimientos negativos son malas hierbas y los positivos son las flores de tu jardín. Explora lo que hay en ese jardín. Quizás sea hora de hacer algún trabajo de jardinería y arrancar todas esas hierbas feas, secas e inútiles y plantar algunas flores que te proporcionen alegría, en lugar de los problemas que te ocasionan las malas hierbas.

A veces ese trabajo de jardinería emocional puede ser aterrador, doloroso y requerir mucho tiempo. Puedes tratar de evitarlo por muchas razones: 1. No sabes cómo hacerlo. 2. Crees que tu vida está bien y que no estás sufriendo ninguna crisis. 3. Tienes miedo de que si desatas y sacas a la luz todas esas poderosas emociones, algo horrible ocurra. El peor miedo es creer que te volverás loco o que incluso puedes morir.

Cuantos más traumas infantiles tengas, más difícil será dejar que esos sentimientos del pasado resurjan con toda su fuerza. Difícil, pero no imposible. La hipnosis funciona muy bien en estos casos, porque te ayuda a recordar hechos del pasado que están bloqueados o escondidos.

Puedes buscar un lugar seguro y apropiado para sentir esas emociones. Puedes llorar con un amigo, gritar frente al mar, hablar sobre tu desesperación con una persona querida y de confianza, airear tus frustraciones en un grupo de autoayuda y enfrentarte a tus miedos, solo o en compañía de un terapeuta.

Una vez que hayas *identificado* un sentimiento, *reconocido* y *comprendido* su origen, *decidido* mantener o cambiar la emoción en cuestión, la hayas *sentido* y *expresado* adecuadamente, habrás dado el primer paso hacia el control emocional. Encontrarás que esa emoción, ahora, es tuya. Ya no te controla, tú te has hecho cargo de ella, y has dado un paso crucial en tu proceso de madurez.

Quiero compartir contigo un poema que mi amigo Ricardo me escribió después de una reunión de Madres contra los Conductores Ebrios. El año anterior había sido atropellado por un conductor en estado de embriaguez y le quedaron graves secuelas. Le amputaron una pierna, estuvo a punto de perder la otra y sufrió múltiples heridas y contusiones. Vino a la reunión para aprender técnicas que le permitieran ayudar a otras personas, víctimas como él de la irresponsabilidad de estos conductores.

No hace mucho parecía
que nunca iba a saber
cuando se detendrían las lágrimas.
Y no sólo eran las lágrimas,
era el dolor.

Parecía que el tiempo no pasaba:
los días venían y se iban,
venían y se iban, ¡y qué!
No había alegría,
sólo dolor.

Hace falta tanto para sentirse mal,
pensar en cosas que han pasado,
en cosas que tenía, en cómo era yo.
Ése era el dolor.

Entonces llegó la luz.
Me había perdido tanta belleza,
me olvidé de que estaba vivo y era amado.
Mis sentimientos estaban nublados por el dolor.
Todavía hay dolor.

Unas veces más que otras.
Sin embargo, la belleza ha vuelto a mis ojos.
Estaba ciego
por el dolor que había mi interior.

Ricardo Meléndez, junio de 1989

Ricardo superó su crisis y se hizo emocionalmente más fuerte y mejor. Encontró un modo de convertir su tragedia en un hecho positivo, decidiendo valorar la belleza y la vida que le rodeaba, en vez de recrearse en su dolor y su autocompasión. Ahora cuenta su experiencia a personas que han conducido bajo los efectos del alcohol, en un esfuerzo por ayudarles a comprender cómo la vida puede quedar destrozada en un accidente de este tipo.

Cuando conocí a Ricardo, también yo estaba pasando por un período de sufrimiento. Me enfrentaba al final de una relación que había sido muy importante. El don de mi nuevo amigo era su habilidad para entender el dolor que yo sentía en mi interior. Todos nos sentimos dolidos de un modo u otro. El origen de ese dolor puede variar, pero el sufrimiento es el común denominador en todos los seres humanos. La vida es difícil. Y el dolor emocional que no hemos querido sentir ni superar, volverá a acecharnos una vez y otra, hasta que le prestemos atención y lo curemos, aunque nos duela hacerlo.

Expresar las emociones

Los adultos que tienen una emoción que requiere algún tiempo para ser superada, deben aprender a expresar ese sentimiento cuando y donde se sientan a salvo y no sea perjudicial hacerlo. Expresar las emociones nos permite desembarazarnos de ellas y disminuir su poder. Pero expresarlas asustando a los demás, enojándolos, abochornándolos o maltratándolos es infantil e inadecuado.

Por ejemplo, si te sientes molesto con tu situación laboral y no quieres llevar tus frustraciones a casa, ya que no es el lugar apropiado, tienes varias posibilidades, pero lo mejor es expresar las frustraciones laborales en el puesto de trabajo.

Si esas emociones parecen insuperables, una forma de atenuarlas es expresarlas físicamente. Hacer ejercicio puede expulsar mucha ira, depresión y culpabilidad, y puede aclararte las ideas permitiéndote ver las emociones más objetivamente y, por lo tanto, podrás empezar a controlarlas, pero esto es sólo una solución temporal.

Para concentrarte en la situación que está causando el problema, cierra un minuto los ojos y visualízate en el trabajo, discutiendo con tu jefe. Identifica y nombra lo que estás sintiendo. Ahora ensaya otros sentimientos. Trata de sentirte *frustrado, desilusionado, curioso, solidario, preocupado, sereno, tolerante...* Deja de leer por un momento y haz este ejercicio con alguna situación que hayas vivido hoy, alguna situación que te haya causado confusión emocional.

Siente cómo cada una de esas emociones es distinta. Comprueba las reacciones físicas y los pensamientos que acuden con cada sentimiento. Observa cómo algunos parecen más apropiados que otros. Algunos te proporcionan más paz y más confianza. Elige el que creas más beneficioso para ti.

Luego puedes tratar de solucionar el problema dejando que tus emociones te ayuden a buscar la solución. Más adelante veremos esto con más detalle.

Entre tus opciones están: actuar con firmeza y volver a revisar esos asuntos que han causado el problema, o al menos, hablar con tu jefe de todo eso; puedes elegir sentirte desmoralizado y aceptar la situación decidiendo que no es tan importante para tu bienestar; o puedes determinar que la situación te causa demasiada frustración y empezar a hacer planes para cambiar de trabajo. Quizás tengas otras opciones en las que yo no he pensado. En lugar de sufrir en el momento presente, pon tus emociones y tu energía al servicio de tus esperanzas.

Una vez que hayas aprendido a identificar tus emociones y a pulirlas para poder manejarlas, estarás preparado para expresarlas. Para expresar tus emociones debes comunicártelas primero a ti mismo y luego a los demás, pero siempre de manera responsable.

Los seres humanos expresamos las emociones tanto verbalmente como con gestos. Emitimos mensajes sobre nuestro estado emocional por medio de la expresión del rostro, la mirada, el tono de voz, la posición corporal y los gestos. A veces el mensaje emocional está claro, pero estas señales pueden ser malinterpretadas. El cansancio puede interpretarse como depresión, y en otras ocasiones, el origen de tu enfado puede ser desconocido para la persona con la que te encuentras. Generalmente no sabemos lo que alguien está sintiendo, a menos que nos lo exprese con palabras.

Lo más importante que hemos de comunicar en una relación es cómo nos sentimos. El peligro de no expresar las emociones es que podemos ser malinterpretados, y por lo tanto, no conseguiremos satisfacer nuestras necesidades y nuestros deseos, y no ledamos a los que nos rodean la oportunidad de amar y conocer nuestro auténtico yo. *Los demás no pueden leer tu mente*. Debes decirles cómo te sientes.

La mejor forma de verbalizar los sentimientos es utilizar afirmaciones que empiecen con la palabra: «yo». Decir «yo me siento frustrado y enfadado por las condiciones de trabajo que hay en este departamento» o «yo me siento feliz cuando estoy contigo» o «yo me sentí dolido cuando me dijiste que me ibas a llamar el sábado y no lo hiciste».

Cuando empiezas con la palabra «yo», te estás responsabilizando de tus emociones y estás permitiendo a la otra persona escucharte sin ponerse a la defensiva. Esta forma de comunicarnos genera una respuesta más adecuada por parte de los demás.

También es importante que el lenguaje corporal y otras señales no verbales acompañen a las palabras. De no ser así, tus palabras no parecerán creíbles.

Todas tus conductas tienen consecuencias. Si apartas y escondes tus emociones, te aislarás y pasarás por la vida sintiéndote un ser incomprendido y rechazado.

Nadie puede leer tu mente. Al principio puede parecer un poco arriesgado decir cómo nos sentimos cuando tememos el rechazo de alguien. Pero sólo compartiendo nuestros sentimientos lo sabremos y lo comprobaremos. Y sólo expresando nuestros deseos y nuestras necesidades permitiremos que los demás compartan nuestras esperanzas, nuestros temores y nuestra vida. Vale la pena el esfuerzo.

Pide aquello que desees. ¡Acepta esa responsabilidad! Quizás no siempre lo obtengas, pero si nunca lo pides tendrás muchas menos posibilidades de conseguirlo, y además, te sentirás frustrado y desilusionado.

CAPÍTULO 10

MÁS TÉCNICAS PARA CONTROLAR LAS EMOCIONES

Cualesquiera que sean los modelos emocionales de conducta que predominan en tu vida, los pasos para controlarlos son los descritos en el capítulo anterior. En éste, vamos a contemplar algunas pautas de conducta destructiva muy comunes. La mayoría están basadas en experiencias de la niñez que nos enseñaron a enfrentarnos a la vida desde una posición de miedo, culpabilidad, vergüenza, ira o depresión.

Si te das cuenta de que alguna de estas emociones desempeña en tu vida un papel dominante y perjudicial, necesitas aprender a controlarla. En este momento son ellas las que te controlan a ti y te impiden crecer y madurar.

Si has estado bloqueado por el miedo, la ira o por cualquier otra emoción que haya gobernado tu vida durante mucho tiempo, aprender a hacerte cargo de ellas requerirá algún tiempo y esfuerzo. Pero merecerá la pena. Hay libros muy buenos que tratan estos temas, pero la ayuda de un terapeuta te hará obtener resultados de forma más rápida. Cuando estás preparado para el cambio, el proceso se acelera muchísimo.

Dominar el miedo

Nos solemos aferrar al miedo porque es un compañero conocido y hemos aprendido a disfrazarlo y a vivir con él. Creemos que es más fácil permanecer asustados que enfrentarnos al origen de ese temor.

Pero para superar el miedo debemos arriesgarnos y enfrentarnos a su causa, para lograr confinarlo en un lugar donde no nos afecte tanto. La forma de convertir el miedo en seguridad y control implica varios pasos: reconocer el miedo, recordar hechos pasados traumáticos, bajar la defensa y sentir las emociones que hemos estado arrinconando, así como los sentimientos relacionados con ellas.

Franklin Roosevelt decía: «A lo único que hemos de temer es al miedo». No tengas miedo de tus miedos. El miedo te conduce hasta una situación en la que pierdes el control. Si reprimes los miedos, los ignoras, los niegas y luchas contra ellos, con el tiempo te ganarán la partida y se convertirán en fobias o en ansiedad. La forma extrema de la ansiedad es el pánico, la absoluta sensación de haber perdido el control, también llamado a veces colapso nervioso. Irónicamente, el esfuerzo por mantener la rigidez y el control, a la larga conduce a la pérdida total de ese mismo control. Tu única opción real es enfrentarte a tus miedos y luchar cara a cara con ellos.

Reconocer el miedo

Quizás no nos demos cuenta de cuántos modelos de conducta, pautas de pensamiento y formas de sentir proceden del miedo, porque muchas veces el miedo aparece encubierto por otras emociones. Recuerda que el miedo subyace bajo muchos de nuestros sentimientos. Al ir aprendiendo a reconocer tus sentimientos, observa cómo cada uno de ellos se relaciona con un temor específico.

Si no estás preparado para enfrentarte a tus miedos tratarás por todos los medios de controlar las situaciones y las personas que te rodean, impidiéndote ser sincero con ellos y contigo mismo. Guardarás esos sentimientos almacenándolos en un lugar muy profundo de ti, escondidos en la oscuridad. Sin embargo, para poder ejercer un control verdadero, desde tu interior, debes hacer eso que más temes, debes abandonar el control y rendirte.

La preocupación es un temor a algo que puede suceder en el futuro. Generalmente supone una pérdida de tiempo y de energía, porque el 95% de nuestras preocupaciones nunca se hacen realidad. De todos modos, presta atención a esos pensamientos preocupantes, evócalos en el momento presente y anótalos. Clasifícalos, descarta los pensamientos y temores irracionales y examina cuidadosa y honestamente lo que te quede, pues ahí se encuentran las semillas de tus miedos.

Cuando llegues al fondo de tu miedo, probablemente sentirás algunas emociones fuertes, como ira y dolores no superados procedentes de algún incidente de tu pasado que sigue amenazando al presente. Para curarte, tendrás que afrontar el dolor del pasado y también el del presente.

Otra forma de evitar enfrentarse a los miedos es utilizar defensas. La negación, la racionalización, la subestimación y la proyección son las más comunes formas de protección. Cuando utilizamos un mecanismo defensivo para engañarnos a nosotros mismos estamos retrasando el enfrentamiento directo con nuestros temores, y por consiguiente, estamos retrasando nuestro crecimiento.

Para poder madurar emocionalmente debemos dejar de usar las viejas estratagemas y defensas y debemos dejar de culpar a los demás de nuestras equivocaciones. Tomémonos un tiempo para escuchar nuestra voz interior y empecemos a enfrentarnos a los miedos y a curar nuestras heridas.

Fobias y ansiedad

Las fobias —ya sea a volar, a los espacios cerrados, a ciertos animales o a cualquier otra cosa— son uno de los problemas más molestos y uno de los más fáciles de curar. Las fobias suelen estar relacionadas con miedos irracionales procedentes de traumas sufridos en el pasado. Cuando el hecho traumatizante ocurrió, de algún modo estabas *excesivamente* sensibilizado, como programado para que las experiencias relacionadas con el trauma te afectaran de un modo muy especial. La terapia a corto plazo lleva a cabo un proceso de *desensibilización*, haciéndote menos sensible y receptivo al origen de tu miedo.

Para vencer las fobias no es necesario conocer la causa subyacente. A veces las fobias nacen antes de que nuestra memoria estuviera lo suficientemente desarrollada para establecer vínculos con ellas como adultos. Ahora podemos reeducar las emociones y readaptar nuestro cuerpo para que responda de forma diferente, aun sin poseer una comprensión intelectual completa de ese miedo.

La insensibilización sistemática conducida por un terapeuta requiere relajación y luego un acercamiento gradual a la situación de miedo, primero practicando mentalmente y luego de un modo real. Por ejemplo, para tratar mi fobia a volar, yo primero visualizaría un viaje en avión. Luego me vería a mí misma comprando el billete, preparando las maletas, luego conduciendo hasta el aeropuerto y así sucesivamente.

Hay que controlar la ansiedad en cada paso. Si un paso aumenta considerablemente tu nivel de ansiedad, detente y relájate, diciéndote a ti mismo que eres capaz de dominarla. Al día siguiente, empieza visualizando el paso anterior al que te produjo el desconcierto y lentamente acércate de nuevo a ese paso que provocó la ansiedad.

Una vez que te puedas imaginar controlando con éxito esa experiencia temida, trata de llevarla a la vida real, de nuevo paso a paso, reduciendo tu ansiedad a medida que vas avanzando.

Lo más importante que has de recordar con respecto a las fobias es no salir huyendo de ellas. Permanece en la situación que te causa el miedo hasta que disminuya la ansiedad. La fuerza de una fobia crecerá en proporción directa a la energía que utilices para evitar la reacción de miedo.

Superar el sentimiento de culpabilidad

Cada vez que te sientes culpable es porque has transgredido alguno de tus valores morales. El sentimiento de culpa te permite la posibilidad de mirar en tu interior y evaluar la validez de esa guía moral en el momento actual de tu vida. Si es válida, debes dejar de hacer eso por lo que te sientes culpable y seguidamente reconocer y considerar el daño que has causado a los demás.

A veces, el sentimiento de culpabilidad es desencadenado por una pauta moral que ya no te parece válida. Descubres que puedes sentirte culpable porque ya no acudes a misa, incluso aunque te sientas cristiano, o por no devolverle las llamadas a alguien. Cuando reflexionas sobre ello, te das cuenta de que asistir a misa ya no satisface tus necesidades espirituales. O descubres que ya no deseas mantener una relación con la persona que te llama por teléfono.

Si observas que el sentimiento de culpabilidad es desencadenado por valores morales de otra persona que no concuerdan con tus ideas, el sentimiento de culpa es improcedente. Tus valores personales han cambiado y puedes dejar de sentirte culpable aceptando ese hecho tal y como es. Tú eres el único juez de tu conducta, el único que debe saber si es correcta o equivocada. Los adultos maduros y equilibrados establecen sus propias normas morales.

La sinceridad

Si la mentira es un problema en tu vida y mientes sistemáticamente, sin poder controlarlo, trata de ejercitarte realizando acercamientos graduales de desensibilización para ayudarte a superar esa conducta obsesiva.

Elige varias situaciones en las que sueles mentir o podrías hacerlo. Imagínate a ti mismo diciendo la verdad en cada una de ellas. Observa las sensaciones que se producen. Afronta el miedo o cualquier otro sentimiento que te impida ser sincero y decir la verdad. Continúa ensayando el hecho de decir la verdad hasta que te sientas bien haciéndolo y haz frente a las consecuencias de tu conducta, sin ocultarlas.

La firmeza

Practicar la firmeza es también una forma maravillosa de cambiar la falta de sinceridad y de empezar a vivir una vida más abierta y auténtica basada en creer en tus propias convicciones y en expresar tus valores personales.

La firmeza significa respaldarte a ti mismo y al mismo tiempo tratar a los demás con respeto y cordialidad.

Al reivindicar tus deseos y tus necesidades, ofreces a la otra persona la oportunidad de expresar los suyos, ya que hay espacio para ambos y no es necesario amenazar a nadie. Si eres sincero contigo mismo, no hay necesidad de mentir, engañar ni sentirse culpable.

Si practicas la sinceridad aprenderás también que lo que sientes es algo personal y privado. El enfado, el miedo, la depresión y la culpa son todos ellos sentimientos tuyos y eres tú quien se permite sentirse enfadado, temeroso, triste o culpable. Nadie te produce enfado: eres tú quien se enfada, quien tiene miedo o quien se avergüenza.

Yo recomiendo a todo el mundo que realice un curso sobre firmeza y asertividad, ya que es una excelente forma de controlar las emociones. A todos les ayuda, cualesquiera que sean los modelos emocionales que creen desequilibrio. Es bueno leer sobre este tema, pero la firmeza entraña una nueva forma de comunicación con los demás, y al igual que cualquier otra destreza, hay que practicarla. En clase se presentan muchas oportunidades de practicar; generalmente los grupos pequeños ofrecen un entorno más acogedor y seguro.

Una última reflexión acerca de la firmeza. Cuando empiezas a cambiar, las personas que están acostumbradas a tu viejo «yo» pueden sentirse amenazadas. Si tú tienes éxito, también ellos tendrán que cambiar o bien será vuestra relación la que cambie. Por supuesto, es mucho mejor cambiar juntos. Trata de animarles a que asistan contigo a tus clases o grupos de apoyo, para poder cambiar juntos, como una familia.

Si los demás no aceptan tus cambios, tal vez ejerzan sobre ti una gran presión para que persistas en tu antigua actitud desequilibrada y defensiva. Si a causa de esa presión te dejas llevar por el sentimiento de culpabilidad, te sentirás vencido y en el futuro te será mucho más difícil abordar otros métodos de crecimiento. Recuerda que tú eres quien decide. Tu vida es tuya. Madurar es asunto tuyo. Ser sincero y auténtico contigo mismo es responsabilidad tuya.

Curar la vergüenza

Para curar la vergüenza debes volver a experimentar los acontecimientos que están enterrados y escondidos y que crearon esa sensación, para poder sentir otra vez el dolor, la pena, la ira y el sufrimiento que entonces no te permitiste experimentar porque los apartaste de ti. Debes regresar a ese momento y volver a sufrir lo que has retrasado durante tanto tiempo. Puedes hacerlo en un grupo de apoyo o con ayuda de un terapeuta profesional.

Las personas cuyas experiencias de la infancia les hacen avergonzarse de sus emociones sufren lo que se llama dolor diferido. Este dolor diferido lo hallamos también en el núcleo de los desórdenes y problemas emocionales y mentales que aquejan a los veteranos de la guerra del Vietnam.

A menudo estas personas no se dan cuenta de que tienen enterrados sufrimientos y emociones pasados o procedentes de la niñez. Pero hay señales que nos indican la necesidad de prestar atención a esa parte de nosotros mismos. Entre estos síntomas pueden estar las pesadillas recurrentes, las emociones paralizantes, la incapacidad para intimar, la necesidad de controlar, la excesiva vigilancia y alarma, el excaso interés por las cosas cotidianas, reacciones exageradas, recuerdos perturbadores y alteraciones del sueño.

Para superar la vergüenza hemos de aceptar y asumir esos sentimientos, bajar nuestras defensas, derrumbar los muros de protección ladrillo a ladrillo y reclamar nuestra niñez perdida. No podremos nunca alcanzar la madurez a menos que vayamos de la mano de ese niño con amor y armonía.

Dice John Bradshaw en *Curar la vergüenza que te aprisiona*: «Quizás la consecuencia más dañina de actuar basándonos en el sentimiento de vergüenza es que no sabemos lo deprimidos y enfadados que realmente estamos. Ese dolor no superado no lo hemos sentido verdaderamente. Nuestro falso yo y las defensas de nuestro ego nos impiden experimentarlo. Paradójicamente, las mismas defensas que nos permitieron sobrevivir a los traumas en la niñez, se han convertido ahora en barreras para nuestro crecimiento». Fritz Perls dijo en cierta ocasión: «Nada cambia hasta que llega a ser lo que es en realidad. Debemos destapar el dolor que está paralizado y bloqueado».

Para poder descubrir y mitigar ese dolor, debemos ponernos en contacto con el niño interno, en algunos casos con el bebé interior. Más adelante describo un ejercicio de visualización muy útil a tal efecto.

Otra forma de llegar a ese niño y descubrir el sufrimiento escondido es comprar un muñeco, un trozo de tela suave, una muñeca de trapo, un osito o cualquier otro animal de peluche que puedas abrazar y acariciar. Esto es importante tanto para hombres como mujeres, porque todos los niños sin distinción necesitan cuidados.

Este muñeco te representa a ti cuando eras niño. Ponle tu nombre y trátalo como si fuera tu propio hijo. Duerme con él, mímalo, ámalo, edúcalo. Sobre todo, escúchalo. Te contará lo que le duele, lo que necesita atención.

Hay otra forma muy práctica de acceder y curar al niño interior a fin de poder crecer y vivir la vida con nuestros propios amigos, nuestros valores y nuestros sentimientos. Escribe una carta de despedida a tu padre y otra a tu madre. No importa si están o no muertos, o si estás o no peleado con ellos; esas cartas no las vas a enviar.

Este ejercicio es para ayudarte a cortar las ataduras dañinas que te aprisionan en la niñez emocional. Los lazos positivos permanecerán y te ayudarán a ser un adulto mejor. Recuerda, no mandes las cartas. La finalidad de este ejercicio es sacar a la superficie ciertos sufrimientos y otros sentimientos enterrados en el pasado.

Nadie tuvo una niñez perfecta y todos tenemos algunos asuntos emocionales sin resolver con nuestros padres. Tus padres son el origen de tu vergüenza, al igual que de otras muchas lecciones emocionales.

Para crecer debes reconocer tus propias emociones y asumir que tus padres no pueden ya decidir con sus actos o sus normas cómo te debes sentir ni quién eres. Si has tenido una relación muy traumática con tus padres o todavía dependes emocionalmente de alguno de ellos o de ambos, esto puede que te resulte muy duro de realizar, pero hazlo de todas formas. No se trata de ensañarte con tus padres, sino de facilitar tu liberación y hacer de ti un adulto hecho y derecho.

Si tus padres aún viven, la carta te ayudará a empezar una nueva y más enriquecedora relación con ellos. En la carta escribirás como un adulto a otro adulto, en lugar de hacerlo como un niño dependiente de una figura autoritaria. La edad no importa: conozco personas de cincuenta y sesenta años que todavía tiemblan y se angustian sólo con pensar en la desaprobación de sus padres.

En tu carta debes ser sincero y decir todo lo que quieras, sin importar lo extremo y odioso que ello sea. El proceso de escribir la carta te ayudará a sacar a la superficie y a liberar sentimientos y pensamientos que han estado inhibidos mucho tiempo, y que han impedido tu crecimiento y te han dejado atrapado en la niñez emocional.

Escribe a tu madre o a tu padre sobre las cosas hechas o dichas por ellos que a ti te dolieron, te enfurecieron, te asustaron o te avergonzaron, y por las cuales les guardas rencor. Una vez que hayas expresado esos sentimientos, cuéntales en otra sección de la carta las cosas que aprecias de ellos: los buenos recuerdos, los valores y las lecciones útiles que te enseñaron.

Seguidamente, podrías decirles qué tipo de relación quieres tener con ellos ahora. Si lo deseas, dales las gracias, y si puedes, perdónales sus errores.

Luego diles adiós. Despídete de ellos con amor. En realidad no te vas a separar de ellos. Estás consiguiendo una licenciatura emocional y pasando de ser un niño cuyos cambios de temperamento, sentimientos, conductas y conceptos de sí mismo estaban determinados por las reacciones de sus padres, a un adulto que controla su vida. Estás diciéndoles adiós a los padres de tu niñez. Ahora eres un adulto que ya no necesita a papá y a mamá.

Si estás siguiendo una terapia, léele la carta a tu terapeuta. Si no, se la puedes leer a un amigo de confianza, a tu hermano o a tu pareja. Presta atención a los pasajes que estimulan emociones fuertes. Si te causan lágrimas, está bien. Esas lágrimas van a facilitar el proceso de sufrimiento. También son una pista indicadora de que debes esforzarte más en esa zona concreta de tus sentimientos.

Si tu niñez estuvo llena de vergüenza o humillaciones, debes empezar tu labor con la ayuda de una persona o de un grupo en el que confíes, con quienes puedas crear una relación de seguridad y con los cuales te sientas a salvo. No trates de curarte solo. Fuiste avergonzado, abandonado y descuidado por otras personas, por lo que la curación sólo será posible también con la ayuda de otras personas.

Ira y agresión

Hay dos formas básicas de tratar la ira. Una de ellas consiste en cambiar tus pensamientos y tus conversaciones contigo mismo, y se la denomina reestructuración cognoscitiva. La otra es aprender a ser firme y, por lo tanto, intervenir cuando las emociones no son muy intensas, antes de que aumenten y escapen a tu control. Para lograr el éxito, ambas teorías requieren un gran esfuerzo, paciencia, práctica y decisión.

Ya hemos hablado de la firmeza. Estas técnicas para controlar la ira se basan en una identificación de los sentimientos relacionados con la ira antes de que alcancen el nivel de rabia, y en comunicar a los demás de forma decidida y directa que te sientes frustrado, resentido, irritado, impaciente o de algún otro modo con respecto a algún acontecimiento en particular.

La reestructuración cognoscitiva

La segunda forma de dominar la ira consiste en cambiar nuestros pensamientos, especialmente los que provocan y aceleran la ira. Para hacerlo, hemos de escuchar y examinar muy atentamente y de modo objetivo lo que la mente nos dice.

La mejor manera es utilizar papel y lápiz. Anota tres encabezamientos en la parte superior de la primera página: Suceso desencadenante, Pensamientos que me causan enfado, Pensamientos que me calman. Ahora traza tres líneas verticales para hacer columnas bajo estos encabezamientos.

La próxima vez que alguien haga algo que desencadene tu ira, escribe en las columnas. Éste es un ejemplo:

Suceso desencadenante

Un conductor me corta el paso en el camino
de vuelta a casa desde el trabajo.

Pensamientos que me causan enfado	**Pensamientos que me calman**
¿Quién se cree que es?	*Me imagino que ese tipo tiene realmente mucha prisa.*
¡Espera a que vuelva a ver a ese hijo de...!	*Quizás tenga una emergencia. Le dejaré paso.*
Se va a enterar de quién soy yo.	*Sí, es un imbécil, pero no voy a dejar que su conducta me saque de mis casillas.*

¡Siente la diferencia! Tendrás que practicar esta técnica durante un tiempo. Antes que nada verás con qué frecuencia te enfadas por la conducta de los demás. Con el tiempo notarás que ya no te ves obligado a malgastar tu energía en asuntos intrascendentes, como es el caso de un conductor imprudente.

Aprenderás que la ira es *tuya* y que puedes elegir otras respuestas. Siendo consciente de esto podrás terminar con el hábito de enfurecerte. Igual que para terminar con el hábito de fumar o como cuando deseas perder peso, tienes que empezar a seguir ciertos modelos de conducta y atenerte a ellos.

Para explorar en mayor profundidad la ira que ha estado controlándote, lleva un diario. Utilizando el ejercicio anterior, refleja en él con sinceridad cada incidente en que aparezca tu ira. Registra también los casos en que critiques a alguien, actúes con hostilidad, con sarcasmo, insultes, o cualquier otra conducta que exprese enfado —generalmente injustificado— hacia alguien. Al final del mes echa un vistazo al diario y busca los patrones que se repiten en los sucesos que provocaron tu estallido.

Luego debes hacer dos cosas. Primero, explorar las emociones subyacentes. Pregúntate: ¿Cuándo me he sentido de este modo anteriormente? ¿Quién estaba implicado? ¿Cuántas veces ha sucedido este tipo de situación? ¿Ha habido más de una situación? Es casi seguro que esta búsqueda te trasladará a tu niñez, cuando te sentías asustado, indefenso y malinterpretado. Entonces aprendiste a reaccionar de formas que parecían proporcionarte algún control sobre esas situaciones, atrayendo la atención de los demás sobre ti o incluso adoptando una postura de amenaza.

Pero como adulto eso no te sirve ya. Al ponerte en contacto con esos viejos sentimientos tienes la oportunidad de hacer de padre/madre contigo mismo, de darte poder y elegir una nueva forma de responder a acontecimientos que desencadenen esas mismas emociones. Quizás desees incluir esos acontecimientos de la niñez y los sentimientos que generan en una carta a tus padres. Cualquiera de estos métodos te ayudará a ver que el estallido de cólera no es la única opción que tienes.

En segundo lugar, prueba comportamientos nuevos. Este proceso es como probarte ropa nueva: algunas prendas parecen muy bonitas en el perchero pero luego no te quedan bien, otras en cambio son sorprendentemente favorecedoras. Busca el consejo de amigos y de tu familia.

Por ejemplo, la próxima vez que te enfades, tómate un respiro antes de reaccionar como lo hacías en el pasado. Date un paseo y cálmate. Averigua cuál es el problema subyacente, examina si la situación tiene relación con tu niñez, luego regresa y trata de solucionar el problema. De esta forma, rompes la negativa rutina del pasado y te aproximas a la superación del mismo.

Controlar la depresión

Como ya te habrás dado cuenta, podemos aplicar el mismo proceso básico para tratar cualquier emoción perjudicial, ya sea la ira, el miedo, la culpabilidad o la vergüenza. Lo mismo sucede con la depresión. Primero, debes identificar las emociones que estás sintiendo. Puede tratarse de tristeza, reproches, rechazo, dolor o cualquier otra cosa.

La depresión es una emoción paralizante. A menudo, las personas que están deprimidas se apartan de la vida, sintiendo que no pueden hacer nada para cambiar la situación o que realmente nada de lo que hagan importa. Si estás deprimido, necesitas remontar ese estado a fin de poder actuar y volver a sumergirte en el río de la vida.

El siguiente ejercicio te ayudará a clarificar estos sentimientos:

Colócate en una posición relajada, cierra los ojos y concéntrate en la respiración a fin de calmar tu mente. Ahora céntrate en la situación que te está deprimiendo. Identifica tus sentimientos, que pueden ser varios. Decide qué sentimientos tendrías que abandonar para poder remontar la depresión y continuar con tu ritmo de vida. Ahora busca unas cuantas emociones positivas para reemplazar a las emociones deprimentes, y cuando encuentres las adecuadas, realiza el cambio mental.

Veamos un ejemplo. Supongamos que ha muerto tu hermano. Te sientes triste por varias razones: has perdido el futuro que junto a él tenías; lo echarás de menos en acontecimientos familiares; no podrás ya ir con él de excursión, ni compartir vuestros *hobbies*; ahora te lamentas por no haber pasado más tiempo con él. Tal vez te sientas también desanimado por haberlo perdido para siempre, y al mismo tiempo, contento porque ya ha dejado de sufrir y padecer, o quizás aceptas el hecho de que no puedes hacer nada para cambiar el hecho de que haya muerto.

Si analizas la depresión y la desglosas en las diversas emociones que la componen, podrás trabajar con cada una de ellas y decidir cuál es apropiada y cuál deberías cambiar. Debes permitirte también sentir las emociones más dolorosas, con objeto de poderlas curar. La próxima vez que te sientas deprimido, trata de realizar esta práctica de sustituir unas emociones por otras. Funciona.

Cuando estés deprimido no te asustes ni te preocupes por lo que sientes. Éstas son algunas de las cosas positivas que puedes hacer:

— Siente la tristeza adecuada a cada situación, y comprende que lo que te está causando dolor es la pérdida.
— Acepta y expresa tu depresión para que puedas salir de ese estado de melancolía. Luchar contra ella lo único que hará es darle más fuerza y más control sobre ti.
— Habla con un buen amigo que te ayude a liberar esos sentimientos que te aprisionan.

— Haz asiduamente ejercicio físico. Te ayudará a restaurar tu nivel energético y te hará sentirte mejor.
— Hazte un chequeo médico completo y asegúrate de seguir una dieta equilibrada y sana.
— Manténte alerta cuando se acerque la fecha del aniversario de la muerte de ese ser querido, porque suele traer consigo un nuevo brote de la depresión. Para algunas personas, las vacaciones o algunas estaciones del año desencadenan estos sentimientos. Puede que aun así te pongas triste, pero si eres consciente del tiempo en que te puede ocurrir, su fuerza habrá disminuido.
— Identifica cosas en tu vida que necesiten realmente cambiar. Traza un plan realista para cambiar ese trabajo tan deprimente que tienes, esa casa tan gris y monótona, esos amigos tan aburridos, el camino por el que pasas cada día, etc.
— Descarga esas emociones negativas y conviértelas en algo constructivo. Deja salir tu enfado, tu miedo o tu tristeza a través de la música, el arte, los deportes, las aficiones, viajando o haciendo cualquier cosa que te divierta.
— Mientras estés pasando por una depresión no realices cambios importantes y definitivos en tu vida. No pongas fin a tu matrimonio, no cambies de empleo ni te mudes de casa a la otra punta del país hasta que dispongas de toda tu capacidad de raciocinio. Si te encuentras desbordado por la depresión no puedes razonar bien.
— Apóyate en los demás. Tan sólo saber que alguien te escucha con cariño, ayuda a sobrellevar la tristeza.

Si estas técnicas no te funcionan y tu depresión parece crónica y no está relacionada con ningún hecho en particular, necesitas ayuda profesional para encauzar el dolor y la tristeza del pasado.

La forma adulta de controlar la depresión es, cuando se presenta, aceptarla como parte del cambio y expresar los sentimientos que produce. Si la sigues negando, aumentará el almacén de emociones dañinas que un día se manifestarán en forma de enfermedad física, como una explosión de ira, o a la larga generarán un debilitamiento progresivo. No te hagas eso. Es mucho más difícil madurar si te encuentras aplastado por una depresión escondida que llevas años arrastrando.

Crear felicidad y amor

No podrás ser feliz a menos que te quieras.
No podrás amar a nadie a menos que te quieras.
No podrás ofrecer amor incondicional a tus hijos
a menos que te lo ofrezcas a ti mismo.

El último paso importante hacia el crecimiento emocional, después de curar las viejas heridas y de aprender a dirigir tus emociones, es aprender a amarte.

Amarte significa volver a ser un padre/madre cariñoso que eduque a ese niño asustado, triste e intimidado que vive dentro de ti. Antes de poder sentirte lo bastante seguro como para exponer tu corazón a otra persona necesitas amarte a ti mismo. Si no reestructuras esos mensajes negativos que te enviaban tus padres, convirtiéndote en tu propio padre/madre, permanecerás atrapado en la edad infantil a merced de tus emociones, en lugar de controlarlas.

El siguiente ejercicio te ayudará a proporcionarte la seguridad, la confianza, el amor y la felicidad que necesitas. Tal vez sea bueno grabarlo en una cinta para poderlo oír de vez en cuando.

Colócate en una posición cómoda y relaja el cuerpo y la mente. Desabróchate cualquier prenda que te apriete, quítate los zapatos, cierra los ojos y concéntrate en la respiración. Respira desde el estómago como si estuvieras durmiendo. Observa cualquier pensamiento que venga a tu mente y déjalo pasar.

Después de unos minutos, imagínate caminando por un lugar que tenga un significado especial para ti: puede ser una playa, una carretera que pasa por un pueblo rodeado de bosques en las montañas, una pradera en verano, o cualquier escenario natural apartado de la ciudad. Al concentrarte en la imagen, capta la experiencia sensorial que te produce el hecho de estar en ese lugar. Observa las olas, el sol, el horizonte, los pájaros volando por encima de tu cabeza y planeando sobre la orilla, las conchas esparcidas aquí y allá, las escarpadas montañas, las hojas caídas. Escucha el rumor de las olas, el sonido de los cantos de los pájaros en la distancia, el murmullo del arroyo. Siente el calor o el fresco del viento sobre tu piel, la bruma del agua salada, la temperatura del agua, la arena bajo tus pies, la brisa. Siente los olores especiales, paladea los sabores.

Deja que ese lugar especial te contagie su quietud y te proporcione una sensación de bienestar y alegría interior. Mientras te concentras en cada detalle sensorial, te irás relajando, y muy pronto realmente estarás allí en espíritu.

Ahora camina lentamente por la playa o junto al arroyo, totalmente inmerso en lo que sientes en ese lugar. De pronto, al levantar la vista, ves a un niño pequeño que camina hacia ti en la distancia. Ese niño eres tú.

A medida que os vais acercando, presta mucha atención al modo de actuar del niño. ¿Cuál es su estado de humor? ¿Está feliz y juguetón o triste y vacilante? ¿Está jugando despreocupado o está llorando? Acércate al niño y cógelo en tus brazos —en este punto puedes usar tu muñeco para hacer que la experiencia sea más real—. ¿Que sientes al tenerlo entre tus brazos?

Háblale. Siente que el niño quiere algo de ti. Pregúntale qué es y escucha su respuesta. Tómate todo el tiempo que necesites para escucharlo con sumo cuidado.

Dile que lo quieres, que lo protegerás y que nunca lo volverás a abandonar. Anímalo y dale confianza. Vas a cuidar de él a partir de ahora. Cada vez que él te haga una señal volverás a ese lugar para hablarle y calmar a ese niño que hay en tu interior. Acordad una señal que ambos entenderéis para poder llamaros cada vez que lo deseéis. Dile al niño: «Sé el miedo que tienes, pero ahora estás a salvo».

Pasa tanto tiempo como puedas confortando y queriendo a ese niño, porque eres tú. Cuando tu niño se sienta más seguro y a salvo, caminad cogidos de la mano. Cuando te sientas listo, dile al niño que por ahora debes dejarlo, pero que volverás muy pronto y te quedarás tanto tiempo como sea necesario hasta que crezca y ya no te necesite. Luego, lentamente, aléjate y vuelve a la habitación en que te encontrabas. Permanece con los sentimientos generados por la experiencia. Quizás te apetezca contárselo a un amigo.

Deja de leer y haz este ejercicio ahora. Cuando hayas acabado, anota lo que has sentido y pensado en un diario o un cuaderno. Hazlo cada vez que repitas el ejercicio.

El niño te necesitará de nuevo y te llamará. Cada vez te contará cosas distintas: sus miedos, sus esperanzas, sus desilusiones y sus sueños. Le responderás con amor, como un padre o una madre cariñoso/a que desea lo mejor para su hijo.

Independientemente de cuál sea tu edad, a veces tienes la necesidad de ser emocional y físicamente acunado, abrazado y amado incondicionalmente. Puedes hacer esto con el muñeco que representa al niño interior. Abraza y ama a esa criatura, mécela, habla con ella y dedícale el tiempo y el cariño que necesita.

Cuando te pongas en contacto con el niño que vive en tu interior, y que siempre vivirá ahí, es posible que tengas una experiencia emocional muy fuerte, ya seas hombre o mujer. Las heridas de ese niño han estado esperando ser curadas y besadas desde hace mucho tiempo.

Si tienes ganas de llorar, hazlo. No reprimas tus sentimientos. Estás comprometido en un proceso de curación y las lágrimas son una parte importante. Ama y cura a ese niño pobre y abandonado. Cada vez que te sientas especialmente vulnerable y solo, coge tu muñeco o el objeto que para ti represente al niño. Háblale y abrázale hasta que notes que se ha calmado.

Si tu niñez te causó mucho sufrimiento, deberías establecer un tiempo para realizar este ejercicio periódicamente. Duerme con el muñeco durante algún tiempo, tenlo contigo en casa o en el coche, igual que harías con tu propio hijo. Anímalo, quiérelo y confórtalo.

CUARTA PARTE

MADURAR FÍSICAMENTE

CAPÍTULO 11

¿QUÉ SIGNIFICA SER FÍSICAMENTE MADURO?

No preguntes qué puede hacer tu cuerpo por ti, sino qué puedes tú hacer por él. Para alcanzar la madurez física has de aceptar, reconocer, respetar, escuchar y cuidar tu cuerpo. No se trata de prestarle tan sólo atención cuando te proporciona placer o dolor.

Un adulto maduro considera su cuerpo como una parte importante de su Ser total, algo que hay que cuidar y atender debido a su importancia y como parte integrante del ser humano. Tu cuerpo te servirá mejor y durante más años si lo cuidas y lo formas con atención y cariño.

Tu cuerpo es el templo de tu alma, el asiento de tus emociones y la casa de tu intelecto. Es parte de tu Ser total. El cuerpo es el primer sistema de aviso que te hace saber cuándo tu organismo está desequilibrado o fuera de control, cuándo uno u otro de los aspectos de tu Ser necesita atención.

Muchos adultos ignoran su cuerpo. Así, lo llenan de drogas, alcohol, azúcar, conservantes, aire impuro y agua contaminada, ignoran sus dolores y sus señales de aviso, simplemente esperando a que desaparezcan. Agotamos el cuerpo practicando deportes brutales, lo atacamos con extenuantes ejercicios físicos sin prepararlo antes con ejercicios de resistencia, o llevamos una vida que ignora sus necesidades de descanso y ejercicio.

Otros quedamos atrapados en las últimas dietas de moda para adelgazar o nos volvemos locos por la aparente forma física, abusando de los esteroides y de ejercicios realizados de día y de noche, obsesionados por mantener cierto aspecto que no es el natural y sano que nos pide nuestro cuerpo, sino otro artificial marcado por las modas y el comercio.

Una excesiva atención al cuerpo puede ser tan peligrosa como el abandono total y la ignorancia de sus señales de aviso y de sus necesidades. Somos mucho más que nuestro cuerpo. Si sólo desarrollamos el aspecto físico, descuidando el crecimiento intelectual, emocional y espiritual, terminaremos con un armazón vacío, bello quizás, pero sólo capaz de vivir la existencia de un maniquí.

Al llegar a los últimos años de la adolescencia y los primeros de la veintena se completa la estructura básica de nuestro cuerpo, con la que vamos a vivir el resto de nuestra vida. Lo primero que tiene que hacer una persona madura es aceptar el hecho de que hay ciertos aspectos físicos que no pueden variarse. Lo segundo es aprender a sentirse bien tanto emocional, espiritual y mentalmente como físicamente, y cuidar lo que tiene de ahora en adelante.

Cuidar el cuerpo

Aceptar nuestro cuerpo no significa que todo nos parezca bien ni que abandonemos el control de nuestro ser físico. Hay cosas del cuerpo que no podemos cambiar y otros aspectos que sí pueden mejorar. Madurar significa distinguir eso. Nuestra responsabilidad es usar la mente, el espíritu y las emociones a fin de tomar las decisiones encaminadas a mantener nuestro cuerpo tan sano como sea posible.

En primer lugar, somos responsables de satisfacer las necesidades fisiológicas básicas, como tomar agua y alimentos para nutrir sus células o resguardarlo y protegerlo de las temperaturas extremas.

La ropa también tiene como finalidad la protección, pero al mismo tiempo emite mensajes que hablan de nuestra posición social y de nuestros estados emocionales. La forma en que presentamos nuestro cuerpo emite mensajes tanto hacia fuera como hacia dentro. Por ejemplo, cuando estás deprimido prestas menos atención a tu vestimenta, al cuidado del cabello o al maquillaje. En tales momentos esas cosas no parecen tener importancia. Cuando el sol brilla de nuevo en tu vida, te compras prendas nuevas o te vistes con tu falda o tu camisa más elegante para mostrar al mundo el buen aspecto que tienes y lo bien que te sientes.

La conexión entre la apariencia física y el estado de ánimo también funciona al revés. Los psicólogos han descubierto que la vestimenta puede realmente cambiar tu estado anímico y tus sentimientos. La mujer que aconseja a su amiga deprimida que salga y se compre un sombrero nuevo o unos zapatos se ha convertido en un cliché clásico.

Esa mujer sabía de lo que estaba hablando. Comprar un sombrero nuevo o ponerse ropa bonita ayuda muchas veces a librarnos de la tristeza y la melancolía, al menos temporalmente. Pero cuidado con acostumbrarte a comprar para evitar la depresión, pues aunque puede significar una solución rápida, más tarde traerá consecuencias negativas en tu economía. Es mejor tratar las causas que subyacen bajo esa tristeza y ese abatimiento.

Cambios del desarrollo

Durante la vida, el cuerpo sufre cambios extraordinarios. Cuando observo a un bebé y pienso que su piel se estirará hasta convertirse en una persona de 1,70 o 1,80 de altura y de 60 o 70 kilos de peso me quedo asombrada. Nuestros cuerpos crecen a una extraordinaria velocidad durante los primeros dieciocho años. Desarrollamos capacidades motoras para caminar y saltar y otras más especializadas que nos permiten, por ejemplo, coser o tocar el piano. Nuestros órganos internos —incluyendo el cerebro— crecen durante toda la niñez. Los huesos y los músculos van aumentando de tamaño con objeto de soportar una estructura cada vez mayor.

Si somos afortunados, durante la juventud tenemos la energía y la fuerza para hacer casi todo cuanto deseamos hacer. Algunos permanecemos activos, practicando deportes, aprendiendo a disfrutar del placer de la relajación o desarrollando nuevas habilidades físicas. Si en la juventud teníamos algún hábito perjudicial, sabíamos que la semana siguiente podíamos cambiar. Dejar de fumar o perder unos cuantos kilos no era ningún problema.

Luego, en la mediana edad, el cuerpo comienza gradualmente a declinar. Este maravilloso instrumento que nos ha servido tan bien durante cuarenta o cincuenta años no es ya tan preciso. Su vigor se reduce. Después de realizar ejercicios intensos o tras la rotura de algún hueso o de una enfermedad nos es más difícil recuperarnos. Nos volvemos propensos a las enfermedades de la vejez: osteoporosis, cáncer, infartos, caídas, cataratas. Llegados a este punto, desearíamos no haber dado por sentado que el cuerpo funcionaría siempre bien, pasara lo que pasara, lamentamos no haber escuchado más atentamente sus mensajes y haber abusado de él con una pobre alimentación, alcohol y tabaco.

Más tarde, sus partes más débiles flaquean y pasan a convertirse en problemas crónicos. Se presentan con mayor frecuencia los dolores, achaques y calambres. El sistema inmunológico empieza a desgastarse y ya no detiene las enfermedades con tanta energía como cuando éramos jóvenes.

Alrededor de los ochenta años hemos perdido más del 60% de nuestros sentidos: vista, oído, olfato, gusto y tacto. Por supuesto, estos cambios no suceden exactamente igual en todos, pero si vivimos mucho tiempo estas carencias son inevitables. Luego llega un momento en que todos dicen que nuestro estado es «delicado», y otra vez hemos de depender de alguien que nos cuide como cuando éramos niños pequeños.

Con el tiempo todos los tejidos se deterioran. Como dice un gerontólogo: «Primero maduramos, luego nos pudrimos». No es un cuadro muy alentador, pero sí muy exacto. Al igual que una hoja, una manzana o un pájaro, toda persona tiene un ciclo físico de vida, con un principio, una mitad y un final.

El deterioro corporal que llega con la edad es inevitable. Pero, al igual que ocurre con otros aspectos de la vida, podemos aceptarlo y valorarlo. Hacerse mayor digna y equilibradamente significa mantener una buena imagen personal a través de los años. Amar y aceptar tu cuerpo durante toda la vida hará más fácil la aceptación de los cambios graduales, como la flacidez la piel, el hecho de que los músculos pierdan su tono, que el cabello encanezca y que tengamos menos vigor.

Continuar siendo animoso y amable es saber envejecer bien. Resulta más fácil si tienes un compañero que te aliente. Pero incluso si estás solo, puedes dar y recibir amor tanto a ti mismo como a tu familia y a tus amigos, tanto a los anteriores como a los nuevos.

Tu edad es un tributo por todas las lecciones, las experiencias y la sabiduría que has adquirido. Sea cual fuere tu edad, independientemente de las vicisitudes por las que haya pasado tu cuerpo, todavía puedes mirarte en el espejo y sonreír a cada arruga y cada cana y decir: «te quiero».

El lenguaje corporal

Una de las cosas más fascinantes del cuerpo es su sabiduría. En su interior aloja mensajes y verdades sobre nuestros sentimientos, nuestros pensamientos y nuestro espíritu. Los dolores y malestares del cuerpo son a menudo síntomas de ansiedades emocionales, intelectuales o espirituales. Madurar es alcanzar cierto equilibrio y aprender a oír y observar esos mensajes corporales.

Escucha a tu cuerpo, pues él siempre sabe antes que tú cuándo algo va mal. Trata de decirte que el peligro está cerca, o que se está manifestando un temor del pasado, o que tu nivel de tensión está sobrepasando un límite. Aprende a prestarle atención.

Cuando tengo miedo a algo, empiezo a sudar más de la cuenta, o bostezo repetidamente y respiro con más intensidad para tratar de estabilizar en los pulmones la cantidad de oxígeno y dióxido de carbono. He aprendido a interpretar esa señal y cada vez que noto que estoy sudando mucho, es porque mi cuerpo está tratando de decirme algo. Puedo detenerme y preguntarme: «¿Qué está pasando y de qué tengo miedo?» A veces necesito un tiempo para averiguarlo, pero este signo de alarma es muy fiable y me permite tratar el problema antes de que el miedo se descontrole.

El cuerpo trata de hablar con nosotros. Cada persona tiene una señal especial que significa: «¡Detente!, ¡presta atención!, ¡cuida tus asuntos!» Dedica un minuto a pensar en esas señales. Te entra dolor de cabeza, te pones colorado, sientes el cuello tenso, los hombros cargados o te duelen los riñones. Y lo mismo ocurre con respecto a los órganos internos. Muchas personas, cuando están tensas, sufren dolores de estómago o necesitan ir al baño con enorme frecuencia. A un paciente mío se le inflaman las cuerdas vocales y lo pasa fatal porque no puede hablar ni respirar bien. Ésta es una reacción física muy intensa. Cuanto más severa sea la señal, más rápidamente deberás prestarle atención a ese algo que no funciona bien en tu vida.

Si continúas ignorando esas señales de aviso, tarde o temprano enfermarás. Enviándonos constantemente señales de alarma, el cuerpo gasta una energía considerable. Con el tiempo, el sistema inmunológico se debilita, disminuyendo tu resistencia para luchar contra los millones de microorganismos que nos bombardean a diario. Algunos se quedan y empiezan a multiplicarse en el cuerpo, y así enfermamos, generalmente en nuestro punto más débil. El resultado son las enfermedades crónicas.

La pena, la ira y otras emociones se reflejan nítidamente en nuestro cuerpo. Nuestra postura corporal, la expresión de nuestro semblante y los dolores nos comunican que hay sentimientos internos que no han sido tratados ni corregidos. La naturaleza de los síntomas físicos puede ser una pista que nos indique la existencia de algún problema emocional. A veces, el corazón duele literalmente de tristeza, o sentimos la espalda rota por la sobrecarga de problemas. Algunas personas cuando reprimen sus sentimientos sufren de tortícolis y rigidez en el cuello. Otros acumulan una capa de grasa para protegerse de aquello que temen.

Muchos tenemos una propensión genética a sufrir alguna enfermedad. Algunas partes del cuerpo son más débiles que otras. Con la tensión, las partes más débiles se ven afectadas primero. Puedes acabar sufriendo colitis, úlcera estomacal, resfriados o hipertensión. Si los pulmones son tu parte débil y fumas dos paquetes de cigarrillos al día, tienes una alta probabilidad de padecer enfisema pulmonar, cáncer de pulmón o bronquitis crónica. Si tienes problemas intestinales puedes contraer un cáncer intestinal.

Cuando yo me resfrío, rápidamente se convierte en bronquitis porque mi parte más débil son los pulmones. O se me acentúa el problema de columna que tengo y durante días casi no me puedo mover. Luego mi cuerpo vence y me fuerza a descansar, a disminuir el nivel de tensión y a reordenar mis prioridades.

Escuchemos al cuerpo cuando empieza a enviarnos señales de aviso y respetemos su necesidad natural de protegernos. Utilizando este método he conseguido no caer enferma durante varios años. Trabajo cuando debo trabajar y cuando debo detenerme lo hago.

CAPÍTULO 12

PUNTOS CRUCIALES DEL CRECIMIENTO FÍSICO

Durante toda nuestra vida adulta nos enfrentamos con frecuencia a elecciones y problemas relacionados con nuestro cuerpo. Aunque en cierto sentido alcanzamos la madurez en la adolescencia, durante toda la vida tenemos que seguir cuidando y atendiendo las necesidades del cuerpo. Puede que arrastres trastornos físicos pendientes de solucionar desde la niñez, asuntos acerca de tu aspecto, enfermedades o malos tratos. Aunque tu niñez haya sido relativamente feliz, constantemente debes seguir tomando decisiones acerca del mantenimiento de la salud y del equilibrio físico. Algunos de los puntos cruciales que necesitan un control responsable son: nuestra actitud con respecto al cuerpo, los hábitos físicos, los métodos curativos, los malos tratos recibidos o la minusvalía física.

Por desgracia, la mayoría de los humanos no siente demasiado aprecio o estima por su cuerpo. Incluso las modelos más cotizadas son críticas con algunas partes de su cuerpo. Creen que su pecho es demasiado pequeño, la nariz demasiado grande, el pelo demasiado débil o demasiado grueso. Estas críticas proceden de un enfoque basado en la belleza corporal como única medida de nuestra valía.

La mayoría no necesitamos ir muy lejos para encontrar nuestros defectos físicos. Todos los tenemos o al menos creemos tenerlos.

Recuerda sin embargo, que lo que para una persona es un «defecto» para otra puede ser una ventaja. Si sientes que hay algo imperfecto en una parte de tu cuerpo, tal vez esa parte esté cumpliendo la función de simbolizar algo que no te gusta de tu vida. Al mirar esos pies enormes o ese pelo rizado de una forma más objetiva tal vez te des cuenta de que no hay nada malo en ellos, e incluso puede que los demás los envidien.

Lisa llegó a mi consulta quejándose de muchas cosas que no iban bien en su vida. Finalmente, sus reproches se centraron en sus odiados ojos castaños. Al ser la única persona de su familia con ojos castaños —todos los demás los tenían azules— siempre se había sentido «diferente», defectuosa. Con el tiempo resolvió la mayoría de sus problemas, y a pesar de que no podía cambiar el color de sus ojos, aprendió a aceptarlos y a valorarlos. Se dio cuenta de que el color de los ojos no era tan importante, lo que realmente importaba era cambiar lo que se podía cambiar y aceptar lo que no se podía.

Algunas cosas de la vida pueden ser controladas, otras no. Muchas características físicas son una herencia procedente de los códigos genéticos, y viviremos con ellas queramos o no. Nuestra estatura, el color de la piel, la forma y el tamaño de los ojos, nariz, orejas, manos, pies, pecho, caderas, piernas, pene, etc... En general, el cuerpo está básicamente determinado por los genes transmitidos en la concepción. Los biólogos dicen que a los recursos genéticos de cada individuo contribuyen 64 antepasados. Así, podemos tener algunos rasgos físicos que no proceden de nuestros familiares más próximos, como es el caso de los ojos castaños de Lisa.

La genética también desempeña un papel importante en la probabilidad de que uno pueda ser alcohólico, obeso, desarrollar una enfermedad cardíaca, cáncer, diabetes o cualquier otro problema de salud. En el caso de enfermedades graves, no podemos cambiar la naturaleza genética, pero podemos usar nuestra inteligencia para modificar nuestra conducta y protegernos tratando de contrarrestar las tendencias hereditarias.

Con mucha frecuencia nos convertimos en nuestro peor crítico, juzgándonos y comparándonos con modelos de las revistas de modas, de los carteles publicitarios, la televisión, el cine o los deportes. La sociedad presta una increíble atención llevada a veces hasta el extremo de la adulación a ciertas personas, sencillamente porque tienen un buen aspecto físico. El resto tratamos de medirnos con las sonrisas de dentífrico y los tonificados músculos de esos ídolos, como si fuéramos defectuosos si no nos parecemos a ellos.

El resultado es toda una generación de personas con desórdenes alimenticios. La anorexia nerviosa y la bulimia son ya enfermedades endémicas. El cuarenta por ciento de las chicas comienzan a seguir dietas muy severas a los doce o trece años, la mayoría de ellas obligadas o animadas por sus inseguras madres o por la presión de las amigas.

Es importante recordar que el cuerpo es sólo la parte externa de nuestro auténtico yo. No somos nuestro cuerpo. No todos tenemos la composición genética necesaria para parecernos físicamente a Jane Fonda o Robert Redford o para cantar como Barbra Streisand o jugar al baloncesto como Michael Jordan. Sea cual fuere el cuerpo que nos haya tocado en suerte, debemos aceptarlo. Es el único que tenemos.

Hábitos perjudiciales

Si fumas, comes mal, tomas drogas o alcohol, estás arriesgándote a tener una muerte prematura. Puede que lo niegues, pero en el fondo de tu corazón, sabes que los hábitos nocivos para tu salud son una forma de autocastigo. Es cierto que los hábitos son difíciles de cambiar, pero no imposible. Lo que se necesita es un verdadero compromiso contigo mismo y obtener ayuda profesional. No es una señal de debilidad sino de fuerza. Quizás la terapia, un programa de tratamiento, la hipnosis o la meditación te proporcionen el apoyo necesario para seguir adelante y conseguirlo. Todo comienza siendo sinceros con nosotros mismos. Si quieres que el cuerpo te sea útil el máximo tiempo posible, has de cuidarlo.

La curación

Ser responsable de nuestro cuerpo implica aprender que los médicos no nos curan sino que es el cuerpo quien se cura a sí mismo. Los médicos, al igual que los terapeutas, pueden diagnosticar los problemas, aconsejar, recetar medicinas, incluso llevar a cabo operaciones quirúrgicas, pero curar nuestro cuerpo depende de nosotros. A veces es necesario hacer un inventario y realizar ciertos cambios en nuestro estilo de vida. Casi siempre ignoramos los hábitos beneficiosos para nuestra salud hasta que surge la catástrofe y nos golpea.

Recuerda que, suceda lo que suceda en cualquier parte de tu cuerpo, afectará al resto y te desequilibrará, conduciéndote a la desestabilización y finalmente a la enfermedad. La mayoría de las enfermedades son el resultado de un abandono o un maltrato acumulado. Esto incluye la contaminación ambiental, los malos hábitos alimenticios, las adicciones, la tensión crónica y las emociones descontroladas.

El cuerpo es el termómetro que mide la salud o los problemas existentes en otros aspectos de nuestro ser. Un resultado duradero sólo se logrará detectando la raíz de los problemas. Si tienes una úlcera a causa de tus problemas matrimoniales, será necesario resolver esos asuntos antes o al mismo tiempo que se trata el problema físico, o de lo contrario la curación no tendrá lugar. Aunque la úlcera se cure temporalmente, se reproducirá de nuevo, tal vez incluso con más fuerza.

La prevención puede evaluar los factores de riesgo mediante chequeos periódicos de la presión sanguínea, electrocardiogramas, análisis de sangre, medición de la capacidad respiratoria, revisión del historial y evaluación de los factores estresantes que hay en tu vida. Con esos resultados podrás realizar los cambios oportunos a fin de asegurarte una mejor calidad de vida, con un cuerpo más sano y durante más tiempo.

La cuestión es que tu salud y tu curación dependen de ti.

El maltrato infantil

Los niños pueden ser maltratados de muchas formas: mediante el abandono patente o sutil, o bien a través de diversas formas de abuso físico, emocional y sexual, las cuales dañan tanto al cuerpo como a la mente. Cada episodio de negligencia o de abuso deja marcas que tienen un profundo impacto en el desarrollo posterior del niño. En esta sección vamos a examinar el abuso físico y sexual.

El maltrato físico puede ser realizado por una mujer embarazada que abusa de las drogas, el tabaco, el alcohol u otras sustancias que dañarán al feto. O puede ser infligido por un padre que golpea a sus hijos con ira descontrolada por cosas sin importancia. También puede tomar la forma de abandono, ignorando las enfermedades del niño, sus lesiones, sus necesidades alimenticias, el cuidado de su ropa, la asistencia médica, su derecho a una vivienda adecuada, sus horas de sueño y su necesidad de protección frente al peligro.

Algunos padres no sólo son incapaces de satisfacer las necesidades físicas y emocionales de sus hijos, sino que son un fracaso a la hora de protegerlos del acoso de otros miembros de la familia que pueden estar abusando de ellos de un modo sistemático. O incluso puede que sean coautores del maltrato y del abuso.

Todo maltrato a menores es una cuestión de poder. Es el síndrome del matón que se siente superior ante alguien menor, más débil y vulnerable. Sin tomar en consideración el daño, el perjuicio y los efectos que a la larga sufrirá la víctima. Cada vez que un adulto maltrata a un niño causándole lesiones, ignorando sus necesidades físicas y emocionales o utilizándole para sus propios propósitos egoístas, se genera en el niño un sufrimiento que se prolongará durante muchos años, con la sensación de ser un inadaptado, de ser inferior a los demás, sentirse avergonzado, culpable y confuso.

El dolor de este tipo de infancia trágica no termina al abandonar la casa paterna, ir al servicio militar o contraer matrimonio. Las heridas saldrán a la superficie en sus relaciones de adulto, una vez y otra, hasta que sean superadas y curadas.

La forma más común de malos tratos se produce entre los padres y sus propios hijos. Al educarlos, los padres reaccionan a la tensión o ante ciertas conductas adoptando la misma forma de actuar que se utilizó con ellos cuando a su vez eran niños. Así, el ciclo del maltrato continúa transmitiéndose de generación en generación hasta que finalmente alguien lo detiene. Esto generalmente necesita de la psicoterapia. Es demasiado difícil hacerlo solo. Se precisa más fuerza y más coraje para pedir ayuda que para seguir negando el problema, siendo infeliz, haciendo daño a otros y sintiéndonos dolidos interiormente. Si esto es lo que está sucediendo en tu vida, **busca ayuda inmediatamente**.

Maltrato físico

El maltrato físico suele ser resultado de la ira y la rabia incontrolada de alguien que la descarga y la desahoga sobre otro más débil, que a menudo es una mujer, un niño, o un anciano. También hay quien utiliza el maltrato físico como parte de un ritual para asustar a otros y obligarles a obedecer las reglas del grupo. Otras veces el maltrato físico se utiliza para dar ejemplo y demostrar lo que sucede cuando no se siguen las reglas, como es en el caso de los profesores que pegan a los alumnos en clase o de los escuadrones de la muerte en el ejército.

Durante toda la historia de la civilización se ha perdonado e incluso alentado el maltrato físico como una forma de control social. Tan sólo recientemente hemos empezado a hablar de los derechos humanos y hemos reconocido que hay otras formas más humanas de enseñar, reprender y controlar a los demás. Los hombres tenemos la desafortunada capacidad de ser violentos con los de nuestra propia especie. Esto nos hace únicos en el reino animal. En la mayoría de las especies, simplemente se hacen amagos, se enseñan los dientes, se ruge o se golpea el pecho, y con eso se acaba el conflicto.

Durante siglos, tanto las mujeres como los niños fueron considerados como propiedad o «efectos personales» de los hombres. Los esposos y los padres los mantenían como esclavos; los hombres podían golpear a sus esposas e hijos a voluntad, sin ser censurados por ello; de hecho eran alentados a hacerlo. Si una esposa o un niño se salía de la raya, se tenía muy mala opinión del hombre porque ello reflejaba que no era capaz de controlar sus propiedades.

Hoy en día hemos avanzado algo, pero todavía tenemos un largo camino por recorrer. En los Estados Unidos hacen falta mejores leyes para proteger a las víctimas de malos tratos, mejores rehabilitaciones para los autores y penas de prisión más rígidas para los incorregibles.

La situación en el resto del mundo tampoco es muy prometedora, especialmente en los países del tercer mundo. En la Conferencia sobre los Derechos Humanos celebrada por las Naciones

Unidas en Viena en 1993, a la que asistieron 170 naciones, se promulgó un documento que apoyaba los derechos de las mujeres universalmente, y que exigía que cesara la persecución sexual, la explotación y la violencia contra las mujeres. También fue muy aplaudida una declaración que pedía la protección de los niños.

El abuso perpetúa el abuso. A un niño no se le enseña a no ser violento golpeándole. Darle una bofetada a un niño es innecesario. Un firme **NO**, enviarlo a su habitación o explicarle las consecuencias de sus acciones, es igualmente efectivo como castigo.

Cuando un niño es maltratado físicamente, todos sus demás sistemas se ven lesionados. Las emociones, el intelecto y el espíritu también se sienten amenazados. En respuesta al dolor físico, las emociones se distorsionan, todos los sentimientos se ven abrumados por la traición, el ultraje, la ira y la indefensión. El espíritu y la alegría de vivir son aplastados y no pueden ofrecer la suficiente ayuda interna ni el apoyo necesario. Entonces, la mente aprende que la única forma de responder es causando dolor. Nuestras cárceles están llenas de los resultados del abuso, el maltrato y el abandono de menores.

Los criminales violentos, los violadores, los padres y maridos que la emprenden a golpes con su familia, los que abusan de sustancias, y otros desgraciados que causan dolor y horror a sus víctimas, son con frecuencia producto de una infancia de abusos y malos tratos. Y el lugar donde se producen más abusos y malos tratos, es precisamente en su propia familia, en su hogar.

Más de cuatro mil mujeres son asesinadas en los Estados Unidos cada año, golpeadas en su propia casa por sus esposos, que prometieron amarlas y respetarlas; una mujer es golpeada cada catorce minutos. Cuando los niños son testigos de estas palizas quedan traumatizados y a veces incluso son asesinados por sus propias madres.

Las mujeres que vivieron en casa de sus padres esta violencia física son, con casi toda probabilidad, propensas a convertirse en víctimas de la violencia doméstica. Muchas mujeres soportan este tipo de relaciones por miedo a las represalias y a las amenazas de muerte si abandonan el hogar y por un amor mal entendido hacia los maridos y la esperanza de que todo cambiará. Quedaron insensibilizadas a la violencia y al maltrato familiar en su niñez y poseen un sentido fatalista de que la vida es así.

Sin intervención, el único cambio realista es que las cosas empeoren hasta que él acabe matándola a ella. Hoy en día existen muchos tipos de ayuda para las mujeres que necesitan huir del hogar; en todas las ciudades hay refugios para mujeres, donde las recogen a ellas y a sus hijos hasta que deciden cuál es el siguiente paso que quieren dar. Permanecer en una situación abusiva física y emocionalmente es peligroso y absurdo. Los niños que son testigos de abusos y maltratos quedan afectados aunque no hayan sido víctimas de las palizas. Las mujeres tienen la responsabilidad de proteger a sus hijos. A veces, abandonar una situación de este tipo es la única salida. Si éste es tu caso, **márchate y consigue ayuda**.

El dolor del maltrato físico es una tragedia. Algunas personas se recuperan y lo superan, pero otras continúan demostrando su dolor convirtiéndose en autores de esa misma violencia. En cualquier caso, todos ellos arrastran secuelas durante toda su vida. Para poder disfrutar de relaciones normales y enriquecedoras y para llegar a ser felices, esas heridas deben ser curadas.

El abuso sexual

Todos sabemos que tanto los niños como las niñas son víctimas de abusos sexuales. Las estadísticas actuales demuestran que el 75% de las mujeres y el 50% de los hombres fueron víctimas de abusos o de acoso sexual cuando eran niños. Las cifras reales pueden ser todavía más elevadas.

Para los niños que fueron víctimas de abusos, el comienzo de la pubertad y el desarrollo sexual es una etapa de extrema tensión y confusión. Cuando estos adolescentes se disponen a explorar las relaciones con el sexo opuesto se sienten avergonzados, temerosos y culpables.

Se sienten confundidos porque su primer contacto sexual fue con un adulto y quizás fue algo dulce y placentero; sin embargo, estuvo acompañado de la sensación de hacer algo malo y bajo la amenaza de no contárselo a nadie. Todas estas fuertes sensaciones son difíciles de dominar para un niño o un adolescente.

Generalmente, ante el abuso sexual suele haber dos tipos de reacciones. Una es evitar cualquier contacto y convertirse en una persona sexualmente frígida. La otra es la promiscuidad, buscar el amor a través del sexo.

Para una persona víctima de abusos sexuales es difícil darse cuenta de que se puede demostrar afecto, cariño y placer en una relación sexual, cuando en sus primeros años lo que experimentó fue temor, dolor, vergüenza y explotación.

Las secuelas del abuso sexual dejan la sensación de no ser digno de amor. La ninfómana no es una mujer que constantemente busca el sexo sólo por placer, sino una triste mujer a quien iniciaron en el sexo demasiado joven y que ahora se ve impulsada a usar su cuerpo para tratar de encontrar amor, aprobación y aceptación. En la relación sexual se siente atormentada por una confusión de amor, culpabilidad, placer y vergüenza, las mismas sensaciones que experimentó cuando su padre, su hermano, su tío, su padrastro, su madre u otro adulto la utilizaron para satisfacer sus deseos egoístas.

Los niños varones que sufren agresiones sexuales, crecen dominados por una profunda ira y rabia que se manifiesta violando o atacando a otros chicos, a hombres mayores, a chicas y a mujeres más débiles.

No todos pueden recordar esos abusos sexuales. A veces, en los niños que no pueden soportar el dolor y la sensación de ultraje, los recuerdos son reprimidos por un mecanismo de protección. Otro mecanismo de defensa es la disociación. La mayoría de los casos de trastornos de personalidad múltiple empezaron siendo un precoz, grave y continuo abuso sexual.

A veces el abuso sexual necesita de toda una vida para ser superado. Alma, de setenta y tres años de edad, vino a verme a mi consulta. Ella y su esposo seguían siendo sexualmente activos y decía que siempre había poseído un gran instinto sexual. El problema era que no le gustaba ser acariciada, ni estimulada previamente, ni besada, ni abrazada por su esposo, quien deseaba poder acariciarla más. Cuando él la tocaba se quedaba bloqueada. Con la edad, el sexo tiende a convertirse en una experiencia sensual en la que participan todos los sentidos, especialmente la piel, que es el órgano sexual más importante y de mayor amplitud. Las sensaciones orientadas tan sólo a la consecución del orgasmo o a la estimulación genital pueden ser reemplazadas por un prolongado y tierno proceso de hacer el amor y sentirse unidos. Al variar la expresión sexual de su esposo hacia una necesidad más sensual, se activaron los acosos recibidos de su tío cuando ella tenía ocho años y empezó a sentirse avergonzada y culpable cuando alguien la tocaba sexualmente. Para ella esas delicadas caricias eran «ser toqueteada».

A los setenta y tres años, Alma tuvo que empezar a aprender a disfrutar de las experiencias que durante más de sesenta años había asociado con la violencia y la vergüenza. No fue una tarea fácil, a pesar de su disposición a curar las viejas heridas y a lidiar con sus sentimientos. Ése fue el primer paso para ayudarla a superar su prolongado y escondido trauma infantil.

¡Si Alma lo superó, tú también puedes!

Minusvalía física

Para algunas personas, la vida es y seguirá siendo una cuestión de vivir con graves limitaciones físicas y con dolor. La vida puede que disponga que padezcas una minusvalía física, una grave lesión, una enfermedad postrante o algún desorden genético. Quizás naciste con tal condicionamiento y tu sufrimiento comenzó muy pronto. O quizás fuiste alguna vez un individuo perfectamente sano que más tarde resultó fulminado por un accidente o una enfermedad.

Sea como fuere el modo en que te haya tratado la vida, has de aprender a aceptarlo y a vivir con ello, por difícil e injusto que te parezca. Es la única forma de alcanzar algún tipo de paz y felicidad en el presente. A veces hay cosas en la vida que son inalterables. Para alguien con una grave discapacidad, el problema de la persona que se preocupa por tener unos kilos de más o que se lamenta porque «no puede» dejar de fumar, le parece una absurda tontería, ya que esa persona no tiene ni idea de lo difícil que resulta estar en un cuerpo que no puede hacer las cosas más sencillas, como caminar, hablar, ver, oír o controlar sus intestinos y su vejiga.

Las personas que sufren de graves limitaciones pueden convertirse en amargados que llegan a odiar su imposibilitado cuerpo y las circunstancias que lo crearon. Pueden depender por completo de los demás y ser incapaces de llevar a cabo sus necesidades más personales. Sus vidas pueden estar regidas por la autocompasión, el resentimiento y la infelicidad.

O pueden elegir crecer y aceptar lo que no pueden cambiar. Sé que no es fácil aceptar el hecho de estar paralizado o sentirte contento cuando te queda sólo un año de vida. Sin embargo, muchas personas que sufren dolores inimaginables e incapacidades muy severas han encontrado el modo de sentirse en paz interiormente, aprendiendo a sobreponerse a sus propias limitaciones físicas y a centrarse en su fuerza interior, descubriendo todo lo que pueden ser y hacer a pesar de esas limitaciones.

Si tienes una minusvalía física, puedes optar por permitir que ese factor personal domine cada pensamiento, cada sentimiento y cada acto tuyo o puedes decidir encontrar la satisfacción personal y el propósito de tu vida, a pesar de ello. Tu sistema físico puede estar dañado, pero tus emociones, tu intelecto y tu espíritu no tienen por qué estarlo; pueden incluso llegar a ser más fuertes y poderosos.

Para una persona que alguna vez fue fuerte y sana es muy duro aceptar la pérdida de alguna función física. Los ciegos o los sordos que nacieron con esta discapacidad hacen hincapié en que es más fácil para ellos porque no han conocido otra cosa. Sin embargo, quienes tuvieron vista u oído y luego se quedaron ciegos o sordos han de adaptarse a una nueva situación con sus facultades mermadas.

Imagina que un día tienes un accidente de coche y de repente te encuentras con que ya no puedes usar una parte de tu cuerpo. Una tragedia de este tipo puede transformar toda una vida. Greg tenía dieciocho años cuando yo lo conocí en un seminario sobre sexualidad al que ambos asistimos. Iba en silla de ruedas, paralizado de cintura para abajo, descalzo y muy hostil. Se negaba a participar en los debates. Ni siquiera nos quería decir cómo se llamaba.

Luego supe que había sido víctima de un conductor ebrio que lo atropelló dos años atrás, afectándole gravemente la espina dorsal e incapacitándole para caminar. Era un músico de enorme talento: había tocado la guitarra acompañando a grupos de rock famosos. En el instituto había sido campeón de atletismo y era muy querido por sus compañeros de clase. Era buen estudiante y pensaba seguir la carrera de medicina.

Ahora se había convertido en un joven derrotado, resentido y desesperado, propenso a autocompadecerse. No obstante, el hecho de que acudiera a aquel seminario era un leve indicio positivo.

Dos años después volví a verlo. Ahora era sociable y simpático. Me explicó, entusiasmado, que se había convertido en instructor de educación sexual para minusválidos. Estaba promocionando y planeando un concierto de rock para una fundación local de caridad. ¡Qué cambio!

Con el tiempo y ayuda profesional, Greg consiguió superar los obstáculos impuestos por el accidente. A pesar de su discapacidad, estaba decidido a sacar el máximo provecho de su vida. Convirtió su desgracia en esfuerzo positivo para ayudar a otros. Aunque no todos seríamos capaces de adaptarnos tan admirablemente a una tragedia así, potencialmente todos podemos aprender a vivir con cierta calidad de vida a pesar de tener alguna discapacidad física.

Greg tuvo que hacer frente a su dolor y a su ira antes de volver a recuperar las ganas de vivir y recobrar el entusiasmo necesario para empezar cosas nuevas. Podríamos decir que su espíritu lo sacó del pozo. Una vez que se hubo enfrentado a sus emociones, recuperó la capacidad intelectual, pudo evaluar lo que de forma realista podía hacer con su vida, tal y como era en esos momentos, y pudo hacer planes teniendo en cuenta esa realidad. El resultado fue alguien reintegrado en la sociedad, que hacía un extraordinario uso de su cuerpo, de su mente y de su espíritu, decidido a vivir así el resto de su existencia.

CAPÍTULO 13

TÉCNICAS PARA LOGRAR UN CRECIMIENTO FÍSICO APROPIADO

¿Cómo podemos empezar a desarrollar una actitud madura con respecto a nuestro cuerpo y aprender a aceptarlo y valorarlo tal y como es?

Ponte desnudo delante del espejo y observa tu cuerpo. Fíjate en su forma, en el pelo, las arrugas, las piernas, los dientes, las verrugas, los tejidos descolgados, las manchitas, los bultitos, los músculos, la fuerza y las debilidades, la torpeza y la elegancia, en fin, en todo cuanto haya en él. Acepta lo que veas sin juzgarlo. Haz un inventario de lo que te guste y de lo que deseas cambiar. Comprométete a hacer lo que sea necesario para mejorarlo. Reconoce todo su conjunto y valora cualquier parte de él, ya que todas tienen su función específica. Celebra tus cosas buenas y reconoce tus puntos débiles. Empieza a aceptar tu cuerpo tal y como es.

Amar a tu cuerpo no significa que no puedas cambiarlo. Pero es más fácil y más sano cambiarlo con amor. Si examinas detenidamente ese cuerpo del que no te sientes completamente satisfecho y eres capaz de decir: «Te apreciaría mucho más si tuvieras cinco kilos de menos o de más o si el pelo fuera pelirrojo», entonces puedes hacer planes para tratar de lograr esos cambios de forma realista. Si decides que hacen falta cambios, no empieces centrándote sólo en las cosas que están mal. Primero ámate a ti mismo por ocuparte de tu cuerpo y por decidirte a cambiarlo para mejor.

Cómo conversar con tu cuerpo — Las afirmaciones

La forma en que piensas en tu cuerpo tiene un enorme efecto sobre tus sentimientos, tu mente y tu espíritu, así como sobre tu ser físico. Cada vez que te miras al espejo y haces muecas o piensas de forma negativa acerca de él estás programando tu subconsciente con mensajes negativos. Si la conversación que mantienes contigo mismo es: «Estoy tan gordo que nunca nadie se va a enamorar de mí hasta que no adelgace», entonces ésa es tu realidad. Tus pensamientos crean y refuerzan esa situación, haciendo posible que se convierta en realidad.

Tus pensamientos tienen un poderoso efecto sobre tus sentimientos, y a la larga, sobre tu cuerpo. Así, cuando examines tu cuerpo, evita esos pensamientos y esos mensajes negativos y conviértelos en una observación positiva. Trata de decir: «Estar calvo tiene cierto atractivo», o «tengo un aspecto fabuloso; sé que a mucha gente les encantan las mujeres rellenitas y hermosas».

Estas observaciones positivas se llaman afirmaciones, y te ayudan a aceptarte tal y como eres y a realizar esos cambios que has decidido que te harán más feliz y más sano. Las afirmaciones refuerzan positivamente un aspecto de tu ser, reprogramando tu subconsciente para que desarrolle gradualmente un cambio de actitud.

Podrás conseguir una mejor salud y una imagen personal más positiva y podrás lograr esos cambios que deseas en tus hábitos y en tu apariencia si antes que nada comprendes que lo que estás haciendo no tiene lugar fuera de ti, sino que se inicia en un punto muy profundo de tu interior. El subconsciente te ayuda a lograr tus objetivos. Si la mente está programada negativamente, interfiere en tu progreso, ya sea en el aspecto físico, intelectual o emocional.

Por ejemplo, si conscientemente quieres perder peso, pero internamente crees que eres obeso y siempre lo serás, tu subconsciente se esforzará por mantenerte obeso. Para perder peso, es necesario trabajar no sólo sobre el cuerpo mediante dietas y ejercicios físicos, sino también a nivel subconsciente, hablando contigo mismo y cambiando de actitud.

Cuando eres capaz de cambiar tu actitud mental puedes cambiar tu realidad y tu vida. Puedes volver a programar el subconsciente cambiando tu forma de pensar y tus conversaciones mentales, pues el subconsciente es como un ordenador que trabaja según el programa que le introduces. Así, prográmalo con información positiva y ésa será su realidad, la cual posteriormente influirá en todos tus pensamientos y tus acciones conscientes, haciéndote lograr tus objetivos.

Las afirmaciones dan a tu mente mensajes de aceptación y transformación positiva del cuerpo. Son la prescripción necesaria para el cambio. Tú eres el médico y eres tú quien se cura a sí mismo. Al formular estas afirmaciones positivas debes hablarte con amor, nunca con recriminación ni vergüenza, a fin de que la mente devuelva luego ese amor al cuerpo. Por supuesto, luego deberás pasar a la acción para convertir esos cambios en realidad, pero te será mucho más fácil realizar el trabajo físico si tus pensamientos están trabajando al unísono contigo, no contra ti.

Para utilizar las afirmaciones de un modo efectivo, elige una que sea breve y concisa y decide una fecha concreta para la realización de tu meta. Procura que sea una afirmación realista y con sentido común; no pretendas tener el aspecto de una persona de veinticinco años si tienes cuarenta y dos, pues entonces el fracaso estará garantizado. Formula la afirmación como *un hecho*, no como una esperanza. Aquí te presento algunas afirmaciones que programarán tu subconsciente para que se esfuerce por aceptar tu cuerpo o por lograr tus objetivos físicos:

«Ahora peso 54 kilos. Me siento muy bien y mi aspecto es excelente.»

«Detesto los cigarrillos. No volveré a fumar.»

«A mi cuerpo le encanta hacer ejercicio. Correr o nadar me hace sentir muy bien.»

> *«Mido 1,60. Soy elegante y tengo éxito, soy atractivo.»*
>
> *«El día 1 de junio del próximo año tendré un buen tipo: pesaré 54 kilos. Voy a disfrutar corriendo ocho kilómetros cada día.»*
>
> *«Mi enfermedad me ha hecho más sabio y más abierto a nuevas oportunidades de aprender, de relacionarme con los demás y de desarrollarme espiritualmente.»*

Cuando ya hayas decidido con qué afirmación vas a programar tu subconsciente, anótala. Escríbela, repítela en voz alta o haz ambas cosas cuatro veces al día, repitiéndola 20 veces cada vez, durante tres semanas. Ése es el tiempo necesario para reprogramar la mente subconsciente y conseguir su ayuda para cambiar tus creencias y tu comportamiento.

Mientras repites la afirmación, visualiza el cambio. Cierra los ojos y ve el número *54* en la báscula. Siéntete esbelto y lleno de vigor. Imagínate los pulmones limpios, la presión sanguínea baja, todo tu ser sereno, caminando y hablando con otras personas, lleno de seguridad y confianza, sintiéndote agradablemente cansado y relajado después de hacer tus ejercicios.

Puedes reforzar tus afirmaciones escribiéndolas y colocándolas en lugares estratégicos que te las recuerden continuamente, como en el espejo del baño, en la puerta del frigorífico, en el panel del coche, en tu mesa de trabajo, o en cualquier otro lugar donde te ayuden a recordar cómo van a ser las cosas de ahora en adelante. Puedes también grabarlas en una cinta con tu propia voz, repitiéndolas una vez y otra, para escucharla al quedarte dormido, mientras corres o mientras conduces camino del trabajo.

Cada vez que surjan en tu mente los viejos pensamientos negativos, repite las nuevas afirmaciones tantas veces como sea necesario, hasta que los primeros desaparezcan. Cuanto más bombardees tu subconsciente con la nueva realidad, más completamente cambiará tu programación.

Puedes utilizar afirmaciones para controlar hábitos físicos y para lograr otros cambios, como mejorar tu autoestima, controlar tu ira, encontrar el amor de tu vida, conseguir un aumento de sueldo, ser más firme, perder peso o cualquier otra cosa que te ayude a amarte y aceptarte más. Pruébalo. Funciona.

Cambiar los hábitos físicos

Para poder cambiar cualquier hábito perjudicial tendrás que recurrir a tu energía mental, emocional y espiritual. A continuación te indico a grandes rasgos los pasos que debes dar. Primero tu mente deberá decidir qué vas a hacer; luego, tu espíritu te deberá proporcionar la fuerza de voluntad necesaria para llegar hasta el final y tus emociones deberán percibir y apreciar los cambios que se van produciendo en tu actitud, en ti mismo y en tu vida.

1. **Reconoce el problema.** Se sincero contigo mismo. Anótalo.
2. **Comprométete** contigo mismo a cambiar. Practica las afirmaciones. Anótalas y repítelas frecuentemente.
3. **Acepta el hecho de que el cambio necesitará disciplina**. Y no siempre será divertido. Estás cambiando hábitos enraizados y muy antiguos. Esto requiere tiempo y determinación.
4. **Establece metas realistas a corto y a largo plazo**. Anota tus metas para los períodos de un día, una semana, un mes y un año.
5. **Busca ayuda**: Clínicas para dejar de fumar, Alcohólicos Anónimos, grupos de apoyo para perder peso, un compañero que haga la dieta contigo, un programa de rehabilitación, otros programas en 12 pasos, etc.
6. **Define e imagina las cosas buenas** que harás. Considera el cambio como un proceso para obtener algo, no para perder algo. Anota los cambios positivos que esperas alcanzar y que has decidido lograr.
7. **Practica esta nueva actitud** a diario, una hora cada vez. Cuando te sientas tentado a recaer en los viejos hábitos recuérdate a ti mismo lo sano y feliz que te vas a encontrar. Halla un poco más de fuerza interior y haz lo correcto, aunque cada parte de tu cuerpo y de tu mente te esté diciendo que lo dejes.
8. **Si realmente desfalleces y recaes, perdónate** y vuelve al

camino correcto. Un tropiezo no significa que hayas fracasado, ni tampoco es excusa para rendirte y abandonar. Es tan sólo un error humano.

9. **Recompénsate cada vez que logres algo,** cada gramo que pierdas, cada día que pases sin fumar. Recompénsate con algo que disfrutes y que sea bueno para ti y con mensajes de orgullo y satisfacción.
10. Cuando logres tu meta, **felicítate por la victoria**. Has utilizado tus mejores recursos para convertirte en una persona mejor y más sana. Has aprendido que eres **tú** quien manda, no tus hábitos.

Cómo curar los problemas de maltrato y abuso sexual

Si eres víctima de abusos, abusas de alguien o se dan ambas circunstancias, debes dejarlo todo y hacer que la curación sea tu prioridad en la vida. No debes simplemente reaccionar ante tu enfado y tus frustraciones como padre golpeando a tus hijos. No tienes por qué prolongar el ciclo otra generación más. Lo que te sucedió cuando eras niño no lo puedes variar, pero puedes aprender mejores formas de vivir con ello, en lugar de seguir causando dolor y odiarte cada vez más.

El proceso de curación en los casos de maltrato o abuso físico implica aprender que, como ser humano, tienes unos valores innatos. También es necesario gritar, llorar y darle voz a tu dolor, tal vez perdonando a los que te lo causaron. Lo que convierte a alguien en víctima es la forma de actuar de otro que a su vez se siente una víctima amargada, frustrada e indefensa. Pero el paso más importante es aprender a dominar tu ira.

Uno de los avances más importantes logrados en psicoterapia es el control de la ira. Hemos logrado unas estrategias verdaderamente efectivas. La que más éxito ha tenido se conoce como reestructuración cognoscitiva y consiste simplemente en analizar el hecho desencadenante y aprender a volver a pensar en él de otro modo. Después de un breve plazo y con práctica, la persona aprende respuestas emocionales apropiadas, en lugar de extralimitarse.

La clave para romper el círculo vicioso del abuso es la interacción existente entre la mente, el cuerpo, el espíritu y las emociones. A través de la reestructuración mental puedes aprender a racionalizar lo que sucedió, lo cual te permite responder de forma apropiada. De ese modo cambias tu conducta física, aprendiendo a actuar de forma más positiva y constructiva.

Si de niño fuiste víctima de abusos físicos, sexuales o emocionales es imperativo que encuentres ayuda para solucionar esos traumas. Existen grupos de autoayuda, como el de Padres Anónimos, para padres que maltratan a sus hijos, y Padres Unidos, para niños y adultos que han sido víctimas de abusos sexuales. Hay también terapeutas especializados en hacer superar traumas del pasado. Debes pasar por el sufrimiento de volver a recordarlo todo y por todas aquellas vivencias que se te negaron, como el amor, la aprobación, la aceptación y la valoración.

Si sabes o sospechas que fuiste víctima de abusos sexuales cuando eras niño, debes hacer frente a este hecho y debes reparar el efecto que aquella experiencia traumática tuvo sobre ti, o de lo contrario continuará ensombreciendo tu vida adulta. Nunca es demasiado tarde para curar esos sentimientos negativos que te provocaron a tan temprana edad. Tienes derecho a vivir plenamente todo cuanto la vida tiene que ofrecerte como persona adulta; no tienes por qué seguir siendo un niño maltratado. Con tiempo, ayuda, paciencia y determinación, podrás desprenderte de esa carga.

Si has sido víctima de abusos sexuales, debes tener conflictos muy complejos a nivel emocional y físico en tu vida sexual actual. No tienes por qué seguir arrastrando una vida sexual llena de culpabilidad, timidez e inhibiciones. Puedes enfrentarte a ello ahora mismo y superarlo. Si te sientes obsesionado con la idea de que hay una parte de ti que no funciona normalmente a nivel físico, esfuérzate por cambiar lo que puede ser cambiado y acepta el resto. No hay necesidad ni es bueno que continúes atormentándote a ti mismo.

Puedes usar las afirmaciones para que te ayuden a aceptar tu cuerpo y tu sexualidad tal y como son. Quizás puedas encontrar la solución a esos problemas compartiéndolos sincera y pacientemente con tu pareja.

Ha llegado ya el momento de perdonar tus propios errores del pasado y de perdonar a los que te hicieron daño. Lee cualquiera de los numerosos libros existentes acerca de una sexualidad sana. Decide por ti mismo qué conducta consideras responsable y no dejes que nada ni nadie te convenza de lo contrario. Si crees que no sabes lo suficiente acerca de la sexualidad o si tienes problemas específicos de disfunción sexual, el hecho de seguir una terapia breve te será de gran ayuda.

Por supuesto, la experiencia traumática no desaparecerá por arte de magia. No la olvidarás y su recuerdo todavía te hará daño. Pero tendrás opciones para poder debilitar su poder sobre ti y poder decir: «Sí, todo eso me sucedió y fue horrible, pero soy algo más que una víctima. Voy a llorar por mi inocencia robada. Voy a expresar mi dolor y mi ira, y luego voy a olvidarme de ese problema y voy a continuar con mi vida».

Para olvidar y superar los problemas de abuso sexual se puede recurrir a diversos tipos de ayuda. Puedes visitar a un terapeuta especializado, quien generalmente podrá resolver el problema con una terapia breve. Puedes unirte a algún grupo de víctimas de abusos sexuales; existe una organización llamada Hijas Unidas que en muchas ciudades tiene grupos para niños, adultos y familias enteras. Los centros para víctimas de violaciones también ofrecen ayuda terapéutica. Cada día surgen nuevas asociaciones que agrupan a este tipo de víctimas y las ayudan a superar sus traumas.

Todo adulto tiene sus propios derechos en sus relaciones sexuales. A continuación te muestro unas pautas:

Derechos sexuales

1. *Haremos el amor considerando al otro como una persona, no como un objeto.*
2. *Seremos considerados, sensibles y conscientes de las respuestas sexuales del otro.*
3. *Estimularemos a nuestra pareja.*
4. *Nos comunicaremos abiertamente con nuestra pareja expresando mutuamente nuestras preferencias y necesidades sexuales.*
5. *Disfrutaremos de la espontaneidad.*

6. *Miraremos y veremos, escucharemos y oiremos, sentiremos y tocaremos, oleremos y saborearemos juntos en una experiencia sensual totalmente compartida.*
7. *Ambos acordaremos no utilizar nuestra relación sexual para explotar o manipular al otro.*
8. *Ambos nos arriesgaremos a ser vulnerables y a rechazar toda pretensión.*
9. *No actuaremos para el otro, sino que nos uniremos para expresar nuestra confianza, respeto, estima y satisfacción mutuos.*
10. *Seguiremos siendo seres humanos individuales e iguales.*

Superar las minusvalías

Cuando se padece alguna discapacidad física es fácil quedarse bloqueado, negándonos a superar la pena y el dolor. Tras sufrir una gran pérdida en una de las malas pasadas que nos juega la vida, uno no quiere arriesgar nada más.

¿Pero tiene sentido pasar el resto de tu vida compadeciéndote para sentirte a salvo? ¿Quieres seguir siendo la víctima o quieres ser un superviviente que sabe sacarle partido a la vida? Ya conoces lo desgraciado que te puedes llegar a sentir y de qué cosas careces. ¿Por qué no aceptar un riesgo más y ver qué puedes hacer con lo que tienes?

Una forma de superar —incluso disfrutando de ello— una circunstancia de discapacidad, es utilizar ese conocimiento de primera mano que posees sobre los problemas que afectan a los enfermos o minusválidos para hacer la vida más fácil a los demás. Únete a un grupo de personas con discapacidades físicas.

¡Comprométete! Estás en una posición ideal para proporcionar a la sociedad la información que necesita acerca de tu enfermedad o discapacidad. Convierte tu ira en energía a fin de lograr que se realicen los cambios necesarios para ayudar a los otros, en lugar de permanecer amargándote cada día más. Profundiza en tu interior y allí encontrarás una fuente inagotable de energía que podrás poner al servicio de los demás. Utiliza el intelecto para comprender y comunicar esa información que nadie conoce mejor que tú.

Tal vez tu cuerpo se halle debilitado, pero mientras tu mente siga siendo fuerte no existen límites para poder transmitir esos mensajes a una sociedad ávida de información. Descubre métodos para educar a los minusválidos a través de la informática, haz presión para que las escuelas públicas y las bibliotecas locales adquieran los materiales necesarios o desarrolla programas de enseñanza que puedan ser utilizados por ellas. Puedes ayudar mucho a los niños discapacitados en cuanto a superar los obstáculos a los que tú ya te has enfrentado.

Instrúyete sobre las causas y las posibles curas de tu discapacidad. Organiza reuniones o exposiciones donde las personas discapacitadas puedan demostrar sus talentos, actos para recaudar fondos y da publicidad a todo ello. Presenta a discapacitados que por sus logros puedan ser una inspiración para los jóvenes y para toda la comunidad. Ejerce presión para que se den cambios en la política, en la seguridad, en el trabajo y para que termine la discriminación hacia los discapacitados.

Puedes hacer llegar a los medios de comunicación noticias sobre personas que a pesar de su discapacidad están consiguiendo grandes logros, resaltando la realidad de los hechos frente a los mitos que existen acerca de muchas enfermedades. Puedes escribir o hablar con las autoridades acerca de la necesidad de mejores accesos a edificios públicos, aparcamientos y transportes, para acabar con las barreras arquitectónicas.

La vida te puede haber convertido en una persona físicamente discapacitada con respecto a los que te rodean, pero tienes la posibilidad de convertir este mundo en un sitio mejor para aquellos que sufren esta misma circunstancia.

Si has vivido amargado durante cierto tiempo, tal vez te parezca imposible hallar la energía necesaria para transformar tu dolor en motivación para luchar por un mundo mejor. Pero no se necesita más energía para hacer algo constructivo que para mantenerse confinado por el miedo y la ira.

¿Cómo hallas esa energía y esa voluntad? Aceptando lo que no se puede cambiar, buscando el apoyo y la compañía de otros que estén en tu misma situación, instruyéndote y rechazando aceptar ciertas limitaciones que sólo existen en tu imaginación. En lugar de centrarte en las limitaciones, pregúntate: ¡«¿por qué no?»!

QUINTA PARTE

CRECER INTELECTUALMENTE

CAPITULO 14

¿QUÉ SIGNIFICA MADURAR INTELECTUALMENTE?

«Pienso, luego existo. ¿Entonces qué soy? ¿Una cosa que piensa? Una cosa que duda, comprende, afirma, niega, desea, rechaza y que también imagina y siente.»

René Descartes.

La inteligencia —la capacidad para formular ideas, adquirir conocimientos, solucionar problemas y comunicar información a los demás— coloca en una posición especial a los seres humanos con respecto a las otras especies que comparten con nosotros este planeta.

Nuestro gran cerebro es al mismo tiempo una ventaja y una desventaja. Es una ventaja porque nos permite comunicarnos de forma efectiva con los demás miembros de nuestra especie. Utilizando la inteligencia podemos alterar nuestra conducta, a través de la observación y mediante un cambio en la forma de interpretar nuestras acciones, nuestras actitudes y creencias. Podemos también utilizar el cerebro para comprender y realizar cambios en los aspectos espirituales, emocionales y físicos de nuestro ser. La inteligencia nos puede ayudar a madurar. Cambiando nuestra forma de pensar podemos cambiarnos a nosotros mismos, porque en realidad, somos lo que pensamos.

Pero este potente cerebro tiene también una desventaja: no es fácil detener sus pensamientos. Nuestra mente está muy atareada y es muy locuaz, siempre en funcionamiento mientras estamos despiertos. La mayor parte de esos pensamientos carecen de sentido. Madurar intelectualmente significa aprender a canalizar y dirigir la energía de nuestros procesos mentales para que nos sean útiles en todo aquello que necesitemos y en todas las metas que deseemos alcanzar, para que sean algo efectivo y provechoso.

Otra desventaja se produce cuando le dejamos juzgar y evaluar nuestra conducta y la de los demás. Con demasiada frecuencia nos dedicamos a enjuiciar duramente y a criticar a los demás, en lugar de comprenderlos compasivamente. De este modo creamos negatividad en lugar de crecimiento positivo.

Crecer intelectualmente o aprender, no es algo que se hace sólo en la escuela. De niños fuimos a clase, aprendimos a leer, a memorizar la tabla de multiplicar, hicimos exámenes, pasamos de un curso a otro y luego nos dieron un título. El propósito de la enseñanza es, o debería ser, enseñarnos a pensar. Pero como parte del proceso educativo normal de esta sociedad, tanto tú como tus padres y tus maestros a menudo perdisteis de vista ese objetivo y actuasteis como si el propósito de la escuela fuera sacar buenas notas, aprender las materias, aprobar los exámenes, pasar de curso, recibir un título y ser admitido en la Universidad.

Madurar intelectualmente no sólo supone terminar la escuela, sino valorar lo que el cerebro es capaz de hacer y utilizarlo en beneficio propio. Aunque no formemos parte del sistema educativo oficial, es necesario ser capaces de *pensar*, *aprender*, *decidir* y *evaluar* antes de actuar. Sea cual sea tu historial académico, hayas sido un alumno bueno o malo, al llegar a la edad adulta, cada día se te presentan necesidades de aprender: decidir a quién votar, aprender nuevas destrezas para progresar en tu profesión, calcular un presupuesto, un itinerario para las vacaciones, etc.

La razón para madurar intelectualmente ya no es ser el mejor de la clase o aprobar el curso, sino ser capaz de informarte bien, de pensar con claridad, de reflexionar, de solucionar problemas, de continuar aprendiendo y de tomar las decisiones adecuadas para mejorar los diferentes aspectos de tu vida. Nuestra responsabilidad de adultos es usar la inteligencia para realizar todo esto del mejor modo posible.

A pesar de las deficiencias de todo sistema educativo, adquiriste algunos conocimientos y destrezas mentales que puedes poner en práctica en el presente. Y puedes añadir nuevas habilidades intelectuales durante toda tu vida. Además de aprender lecciones, también debes haber aprendido algunas cosas que ya forman parte desde entonces de tus conceptos personales. ¿Te colgaron tus padres o tus maestros la etiqueta de «torpe», «listo con los libros pero sin sentido común» o de «un poco lento para aprender»? Si fue así, debes haber aprendido esa lección tan bien, que aún te la crees. Esas etiquetas son obstáculos para tu crecimiento intelectual. Si crees que no eres capaz de aprender o que aprendes sólo algunas cosas, estarás limitando tu aprendizaje como adulto.

Algunos niños tienen auténticos problemas de aprendizaje que les persiguen durante toda su vida. Muchos alumnos acaban la enseñanza media sin haber aprendido a leer bien. Otros, que son muy hábiles con las manos, se aburren ante una hoja impresa. ¿Tuviste que dejar la escuela para ayudar en casa? ¿Qué has hecho para llenar ese hueco en tu formación? ¿Crees que una vez terminada la escuela ya no es necesario estudiar nada más? Como adulto, ¿crees que eres demasiado mayor para aprender? ¿Ves mucha televisión y lees poco? ¿Sientes miedo ante la idea de volver a la escuela?

Ya es hora de deshacerse de esos conceptos erróneos acerca de tu capacidad intelectual y acerca de probar cosas nuevas. El cerebro se puede educar y fortalecer al igual que el espíritu, el cuerpo y las emociones. No hay por qué pasar el resto de la vida con una etiqueta que los demás nos impusieron en la escuela primaria. Aprender es algo que tiene lugar durante toda la vida, nos demos cuenta de ello o no. Podemos aprender a aprender mejor, siendo conscientes de cómo percibimos y cómo asimilamos la información que nos llega, y de lo que hacemos con ella. Cuando eres mayor puedes elegir aprender lo que de verdad te interese; muchos adultos que detestaban la escuela se lo pasan realmente bien volviendo a las aulas de mayores, porque ahora están motivados por un auténtico interés y por deseos de aprender.

Ahora eres adulto y ya no hay secretos para ti. Los maestros y los padres no lo sabían todo. Pero ahora tú sí lo sabes. Te conoces; sabes de lo que eres capaz y por qué cosas sientes curiosidad. Posees una sabiduría interna a la que quizás todavía no hayas sacado fruto. Las oportunidades que tienes de aprender y desarrollarte intelectualmente durante el resto de tu vida son ilimitadas.

Información, conocimiento, comprensión y sabiduría

A la larga, el auténtico aprendizaje conduce a la sabiduría, al tipo de conocimiento que añade valor y significado a nuestra vida. Pero antes de adquirir sabiduría debemos empezar aprendiendo a reunir información. Y esa información recogida ha de pasar por varias fases antes de convertirse en sabiduría.

Estamos recibiendo información constantemente, a través de la lectura, la escuela, los hechos que presenciamos, la radio, la televisión y la conversación con otras personas. Con esa información como punto de partida, resolvemos problemas, tomamos decisiones, formamos juicios y ampliamos nuestra comprensión. Este proceso es tan automático que lo hacemos sin esfuerzo consciente alguno.

Información es lo que adquirimos al aprender hechos y destrezas, como manejar un ordenador, la mecánica de un automóvil, contabilidad, las capitales del mundo, un idioma extranjero o los nombres de tus nuevos vecinos. Algunas de estas habilidades tienes que aprenderlas por fuerza si quieres conseguir ese nuevo trabajo o aprobar un examen o ir en coche a la oficina. Cuando captas los principios ocultos tras los hechos, adquieres conocimiento, sabes el modo en que funciona un coche o un ordenador y por qué una avería en una de las partes afectará al funcionamiento de otras. El conocimiento es la habilidad de captar la estructura subyacente y el significado de los hechos.

Los otros aspectos del aprendizaje implican formas más complejas de inteligencia, como el pensamiento, la memoria, la intuición y la toma de decisiones. Comprender es captar el significado de las relaciones existentes entre las cosas, ser capaz de recordar, de reflexionar, de analizar, de sintetizar y de evaluar los hechos y la información aprendida. La sabiduría es la capacidad de acceder al conocimiento y la comprensión y saber aplicarlos en una situación similar. Sin comprensión y sabiduría el aprendizaje es bastante inútil. Puede ayudarte a aprobar un examen, pero no te ayudará a vivir mejor.

El proceso de aprendizaje, que comienza adquiriendo hechos e información en la infancia, se prolonga durante toda nuestra existencia. En nuestra etapa educativa, y luego durante toda la vida, vamos incrementando nuestro depósito de conocimientos con otros nuevos, aumentando así nuestra comprensión y nuestra sabiduría.

Piensa en un niño fascinado por el fuego de la cocina. Su madre le explica un hecho: «No toques el fuego porque está caliente y te quemarás». El niño oye a su madre, pero no tiene conocimiento ni entendimiento alguno de los conceptos «caliente» y «quemar», por lo que la advertencia no le afecta lo más mínimo.

Cuando la madre se da la vuelta, el niño, todavía curioso, toca el fuego con la mano. Entonces es cuando adquiere por sí mismo el conocimiento de lo que significa «caliente». Llora y comprende que «quemar» está conectado con el dolor. En el futuro, el niño demostrará sabiduría porque nunca volverá a tocar una hornilla caliente y le dirá a su hermana pequeña que no lo haga. Por supuesto, ella tendrá que aprender por sí misma, igual que le ocurrió a él.

Obtenemos sabiduría a través de los errores. Cometer errores nunca es una equivocación, porque así aprendemos, no convirtiendo esos errores en sentimientos de culpa, autorreproches y críticas, sino utilizando esa información para transformarla en conocimiento, comprensión y formas nuevas y mejores de ser.

La sabiduría implica también desarrollar una actitud positiva hacia el aprendizaje y el desarrollo intelectual. Significa ser receptivos a la evidencia que nos proporciona la experiencia, a la información que otros nos comunican y a los presentimientos y conjeturas.

Cuando te muestras abierto a aprender tienes muchas más opciones para explorar y un mejor entendimiento de cómo un factor determinado puede resolver tus problemas y responder a tus preguntas. A veces, somos «lentos para aprender» y seguimos repitiendo los mismos errores una vez y otra hasta que por fin, dolorosamente, aprendemos las lecciones.

Aprender

Aprender es un proceso fundamental en el cual nuestra forma de actuar cambia a medida que recibimos nuevas informaciones y las convertimos en conocimiento. Podemos aprender de libros y de conferencias, pero a no ser que pongamos en práctica esos conocimientos en la vida real, dicho aprendizaje tal vez nunca se convierta en entendimiento. Aprender de la experiencia, por su parte, afecta directa o indirectamente a nuestro comportamiento futuro.

Aprendemos de formas muy diversas, no sólo a través del cerebro. El cuerpo aprende a depender de sustancias o a enfadarse en ciertos momentos del día; las emociones aprenden a qué temer; el espíritu aprende en qué creer. Todo nuestro aprendizaje es supervisado intelectualmente por el cerebro. Nuestra responsabilidad como adultos es prestar atención a la información que recogemos, examinarla y aprender de ella, convirtiéndola en conocimientos, comprensión y sabiduría. Una forma simple de aprendizaje es el condicionamiento. El perro de Pavlov empezaba a salivar cuando oía una campana que le anunciaba que pronto le darían de comer. Los seres humanos también aprendemos por medio de este reflejo condicionado, con nuestra experiencia práctica, mediante aciertos y errores.

Los hábitos

Podemos condicionar nuestra forma de actuar por medio de los hábitos, respuestas que tras repetirlas varias veces conscientemente se convierten en automáticas. Los hábitos no requieren ningún proceso mental previo ni para ser creados ni para ponerlos en práctica; de hecho, a veces, el pensamiento interfiere en su natural funcionamiento.

Los hábitos, cuando van asociados a sensaciones agradables y gratificantes son muy fáciles de aprender, como el hecho de tomarnos un café en la sobremesa o de fumarnos un cigarrillo. También pueden eliminarse o desaprenderse, si los asociamos a un castigo o a la retirada de estímulos agradables.

La eliminación de los malos hábitos es el cambio de conducta más difícil de realizar. Requiere voluntad, determinación, compromiso y un consisderable esfuerzo.

El descubrimiento

La mejor forma de aprender es descubrir. El descubrimiento es una actitud de entusiasmo con respecto a lo aprendido, es la consecuencia de una búsqueda sincera de conocimiento y de un auténtico deseo de captar el significado y las conexiones de los acontecimientos. Descubrir no significa sólo aprender los hechos o las ideas básicas. Es una especie de magia que se produce cuando realmente queremos saber y cuando el aprender se convierte en algo personal.

Los educadores y los psicólogos saben desde hace mucho tiempo que las cosas que mejor aprendemos son aquéllas que provienen de la experiencia personal. Hay ciertas cosas que aprendemos mejor haciéndolas. Los maestros imaginativos enseñan asignaturas tradicionales, como las matemáticas, a través de métodos que permiten a los alumnos averiguar las respuestas en el contexto del mundo real, mediante la experiencia, y luego, descubrir el principio que subyace en la operación matemática.

Por ejemplo, un profesor de ciencias naturales de instituto, hizo que sus alumnos construyeran barcos de cartón con pegamento a prueba de agua; sin embargo, al ponerlos en el agua, tarde o temprano, los barcos se hundían. Los alumnos, al haber sido testigos del resultado práctico de sus acciones sintieron cierta curiosidad, que los preparó para descubrir los principios básicos sobre el desplazamiento del agua, la construcción naval y otros temas relacionados con el experimento. Se divirtieron y su recuerdo de esa lección fue mucho mejor asimilado que si la hubieran aprendido en su libro de texto o a través de una charla o una explicación.

Esta forma de enseñar precisa al principio un poco más de tiempo, pero sus resultados permanecen, probablemente, durante toda la vida. El alumno aprende a reconocer las similitudes que existen entre las ideas, adquiere conocimientos, participa en grupo resolviendo problemas, cobra entusiasmo por aprender y mejora la confianza personal sobre sus cualidades.

Descubrir es también importante para aprender cosas fuera de la escuela. Nos pueden decir que es peligroso conducir muy rápido, pero realmente no lo aprendes hasta el día que te sales en una curva y descubres el terrible miedo que se pasa perdiendo el control del coche y enfrentándote a la muerte. En grupos de terapia o individualmente, cuando alguien descubre las razones que se encuentran detrás de ciertas conductas y sus efectos contraproducentes, es cuando tiene lugar un auténtico cambio de actitud.

Pensar

Pensar es un mecanismo que implica la formación y la retención del significado de lo que hemos aprendido y experimentado; es una parte crucial del proceso que convierte el conocimiento en entendimiento. Al pensar desarrollamos grupos de imágenes, símbolos y conceptos que son representaciones internas de las cosas, los acontecimientos y las relaciones que tenemos en nuestra vida. Al añadir nueva información, creamos un nuevo nivel de entendimiento. Captamos cómo unos hechos se relacionan con otros y luego usamos esa información y ese conocimiento de formas cada vez más amplias.

Aunque todos tenemos pensamientos, no todos sabemos pensar adecuadamente. Los pensamientos que pasan por nuestra cabeza pueden carecer de sentido, pueden ser fragmentos fugaces de conversaciones pasadas, una estrofa de una canción, un hecho que no parece estar relacionado con lo que está sucediendo en el momento presente, un plan parcialmente elaborado para salir el fin de semana o cualquier otra idea inútil e irrelevante. Para pensar bien, debemos aprender a aprovechar al máximo todos los recursos que poseemos y debemos entrenar nuestra capacidad mental para centrarnos en un problema o una tarea específicos.

Pensar significa usar la inteligencia para extraer el sentido de todo cuanto experimentamos y conocemos. Un proceso mental fructífero emplea la razón y el análisis para deducir la solución a un problema y para transformar el conocimiento en entendimiento. Por ejemplo, quizás sabemos cómo funciona un motor de combustión, y somos capaces también de describirlo, pero si nos dedicamos profesionalmente a la mecánica del automóvil, tenemos que averiguar, partiendo de nuestros conocimientos, qué parte o partes de ese motor necesitan una reparación porque su funcionamiento es deficiente; luego, tendremos que generalizar todos nuestros conocimientos, para saber cuándo aplicarlos en situaciones prácticas y distintas, puesto que si aprendimos trabajando con un Chevrolet, hemos de aprender a aplicar nuestros conocimientos con un coche completamente distinto, como es un Ford.

Razonar es una forma de pensar en la que utilizamos una combinación de símbolos y palabras con objeto de llegar a una conclusión. Cuando piensas en el modo de resolver un problema, el cerebro combina de una forma nueva el conocimiento existente, los símbolos y las palabras, a fin de generar una imagen, un concepto o una idea distintos. Si deseas cambiar tu conducta, puedes ayudarte pensando en todos los razonamientos que justifican el abandono un mal hábito o la adopción de uno nuevo. Anotando en un papel esos razonamientos, refuerzas tu decisión tanto a nivel consciente como en el subconsciente.

Utiliza el pensamiento para realizar cambios que añadan cualidades positivas a tu vida. Nada nuevo o distinto sucederá en tu vida a menos que pienses en ello previamente y tengas en mente la idea o el concepto de algo nuevo. Por ejemplo, si quieres trasladarte a vivir a Hawai, no podrás hacerlo a menos que antes pienses en ello. Luego, deberás formular los planes que vas a seguir para llevar a cabo ese traslado.

Al proceso mental del pensamiento también se le denomina *conversación interna,* ya mencionada anteriormente. Generalmente el pensamiento es más veloz que la palabra, pero pensar es un proceso verbal. Para convertir el conocimiento en entendimiento usamos las palabras. Pensar es comunicarnos con nosotros mismos. Por eso el hecho de hablar en voz alta, tomar notas, o hacer listas y diagramas suele ayudar a pensar.

Pensamiento analítico e intuitivo

El pensamiento analítico es lógico y sistemático. Cuando analizamos algo recorremos paso a paso la información de que disponemos, como hacen los científicos, usando la lógica deductiva o inductiva para aprobar o descartar una teoría o una hipótesis. En la mayor parte de las escuelas a los alumnos se les pide que aprendan analíticamente varias asignaturas y materias. La informática está basada en el análisis lógico, cualidad que también posee el pensamiento humano.

Para pensar bien debemos aprender a concentrarnos en una tarea específica o en la resolución de algún problema concreto. Establecer metas, elaborar horarios y hacer planes nos ayuda a estructurar nuestro pensamiento, el cual utiliza la parte izquierda del cerebro para la función analítica.

Por su parte, el aprendizaje a través del descubrimiento está directamente vinculado con el *pensamiento intuitivo* y se halla más estrechamente relacionado con la parte derecha de nuestro cerebro.

El pensamiento intuitivo es la capacidad para entender o *saber* inmediatamente una estructura, un significado o la solución de un problema o de una situación sin usar el análisis. La intuición ve todo el cuadro de una vez, en lugar de contemplar las piezas por separado.

A veces, cuando existe un vacío de conocimientos básicos en lo que estamos tratando de averiguar analíticamente, la intuición completa el espacio que falta. Al mismo tiempo, la intuición no siempre implica exactitud, por lo que con frecuencia hemos de evaluar sus mensajes, analizándolos. A veces, parece que una idea surge de la nada en nuestra mente. Eso es la intuición.

Todo el mundo sabe que Albert Einstein estableció la teoría de la relatividad en un destello de pensamiento intuitivo. Por supuesto que no habría sido capaz de lograr esa percepción sin una sólida base de conocimientos de física. Sus conocimientos conscientes prepararon el terreno para que su intuición le proporcionara una teoría que relacionaba ciertos factores; más tarde, él y otros científicos pudieron comprobar las premisas y las conclusiones de su teoría y verificar su validez. Las soluciones más creativas e imaginativas, a menudo son el resultado de los conocimientos y el análisis unidos a la intuición.

El pensamiento analítico y el intuitivo se complementan y se necesitan el uno al otro. Ambos tipos de pensamiento son necesarios para desarrollar el entendimiento y la sabiduría. La intuición descubre atajos que muestran de golpe la solución del problema. El análisis, por su parte, es necesario para crear las bases de conocimiento e información en las que la intuición pueda florecer, y para comprobar luego la exactitud y la fiabilidad de las soluciones intuitivas.

La mente y el cerebro

A pesar de que el cerebro humano está tremendamente desarrollado y su importancia es extraordinaria, la inteligencia es mucho más que el cerebro. La mente es también una parte del intelecto; es una parte que empieza en el cerebro, pero es mucho más que el cerebro. Es la conexión entre la comprensión lógica, el subconsciente y el superconsciente. Aunque no poseemos ninguna prueba concreta de ello, en la psicología moderna esto es aceptado de un modo casi unánime, al igual que no poseemos una explicación lógica sobre el modo en que funciona la intuición ni tampoco podemos ver, tocar u oír a la mente, pero sabemos que existe y lo que hace.

Lo aprendido cobra sentido en la mente. El cerebro es el componente físico donde tiene el lugar el aprendizaje y la formación de las ideas, mientras que la mente es el procesador dinámico y activo de las diversas verdades que de muy distintos modos llegamos a conocer. La mente reúne todo lo que sabemos física, espiritual, intelectual y emocionalmente. Une la experiencia a la sabiduría espiritual del superconsciente.

El cerebro es un órgano complejo. La mayor parte de los mecanismos mentales tienen lugar en la corteza cerebral. Las otras partes del cerebro tienen que ver con funciones específicas, como el habla, el oído, las habilidades motoras, el equilibrio, el dolor y el control de los impulsos.

Recientemente muchos investigadores han tratado de identificar más concretamente las funciones de los dos hemisferios del cerebro. La parte izquierda se relaciona con las formas concretas del pensamiento. Es verbal, lineal, analítica, racional, mecánica, calculadora, práctica y predecible. Recoge la información de las experiencias sensoriales y se centra en los límites. Ésta es la parte del cerebro que más hemos aprendido a utilizar en la escuela, la parte que memoriza, capta, aprende álgebra, aprende a interpretar un mapa o la ortografía de las palabras. La parte izquierda del cerebro también traduce lo que sabemos y comprendemos en símbolos que puedan comunicar mensajes a los demás: palabras, números o notas musicales.

La parte derecha del cerebro la utilizamos para visualizar, captar el cuadro total, imaginar lo posible, soñar lo imposible, fantasear, crear, adquirir percepciones y confirmar de modo intuivivo nuestras posibilidades. La parte izquierda basa su información en las respuestas de los sentidos; la parte derecha, en la creatividad y la intuición. El lado derecho del cerebro es la sede de lo más simbólico, artístico, creativo, emocional e intuitivo de nuestro pensamiento, de nuestro conocimiento y de nuestra imaginación. Está más estrechamente relacionado con el espíritu y las emociones que con el cuerpo y el aprendizaje estrictamente oral.

El lado derecho del cerebro es la sede de los poderes y percepciones que llamamos *psíquicos*, y que el lado izquierdo no puede explicar. La parte derecha cerebral *sabe* cuando algo está bien o mal, aunque la izquierda no comprenda por qué. El hemisferio derecho posee un conocimiento universal, esas cosas que sabemos simplemente por el hecho de estar vivos, además de otras que no somos conscientes de saber y sin embargo están ahí, a nuestra disposición cuando las necesitamos.

La parte derecha del cerebro integra en nuestra parte izquierda los conocimientos físicos, espirituales y emocionales. Es la que hace posible convertir el entendimiento en sabiduría.

Los psicólogos miden la inteligencia de nuestro hemisferio izquierdo mediante las pruebas de coeficiente intelectual y examinan la parte derecha a través de pruebas como las manchas de tinta de Rorschach, el Test Temático de Percepción y otras pruebas que miden las respuestas inconscientes. En estas pruebas, el subconsciente del individuo proyecta actitudes, preocupaciones actuales o experiencias pasadas.

La inteligencia

Todos diferimos en grado de inteligencia: en nuestra capacidad para aprender y solucionar problemas. Hace unos cincuenta años los psicólogos empezaron a medir la inteligencia de los niños. Las pruebas de coeficiente intelectual comparan la capacidad mental de una persona con respecto a otras de su misma edad. Miden primordialmente las funciones de la parte izquierda del cerebro, es decir, las habilidades verbales y matemáticas.

Las pruebas de coeficiente intelectual son bastante polémicas, pues sólo evalúan la parte izquierda y se olvidan de medir la actividad de la parte cerebral derecha; además, no tienen en cuenta las diferencias culturales entre niños que proceden de ámbitos distintos; por ejemplo, los niños que provienen de familias humildes o son miembros de razas minoritarias tienen menos oportunidades de aprender en sus años preescolares. Quizás nunca tuvieron libros para colorear ni vieron las fotos de las revistas. El mismo problema surge con los niños que han sido maltratados y viven en zonas marginales. Tales carencias no significan que el niño no pueda aprender o ser inteligente. Un bajo coeficiente intelectual, lo único que mostrará en esos casos, es que el niño no ha podido aprender. Sin embargo, en lugar de contribuir a ayudar a esos niños carentes de oportunidades a superar sus retrasos, los resultados del coeficiente intelectual suelen etiquetar a dichos niños como incapacitados para aprender.

Los niños que han sido etiquetados como carentes de capacidad intelectual o con capacidad intelectual reducida nunca alcanzarán su potencial máximo. Se encuentran en peligro de terminar siendo víctimas de una baja autoestima, convencidos de su falta de capacidad para el resto de su vida, pues se ha demostrado que si constantemente nos dicen que somos torpes y lentos, pronto nos lo creemos y actuamos como si realmente fuera así.

Me gusta recordar el caso de una profesora nueva que llegó a una escuela y le adjudicaron una clase en la que todos los alumnos eran niños de cuarto curso con problemas y muy bajos resultados académicos. Sin embargo, al contratarla le dijeron que su clase era la más brillante y creativa de la escuela. Ella los trató como si eso fuera cierto y al final del semestre el resultado de todos aquellos niños fue muy superior a la media. Los niños respondieron a las expectativas de la maestra y comenzaron a creer en sí mismos, cumpliendo un pronóstico completamente distinto.

La inteligencia como materia prima se suele atribuir a genes hereditarios, pero el entorno desempeña también un papel importante. Sin embargo, los factores ambientales son a menudo pasados por alto, porque son difíciles de medir científicamente. También existen distintos tipos de inteligencia. La mayor parte de las pruebas escolares están concebidas para favorecer a los alumnos que más destacan en su forma de expresarse, que tienen mucha memoria o que son capaces de repetir al pie de la letra lo que ha explicado el maestro.

Tal vez aprendamos más fácilmente escuchando que leyendo; o quizás poseamos destrezas mecánicas o seamos capaces de hacer con las manos cosas que otras personas con mejor memoria nunca podrían dominar. Tampoco hay relación entre el talento para el arte, la música, el teatro u otros campos creativos y la inteligencia valorada mediante pruebas o tests.

Mientras algunas personas demuestran su capacidad intelectual obteniendo un título académico, otras adquieren su saber en la calle. Este tipo de inteligencia implica una natural comprensión de las motivaciones que hacen que la gente se comporte de una forma u otra. Las personas que poseen sabiduría mundana saben manejar a los demás y controlar el sistema en su propio beneficio a fin de obtener lo que desean; los raterillos, de mayores suelen ser vendedores buenos y persuasivos o bien destacados artistas.

El sentido común es otra forma de inteligencia que no se puede aprender en los libros. Ser capaz de ver claramente una situación, captando lo realmente importante sin necesidad de analizarla ni de hacer uso de los libros de texto es un don precioso.

Quizás tengas aptitudes manuales o sepas contar historias muy bien, o quizás tengas un buen oído musical o mucha imaginación para inventar juegos para niños. Las personas creativas se sienten atraídas por lo complejo y por la novedad, les intrigan las situaciones que requieren una solución creativa en lugar de arrojar resultados estereotipados y previsibles. En algunas investigaciones se ha comprobado que sujetos altamente inteligentes poseían muy baja creatividad. En general, las personas muy creativas usan su intuición tanto como la inteligencia; se sirven eficazmente de ambas partes de su cerebro.

Todos no hemos sido creados igual. Algunos nacimos con tendencia a ser muy listos, otros somos menos intelectuales, algunos usamos la intuición para solucionar los problemas, comunicarnos con los demás y obtener información acerca de los demás y del mundo que nos rodea. Otros ignoran o desacreditan la intuición y confían ciegamente en el análisis, los hechos concretos, las pruebas evidentes y un enfoque científico y racional, antes de aceptar ninguna verdad.

Para madurar intelectualmente, hemos de reconocer nuestra capacidad, nuestra fuerza interior y nuestros talentos y hemos de usar estos recursos para alcanzar nuestro máximo potencial. Esto supone utilizar nuestro pensamiento para enriquecer nuestra vida, no para agotarnos. Las personas intelectualmente maduras aceptan sus puntos débiles con toda dignidad y con benevolencia, no condenándose ni criticándose a sí mismos.

Eres lo que piensas. Si mantienes pensamientos positivos, la cosecha que recogerás serán resultados positivos. Si piensas de forma negativa, siempre te mantendrás por debajo de tu capacidad y te sentirás defraudado contigo mismo. Averigua quién eres y lo que quieres, y luego ponte en camino hacia tu meta al son de tu propio tambor.

CAPÍTULO 15

PUNTOS IMPORTANTES EN EL DESARROLLO INTELECTUAL

Te conviertes en aquello que piensas que eres. Nuestros pensamientos están tan íntimamente ligados a nuestro sistema de creencias que a través de nuestra forma de pensar creamos nuestra propia realidad. Las emociones responden a nuestros pensamientos. Pasado algún tiempo, este proceso se hace automático.

Debido a que todo ello sucede de forma tan sutil, es muy difícil determinar qué sucede en primer lugar, como con el huevo y la gallina, y lo mismo ocurre con la conducta. Si crees que eres tonto, porque alguien te lo dijo alguna vez, probablemente todavía te lo creas —pensamiento—, te sientas mal, deprimido, vencido, tal vez enfadado —emociones— y así dejarás de hacer esas cosas difíciles y distintas porque tendrás miedo de aumentar tu estupidez —conducta).

Ahora ya estás predispuesto y cuando cometas un error serás tu peor enemigo. Tan pronto como te des cuenta del error te dirás a ti mismo que eres un estúpido y volverás a reforzar otra vez todo el ciclo.

Con este tipo de predisposición puedes pasarte toda la vida evitando conocer a personas interesantes y no arriesgándote debido al miedo y la vergüenza que sientes, preocupado de que el mundo entero se dé cuenta de lo tonto que eres, cuando en realidad no es así, pues sólo eres una víctima del maltrato de alguien o de la particular opinión de otra persona.

Probablemente, la verdad será que no eres estúpido en absoluto, sólo que alguien te llamó así y tú te lo creíste. Esto es algo perfectamente natural, sobre todo si eras niño cuando ocurrió y si durante tu niñez oíste ese mensaje repetidamente. La persona que te lo dijo, en realidad hablaba de sí misma, no de ti, ya que estaba proyectando su propia sensación de estupidez sobre ti. Ésta es una de las formas en que los pensamientos nos crean dificultades, haciendo sonar en nuestra mente grabaciones del pasado.

¡Qué triste es vivir la vida según las falsas opiniones de otro acerca de sí mismo! Retener en la mente este tipo de información dañina e inexacta es uno de los problemas que plantea nuestro cerebro humano.

Nuestra capacidad de pensar, planear, analizar, reflexionar, preocuparnos y realizar todas las demás funciones cerebrales, tiene sus ventajas y sus inconvenientes. Uno de sus beneficios es que hemos sobrevivido y nos hemos desarrollado mucho más que otras especies de carnívoros depredadores. Entre las ventajas que nuestro cerebro desarrollado nos ha proporcionado está la capacidad de adquirir y aplicar conocimientos para hacernos la vida más cómoda y para comunicarnos con otros miembros de la especie, tanto verbalmente como por otros medios.

El aspecto negativo es que hemos desarrollado hábitos nocivos como la preocupación, dar excesivas vueltas a las cosas, obsesionarnos y llegar finalmente a la conclusión errónea, especialmente cuando ignoramos nuestros conocimientos espirituales, físicos o emocionales. Como especie, nuestro avanzado cerebro ha creado una tecnología que supera a nuestra capacidad para controlar las emociones primitivas, por lo que ahora vivimos en un constante temor de que algún líder asustado u ofuscado pulse un botón y nos haga saltar a todos por los aires.

Una de las tareas más importantes a las que nos enfrentamos hoy como especie y como individuos es la de tratar de madurar y equilibrar nuestro intelecto con nuestras emociones, para poder usar nuestra capacidad racional para resolver conflictos, tomar decisiones y solucionar problemas. Si queremos hacerlo de un modo eficaz deberemos usar ambas partes del cerebro. Deberemos recabar hechos e información y aplicar la intuición y la creatividad para explorar las opciones y las posibilidades que nos permitan alcanzar las mejores soluciones, que no necesariamente han de ser las más evidentes y obvias.

Equilibrar la mente y las emociones

Es cierto que no somos todos idénticos ni estamos todos dotados con el mismo talento. Algunos pueden ser muy brillantes pero carecen de madurez emocional o moral, o tal vez posean un estado físico deplorable.

Una persona con muy bajo coeficiente intelectual puede ser amable, concienzuda, sincera y compasiva. Esta persona puede que tenga más paz mental que un destacado líder político, un miembro de la jerarquía eclesiástica, un concertista de piano o un catedrático, porque su inteligencia está compensada con otros aspectos del ser.

Cuando el desequilibrio se da durante mucho tiempo, desarrollamos algún tipo de enfermedad, la cual se puede manifestar en el cuerpo, en la mente, en las emociones o en el interior de nuestro espíritu. Hasta que se restaure el equilibrio seremos incapaces de actuar como adultos competentes, sintiéndonos emocionalmente perturbados y agitados, mentalmente confusos, con ideas negativas, físicamente agotados y espiritualmente desorientados.

Cuando esto sucede durante años, como es el caso de las personas que han sufrido malos tratos, abandonos y traumas en su niñez, hace falta toda una vida para recuperarse. En primer lugar, la recuperación supone tratar esos asuntos que crearon el desequilibrio, y la dificultad para hacerlo dependerá de la gravedad y de la duración del maltrato.

No nacimos para vivir faltos de armonía interna. Si vivimos en un estado enfermizo, hemos de buscar ayuda. Los programas en 12 pasos ofrecen, prácticamente gratis, grupos de apoyo para muchos problemas; también se puede acudir a un terapeuta experto en el área que te interese.

Una vez que hayas curado tu disfunción emotiva podrás empezar a restaurar las ideas confusas, a aliviar tus jaquecas, tus dolores de espalda o cualquier otro problema físico y podrás reencontrarte con tu espíritu. Cuando hayas encontrado el equilibrio o lo establezcas por vez primera, empezarás a experimentar la ligereza de corazón, la felicidad, la dicha y la sensación de contento que tanto te mereces.

Nuestra opinión sobre nosotros mismos

La forma en que te tratas está profundamente basada en la opinión que tienes sobre ti mismo. Estas ideas acerca de cómo eres, lo que eres capaz de hacer y tu valía personal comienzan a aparecer muy pronto en tu desarrollo, y a menos que las cambies, permanecerán contigo durante toda tu vida. Dependen del modo en que fuiste tratado y de lo que opinaban sobre ti cuando llegaste a la adolescencia.

La opinión que tienes de ti mismo y lo que crees acerca de ti, se formó por el modo en que tus padres te respondían. Entonces hiciste tuyo ese conocimiento y te forjaste cierta imagen de ti mismo. Si fuiste abandonado y descuidaron tus necesidades básicas, como adulto tendrás dificultad para confiar en los demás; si te avergonzaban y te humillaban, de mayor serás una persona muy reservada y tímida; si fuiste educado con reglas y valores morales muy rígidos, al crecer tendrás problemas con el sentimiento de culpabilidad. Estas creencias y conductas aprendidas en la niñez pueden convertirse en respuestas irracionales en la vida adulta e interferir en nuestra capacidad para tener relaciones abiertas, sinceras y seguras.

A medida que se va produciendo el crecimiento, los rasgos de la personalidad innata de cada individuo resultan oprimidos por los efectos del entorno, que forman la estructura y los procesos con los que nos acostumbran a crecer, a aprender, a cambiar y a reestructurar nuestras creencias, valores y actitudes sobre nosotros mismos, los demás y los acontecimientos.

Si la imagen de nosotros que nuestros padres reflejaron fue la de un ser valioso y digno de amor que se merecía todo el cariño, las preocupaciones y la paciencia que se necesitan para criar a un niño, no tendremos de mayores ningún problema para sentir nuestra valía personal. Si por el contrario, fuimos descuidados, sobreprotegidos o se nos transmitieron mensajes incoherentes o con doble intención acerca de nuestra valía personal, seremos adultos confusos y llenos de dudas; nos sentiremos desconfiados, tímidos, culpables, sin valor alguno e incluso podemos llegar a odiarnos a nosotros mismos.

La mayoría de las personas pasan toda su vida buscando y tratando de confirmar el concepto que tienen de sí mismos. Esas confirmaciones suelen reforzar los modelos originales de la niñez. Como adultos, es importante recordar que el concepto que tengamos de nosotros mismos fue creado por las propias inseguridades, por los problemas y por la inmadurez de nuestros padres. Sin embargo, ahora estas disfunciones las hemos hecho propias al adoptar la autoimagen distorsionada que ellos, quizás sin saberlo, nos traspasaron.

A pesar de que el ciclo de los malos tratos o el temor a exponer los sentimientos y la vergüenza se hayan perpetuado y traspasado en tu familia de una generación a otra, puedes usar tu intelecto para detener ese proceso destructivo y cambiar esos mensajes. Puedes volver a hacer de padre/madre contigo mismo con amor, y criar y educar a tus hijos para que se acepten y se amen a sí mismos.

Si a un niño le transmitimos mensajes positivos y le ofrecemos el cariño que necesita para desarrollar un concepto positivo de sí mismo, para él eso será parte del proceso natural de la vida, y crecerá siendo responsable y cariñoso. Sin embargo, el niño cuyo concepto de sí mismo fue dañado, tendrá que vencer muchos problemas en el transcurso de su vida.

Algunas de las consecuencias de un pobre concepto de nosotros mismos son las creencias distorsionadas y erróneas relacionadas con los aspectos básicos de nuestra identidad, como pueden ser la capacidad para amar, la valía personal, la competencia, la incongruencia entre las propias impresiones y las respuestas y reacciones de los demás y una actitud rígida y a la defensiva hacia uno mismo. Una persona así es su peor enemigo, porque está constantemente criticándose y culpándose. Para estas personas es muy difícil madurar, porque se sienten encerrados en modelos de pensamiento y emociones infantiles e ilógicos. A pesar de ello, como veremos más adelante, podemos reprogramar estas ideas infantiles usando la inteligencia.

Es probable que todos los seres humanos hayamos sufrido algún daño en el concepto de nosotros mismos. Muy pocos fuimos lo bastante afortunados como para tener unos padres completamente seguros de sí mismos y dotados con una capacidad emocional equilibrada, que estuvieran siempre disponibles para nosotros. Tan sólo hace unos quince años se comenzaron a establecer clases de paternidad, en las que se enseña a los padres a considerar a sus hijos como un don y un regalo, en lugar de como una propiedad o un bien que sólo servía para trabajar en la granja familiar o para cuidar de ellos cuando fueran ancianos.

Además del papel que tus padres desempeñaron en la formación de la idea que tienes de ti mismo, hubo otros factores que influyeron y contribuyeron. Uno fue la influencia de la estructura familiar. Por ejemplo, en una familia con muchos hijos, las necesidades del individuo son casi imposibles de satisfacer. En segundo lugar, si la familia es muy extensa y viven todos muy cerca, los demás miembros enviarán mensajes al niño que pueden ser un refuerzo o un contraste con los mensajes de los padres. A veces, un niño criado por padres con disfunciones encontrará el cariño y el apoyo del abuelo o de los tíos, o incluso de los vecinos, maestros y amigos de la familia.

Finalmente, los acontecimientos de la vida contribuyen también. Entre los hechos más significativos están las enfermedades, sufrir la muerte, pérdida o abandono de uno de los padres, hermanos, amigos, abuelos o algún otro ser querido; cambiar frecuentemente de lugar de residencia, como es el caso de los hijos de militares; la interrupción de relaciones con los padres, la adopción y los malos tratos o la negligencia por parte de los padres.

Las defensas

Para compensar un pobre concepto personal, la mayoría construimos defensas durante la niñez y continuamos usándolas de mayores para esconder y proteger a ese niño frágil y asustado que vive dentro de un cuerpo de adulto. Cuando los niños y los adultos se sienten sin valor alguno, avergonzados o indignos de ser amados, desarrollan ciertas defensas a fin de ocultar tanto a sí mismos como a los demás esos sentimientos tan dolorosos. Entre las actitudes más comunes de defensa están:

— **La negación:** Es una forma de pretender que no pasa nada y que nunca ha pasado nada negativo. Un modelo de negación que suele prolongarse durante toda la vida adulta es no admitir la responsabilidad por el daño causado a otros, o por dejarlos en la estacada.

— **Minimizar:** Es una forma de quitarle importancia al significado de las experiencias dolorosas del pasado o de culparse por lo que sucedió. El adulto que se dice a sí mismo: «Algunas veces me dieron una bofetada, pero me la merecía», puede estar minimizando una infancia con abundantes palizas.

— **La represión:** Es un método para enterrar un trauma pasado o reciente que está profundamente arraigado en nuestro interior, y tiene como finalidad olvidar los acontecimientos dolorosos. El adulto espera que reprimiendo el dolor éste desaparezca, pero generalmente, tanto el dolor como la ira surgen en algún otro momento y casi siempre de forma inapropiada.

— **La racionalización:** Es una forma de excusar al autor de los abusos o de los malos tratos. Racionalizando pretendemos encontrar una respuesta cómoda a una situación incómoda. Esto niega el dolor, pero no lo borra.

— **La proyección:** Esta defensa es realmente una ofensiva. Proyecta sobre otro nuestros sentimientos de culpabilidad o vergüenza o atribuye a los demás algo que sólo nos pertenece a nosotros. El hecho de decir: «Odio la forma en que John critica y encuentra siempre faltas en todo el mundo» tal vez diga mucho acerca del que habla, y no de John. A menudo, cuando no queremos reconocer nuestros propios errores, los proyectamos sobre los demás.

— **La identificación:** A veces nos identificamos con la persona que nos ha causado dolor. En los casos de abusos es común identificarse con el autor o tratar de excusarle. La persona que utiliza esta defensa, con el tiempo suele convertirse, también él, en autor de abusos y malos tratos.

Las defensas son formas que usamos para protegernos. Pueden ser necesarias para nuestra supervivencia mientras somos niños vulnerables, pero ya siendo adultos, son mecanismos psicológicos que nos mantienen distanciados del dolor, de los traumas y de la realidad de las experiencias que hemos vivido. Retrasan nuestra curación.

En la vida adulta las defensas no nos sirven para nada, porque interfieren en nuestra capacidad de acercarnos e intimar con los demás y de ser sinceros con los que nos rodean. Si nos mantenemos bloqueados y al margen de nuestros sentimientos, no podremos abrirnos a la auténtica compasión, a la intimidad y al amor. *Cuando nos defendemos del dolor también lo hacemos del amor, y por consiguiente, vivimos una vida emocionalmente mutilada.*

Pensar con claridad

Una baja autoestima a menudo enturbia la claridad de pensamiento, porque nos da una visión distorsionada de nosotros mismos, de los demás y de los acontecimientos que nos ocurren. La mente humana puede deformar el sentido de lo que sabe, de lo que recuerda o experimenta, de forma nociva.

La actividad mental no siempre es clara y perfecta. A veces es incompleta, racionalista, sometida a prejuicio, defensiva o inexacta. Si nos permitimos a nosotros mismos escuchar todas las ideas que se nos ocurran acerca de un asunto, podremos recobrar la información que necesitamos para tomar una buena decisión o para comprender un hecho concreto. Pero si escondemos parte de la información o no reconocemos que no poseemos todos los factores, nuestro pensamiento puede ser defectuoso.

Esta conversación mental con nosotros mismos puede desembocar en conductas desviadas o en respuestas ilógicas. Podemos decirnos a nosotros mismos cosas que no son ciertas y que no tienen sentido, o podemos dejarnos atrás consideraciones muy importantes. Si nuestra forma de pensar es confusa y turbia, sería aconsejable encontrar a alguna persona que nos ayudara a ordenar nuestras ideas.

Habilidades para comunicarnos

En esta sofisticada era de métodos de comunicación altamente tecnificados, como los ordenadores, los faxes, los teléfonos móviles y todo lo demás, seguimos siendo malos comunicadores de nuestros sentimientos en las relaciones con los demás. Aún así, la comunicación con otros seres humanos sigue siendo el acontecimiento más importante de nuestras vidas. No obstante, podemos aprender técnicas de comunicación muy simples, como parafrasear, clarificar, describir la conducta, describir los sentimientos, utilizar afirmaciones que comiencen con «yo», escuchar atentamente y ser francos.

La mayoría de las personas aprenden a hablar con los demás imitando primero a los padres, a los hermanos y demás familia. Aprender a hablar como ellos nos proporcionó una respuesta aprobatoria por parte de los demás, y así, la forma que ellos tenían de hablar se convirtió en nuestra segunda piel. Probablemente ahora repitamos esos mismos gestos cuando conversamos con ellos, en el trabajo o en las reuniones sociales.

Pero nuestro personal estilo de comunicación y conversación no siempre funciona en todas las situaciones. A Sam se le daba muy bien contar historias y a la gente le encantaba oírle hablar. Disfrutaba con la atención de los demás y durante años había desarrollado el hábito de interrumpir a los demás cuando hablaban; era una costumbre inconsciente, algo que él hacía sin pensarlo. Tras unos cinco años de matrimonio, la esposa de Sam, Maureen, se sentía frustrada porque él nunca escuchaba realmente nada de lo que ella le decía; ella sentía que él simplemente esperaba a que ella terminara de hablar para poder hacerlo él. Ambos eran conscientes de que ya no se sentían tan unidos como al principio de su relación.

El habitual estilo de conversación de Sam ya no servía para el propósito de comunicar y ser aceptado por los demás. Había llegado el momento de deshacerse de los modelos del pasado y de aprender nuevas habilidades para mejorar su comunicación y ser más receptivo y atento con los demás.

Como hablar con él no era un modo eficaz de comunicación, Maureen le escribió a Sam una carta explicándole que necesitaban mejores formas de comunicación, o de lo contrario su matrimonio estaría en peligro. Este inusual comunicado captó la atención de Sam y le recordó que su matrimonio era más importante que su necesidad de aprobación hacia sus destrezas verbales. Por vez primera en varios años escuchó cuidadosa y atentamente todo lo que ella le decía.

Sam aprendió que su costumbre de interrumpir a los demás era irritante e indicaba que los otros le importaban muy poco. Él creía que interrumpiendo para contar alguna experiencia que en ese momento se le había ocurrido hacía que la conversación avanzara. Pero interrumpir bruscamente una conversación ajena es señal de egocentrismo y de poca consideración. Las interrupciones provocaban que Maureen se sintiera descontenta porque nunca tenía oportunidad de acabar sus discursos o de exponer sus ideas. La ansiedad de Sam por intervenir traía como resultado que perdiera la mitad de lo que las otras personas trataban de comunicarle.

Sam empezó a aprender a escuchar atentamente, prestando atención a las palabras de la otra persona; luego, esperaba un momento para asegurarse de que había escuchado y entendido todo lo que le habían dicho. Cuando empezó a practicar este método, se dio cuenta de que no se le olvidaba lo que quería decir ni tampoco perdía oportunidades para contribuir al enriquecimiento de los demás; de hecho, a veces se daba cuenta de que iba a responder erróneamente porque se había precipitado y sólo había captado parte del mensaje de la otra persona.

Las personas adultas podemos beneficiarnos si revisamos nuestro estilo de comunicación con los demás, examinando cómo afecta a nuestra relación con ellos y aprendiendo mejores métodos de conversar y de escuchar.

La memoria

Otra de las herramientas que el cerebro utiliza para aprender y pensar es la memoria. La memoria une lo que ya hemos aprendido con el presente. Es la cámara de almacenaje de las experiencias del pasado. Físicamente, aprender es un proceso bioquímico mediante el cual la información queda grabada en las células de nuestros cerebros. Cuanto más intenso sea el material almacenado, más fuerte será la impresión y más fácil será recurrir a él, cuando nos haga falta.

La memoria contiene tanto los elementos de la parte derecha del cerebro como los de la parte izquierda. Almacena hechos mentales, especialmente aquéllos que deliberadamente encomendamos a la propia memoria. También recoge las sensaciones emocionales y físicas, el significado de una experiencia importante, los temores, el entusiasmo, los olores, los sonidos y la sensación de estar inmersos en el fluir de la vida. Estos aspectos «derechos» de la memoria son responsables de las fobias, las emociones profundas, los sentimientos de tristeza, los remordimientos y la nostalgia. Por ejemplo, un niño mordido por un perro llevará en su memoria mensajes de *temor a los perros* durante muchos años. Los recuerdos de esa experiencia vivida a tan temprana edad desencadenarán su miedo cada vez que un perro ladre, gruña o se le acerque demasiado, aunque la persona aprenda a disminuir dicha respuesta emocional.

La memoria es la representación interna del pasado. Es lo que construimos en nuestro interior cuando aprendemos cosas nuevas. En la memoria tenemos muchas más cosas de las que creemos recordar. Con el tiempo, los detalles específicos se desvanecen de la mente consciente, pero muchos hechos pueden ser recuperados bajo hipnosis regresiva, lo cual indica que tenemos una capacidad ilimitada de recuperar acontecimientos que creíamos haber olvidado.

Al hacernos mayores los recuerdos del pasado mejoran: recordamos con enorme detalle y exactitud hechos muy alejados en el tiempo. Pero la memoria a corto plazo disminuye, pues el impacto químico producido en el cerebro al registrar el hecho es más débil. Generalmente suele tratarse de cosas de la vida cotidiana sin mayor importancia, como: «¿He pagado la factura de la luz?» o «¿Dónde dejé las llaves?»

Recordamos las cosas importantes mucho mejor que las cosas sin importancia. Registramos las cosas agradables de recordar mejor que las desagradables. Las amenazas y los acontecimientos desagradables son reprimidos y enterrados en el subconsciente. Y los asuntos insignificantes e irrelevantes rara vez son recordados.

El aspecto emocional de la memoria tiene como función protegernos de las malas experiencias y recordarnos las buenas. Los niños y jóvenes que tienen experiencias impactantes o traumáticas las olvidan enterrándolas tan profundamente en la memoria, que sólo podrán ser evocadas por otro impacto o mediante una terapia intensiva. Sin embargo, la memoria inconsciente sigue afectando a nuestras respuestas emocionales ante ciertos acontecimientos o ciertas personas. Quizás nos sentimos incómodos en un ambiente determinado, ante una persona o cosa, pero no podemos recordar por qué.

Un día, cuando Laura tenía trece años, su tío fue a visitarles. Sus padres estaban trabajando y su madre la telefoneó para pedirle que recibiera y atendiera a su tío hasta que ellos llegaran a casa. Ella accedió, pero se sentía un poco incómoda, aunque no acertaba a imaginar por qué. A medida que se acercaba la hora en que su tío iba a llegar, su incomodidad se convirtió en un pánico terrible.

Pensando que era un miedo irracional, Laura trató de recabar información de su mente para ver si encontraba alguna pista, y de pronto, tuvo una visión clara en la que recordó que cuando tenía tres años, ese mismo tío había abusado sexualmente de ella. Ella lo había olvidado, pero ahora recordaba el incidente con todo detalle. Cuando llamó a su madre para decirle lo que había recordado, ésta le sugirió que se quedara en casa de una amiga hasta que ella regresara. En ese instante, el miedo y el impacto que le producía quedarse a solas con aquel hombre desaparecieron y se liberó de esos viejos recuerdos que volvían a su mente consciente para ayudarla a escapar de otros posibles abusos.

Algunos recuerdos son tan traumáticos que siguen surgiendo a la superficie sin ser invitados e interfieren en nuestra vida cotidiana. Los veteranos de guerra que han sufrido la crudeza de las batallas están a menudo tan traumatizados que sus recuerdos dolorosos se repiten una vez y otra hasta tanto no superar sus sentimientos de rabia, dolor y miedo que permanecen enterrados en su memoria.

Los que experimentan escenas retrospectivas atemorizantes o estrés postraumático, saben lo que es vivir en el infierno. Cuando bajamos las defensas, nos relajamos o estamos dormidos, la mente inconsciente nos trae esas imágenes que tanto tememos y esos sonidos y sentimientos a nuestra mente consciente, a través de sueños y de visiones repentinas. Este tipo de memoria nos da la oportunidad de hacer frente al dolor emocional del pasado. Quizás debamos volver a pasar por todo ese infierno para exorcizarlo; si sabemos hacerlo bien, con ayuda de un grupo de apoyo o un terapeuta, podremos sanar dichos recuerdos.

La memoria es importante porque nos da acceso a aquello que ya sabemos. La información es almacenada y está a nuestra disposición para cuando la necesitemos. Sin este sistema de almacenaje, tendríamos que aprender desde el principio cada vez que necesitáramos alguna información. En todos los aspectos del proceso de maduración aprendemos de nuestros errores, de los problemas, del dolor y de los sufrimientos. Si no pudiéramos recordar, continuaríamos cometiendo los mismos errores una vez y otra, como las ratas de laboratorio en un laberinto. La memoria es una de las herramientas que usa el intelecto para ayudarnos a madurar y a alcanzar la sabiduría.

Cómo mejorar nuestra capacidad para aprender: problemas de aprendizaje

Los problemas de aprendizaje pueden ser fisiológicos, como las disfunciones visuales o auditivas, o una minusvalía que nos impida escribir, por ejemplo. Estos problemas no están necesariamente relacionados con una anormal capacidad intelectual, como demuestra el maravilloso libro y la película *Mi pie izquierdo*, donde se nos muestra la vida del autor y pintor irlandés Christy Brown, que estuvo afectado durante toda su vida por una parálisis cerebral.

Algunas dificultades de aprendizaje proceden de problemas emocionales. Es imposible que un niño se concentre en clase si está siendo violentado sexualmente día a día por su padre, o si sus padres abusan de las drogas y el alcohol. Se puede dar el caso de que un niño con problemas familiares se convierta en un excelente alumno, pero siempre arrastrará interiormente una confusión emocional. Con el transcurrir del tiempo, esas experiencias saldrán a la superficie y se cobrarán su peaje, como siempre sucede.

Otros problemas de aprendizaje se deben a una baja capacidad intelectual. En estos casos es importante ayudar a la persona a alcanzar su más alto nivel de capacitación en la vida, que puede ser aprender a cuidar de sí mismo, a bañarse, a lavarse el pelo, a vestirse y a realizar actividades que le ayuden a ser autosuficiente e independiente, como ir de compras, cocinar, lavarse la ropa y limpiar la casa.

Aprender es un proceso que dura toda la vida. Estamos constantemente haciendo frente a nuevas informaciones y a situaciones que debemos integrar en nuestras vidas de forma que tengan sentido para nosotros. Nuestro cerebro está siempre creando nuevas categorías y procedimientos que nos ayuden en el control de nuestras vidas. Por ejemplo, cada pocas semanas tenemos que aprender algo completamente nuevo: cómo programar el reloj del vídeo, o grabar un programa que ponen cuando estamos fuera de casa, o a usar un nuevo horno microondas, o a programar el teléfono para que marque automáticamente, o a usar un nuevo sistema telefónico en la empresa en la que trabajamos, y así sucesivamente.

Es importante que mantengamos el control de nuestro tiempo, de nuestra energía y de lo que queremos aprender. Aunque constantemente nos veamos bombardeados por cada vez más cosas, aún tenemos opciones que debemos ejercer sabiamente sin aceptar más de lo que sea razonable. Podemos usar nuestros dones y destrezas en las áreas que más nos ayuden a aprender y a decidir cómo, cuándo y dónde. Aprender en todos los aspectos de nuestra vida nos mantiene jóvenes.

La creatividad: usar el cerebro al máximo de su potencial

La recompensa por hacer frente a los problemas que surgen en nuestra vida es que podemos llegar a ser imaginativos y equilibrados, usando el cerebro al máximo de su potencial. La parte derecha para visualizar imágenes nuevas y creativas, estilos o modelos que nos ayuden a solucionar los asuntos cotidianos o a largo plazo; los sentidos y nuestros dones particulares y nuestra imaginación, para crear música, poesía, películas, coreografías, esculturas o cuentos, o para inventar soluciones creativas a los problemas. La parte izquierda para evaluar el trabajo producido por la parte creativa. Esa parte izquierda del cerebro, la podemos usar para negociar una venta, poner en el mercado nuevas ideas y productos, invertir en Bolsa, arreglar el coche, realizar operaciones quirúrgicas o llegar a ser científico espacial.

Cuando estamos en armonía con todas las partes que forman nuestro ser, somos más felices. No podemos separar el cuerpo, la mente, las emociones y el espíritu. Todas estas partes contribuyen a convertirnos en el *yo* único que somos.

CAPÍTULO 16

TÉCNICAS PARA LOGRAR LA MADUREZ INTELECTUAL

Algunas personas creen que la mayor evolución que el ser humano ha experimentado hasta la fecha es la del cerebro y la de nuestra capacidad para usarlo. Científica y tecnológicamente hemos demostrado capacidades en esta área superiores a las de las otras especies que pueblan el planeta. Sin embargo, en el área de las relaciones, tanto entre unos y otros como *internamente* con nosotros mismos, nos quedamos atrás.

De algún modo, cuando tratamos de resolver los problemas derivados de la lucha por el poder, las disputas fronterizas entre naciones vecinas, las diferencias religiosas y los muros de la distinción cultural, nos encontramos todavía muy cerca de nuestros antepasados primitivos. Todavía estamos muy lejos de alcanzar la solidaridad global, de eliminar los juicios y críticas sobre los asuntos ajenos y de llegar al amor incondicional.

No obstante, *estamos progresando*. Como individuos, podemos hacer uso de la inteligencia para madurar y ser responsables, tanto personalmente como con respecto a nuestra familia, nuestro país y nuestro planeta.

Equilibrio emocional e intelectual

Si aprendemos con facilidad y usamos nuestra inteligencia eficazmente, tenemos una gran ventaja. Las personas que desarrollan el hábito de la curiosidad y el amor por la lectura a temprana edad suelen pasar por esta vida adquiriendo experiencias y asimilando con facilidad nueva información. Es maravilloso haber desarrollado el intelecto, pero si confiamos demasiado en él para decidirlo todo, puede que estemos ignorando nuestras respuestas emocionales, infravalorando la importancia del bienestar físico y racionalizando nuestras necesidades espirituales.

Otro problema que tienen los intelectuales es la enorme cantidad de información disponible en la actualidad. A veces llega a ser desbordante y abrumadora. En las escuelas y en el mundo empresarial se propugna la especialización, iniciada cuanto más pronto mejor, a fin de llegar a ser expertos en ramas muy concretas de un área temática. En cierto sentido, es una forma de protección contra la sobrecarga informativa a la que nos someten los medios de comunicación, pero también puede conducir al desequilibrio, si no fomenta las inquietudes acerca de otros aspectos de la vida.

Los lectores voraces, los profesionales activos y los estudiantes que dominan todas las asignaturas pueden descubrir al hacerse mayores que sencillamente no pueden mantener el ritmo. En algún punto hemos de aceptar el hecho de que no podemos saberlo todo ni abarcar todo cuanto supone vivir a las puertas del siglo XXI. Quizás tengamos que realizar una elección y mantenernos al día en ciertas materias, conformándonos con poseer un conocimiento superficial de otros temas. Nuestro siglo ha sido testigo de increíbles avances en la transmisión informativa, y para muchas personas, el reto hoy en día no es aprender todo, sino elegir lo que deseamos aprender.

Los intelectuales pueden hacer uso de su agilidad mental de muy diversas formas con objeto de restaurar el equilibrio. *En primer lugar*, es bueno mantener curiosidad hacia otros aspectos de la vida, no sólo hacia nuestra especialidad. Un ingeniero electrónico puede tomarse un auténtico respiro visitando un museo de arte. Un político puede relajarse teniendo un invernadero como *hobby*. Equilibremos el intelecto y la creatividad. *En segundo lugar*, aprendamos a utilizar la mente, no para cerrarnos a otros aspectos de nuestro ser, sino para abrirnos a ellos. El cerebro sabe que necesitamos hacer más ejercicio; por tanto, dejemos que él averigüe cuál es el programa físico ideal para nuestro estilo de vida y nuestras preferencias. Los estudios pueden también llevarnos a mostrarnos en desacuerdo con ciertas doctrinas religiosas.

No debemos desoír la voz de nuestra conciencia acerca de los misterios de la vida; usemos nuestros conocimientos en la búsqueda de algo espiritual en lo que creer. La mente sabe que algunos aspectos emocionales relacionados con nuestros padres todavía nos crean conflictos internos: busquemos la situación ideal para tratar esos temas con ellos y poder así poner fin a dichos conflictos. Sin embargo, hemos de saber que ello nos producirá dolor, temor y también alivio, pero hemos de permitirnos sentir todas esas emociones. *En último lugar*, no usemos el intelecto para esconder nuestros sentimientos; en vez de ello, usémoslo para comprender, y quizás, para cambiar esos sentimientos y saber que para estar bien equilibrados necesitamos valorar y expresar todos los aspectos emocionales, físicos y espirituales de nuestro ser.

Mejorar el concepto que tenemos de nosotros mismos

Si fuimos afortunados y recibimos amor incondicional, respeto, calor, seguridad y protección cuando éramos niños, es casi seguro que somos adultos que pueden aceptar con igual facilidad su fuerza y sus puntos flacos; tendremos confianza en nosotros mismos, respeto y un sentido de la independencia y la responsabilidad. Estaremos en el camino correcto para ser adultos maduros como Dios manda.

Si en la niñez fuimos criticados y etiquetados negativamente, eso habrá repercutivo de forma adversa en el concepto que tenemos de nosotros mismos, y el niño pequeño que vive en nuestro interior necesitará cuidados para curar el dolor que le causaron esas etiquetas negativas. Ahora puedes completar el proceso de madurez intelectual, primero creyendo en tu propia inteligencia, y luego, aprendiendo a ponerla en práctica.

Para curar las viejas heridas y aprender a creer en ti mismo, envíate mensajes sobre las cosas en las que eres experto. Piensa en todo lo que has logrado con tu mente, en tu profesión, en la familia y en las decisiones que has tenido que tomar en la vida. Cualquier examen que te pudieran hacer en la escuela sólo medía un pequeña parte de tu capacidad intelectual y de tu capacidad de aprendizaje. Lo que has realizado con tus conocimientos sobre la vida es una medida mucho más precisa de tu madurez intelectual.

En términos de madurez, usar la inteligencia que posees es lo que realmente importa para mantenerte equilibrado. Cualquier enfoque que uses será correcto para ti, siempre que te ayude a lograr tus metas y a vivir una relación cómoda y agradable con los demás.

Para contrarrestar esos conceptos negativos acerca de ti mismo, puedes reprogramar y cambiar esos mensajes por otros más enriquecedores de amor y de aceptación.

También has de tratar de aliviar a ese niño dolido que todavía permanece en tu interior y a veces sale a la superficie como un «mocoso» mimado cuando se ve amenazado, y actúa como juez, fiscal, jurado y además como tu peor enemigo, confirmando falsamente lo inútil y sin valor que tanto temes ser.

Los siguientes son algunos de los pasos que puedes dar, usando tus habilidades mentales, para empezar a creer que eres una persona brillante. La mayoría de estos pasos son formas de cambiar, día a día, esa conversación interna que modela tu percepción personal de quién eres. Primero, debes ser consciente y darte cuenta de cómo te tratas a ti mismo.

1. **Comienza a llevar un diario de tus pensamientos**. No podrás cambiar tus ideas a menos que las conozcas. Puede que te sorprendas al averiguar lo crítico que eres contigo mismo. ¡**NO TE JUZGUES**! Tan sólo limítate a recordar lo más sinceramente que puedas todos esos pensamientos que pasan por tu cabeza durante una semana. Lleva contigo un cuader-

no de notas y utiliza frases abreviadas para apuntar rápidamente todos los mensajes que percibes mentalmente. Al final de la semana agrupa todas las críticas, cumplidos, planes y otros tipos de mensajes para que puedas ver cuáles son tus patrones o modelos.

Otra cosa que puedes hacer es una especie de **Caja de Ahorros**. Consigue unas cuantas monedas y un pequeño recipiente o hucha para llevarlo siempre contigo día y noche. Cada vez que te menosprecies o tengas un pensamiento negativo personal, guarda una moneda en la hucha. Cuéntalas al final del día y haz el cálculo total al final de la semana. Te sorprenderá darte cuenta de la frecuencia con que te «das una paliza» mental.

Los siguientes pasos te ayudarán a cambiar esos modelos de pensamiento.

2. **Comienza a ser tu amigo**. La verdadera amistad es el mayor tesoro del ser humano. Estar «al lado» de alguien requiere tiempo, energía, amor, paciencia y a veces sacrificio. ¿Eres capaz de hacer eso mismo contigo? ¿Te agrada tu propia compañía? ¿Eres alguien interesante con quien estar? ¿O evitas a toda costa esa intimidad, insultándote y criticándote constantemente? Piensa en ello y trata de ser amable contigo mismo. Empieza ya a cultivar la relación más importante que vas a tener en tu vida: ¡contigo mismo!
3. **Ayúdate con afirmaciones**. Empieza mirándote al espejo, y pronunciando tu nombre, repite: *«Te quiero»*. Repítelo al menos diez veces al día, por la mañana y por la noche. Quizás al principio te sientas ridículo o te dé vergüenza, pero créeme, funciona. Si no te amas a ti mismo, ¿cómo puedes esperar que los demás te quieran?

   Felicítate también por cada cosa que hagas bien. Comienza a ser consciente de cuántas cosas haces que son dignas de alabanza. Anota todas esas alabanzas en tu diario para reforzarlas y confirmarlas. Los amigos se alaban y felicitan por sus logros. Sé tu mejor amigo.

4. **Cambia esas cosas de ti que no te gustan**. Puedes hacerlo. Cambiar siempre es un proceso lento y difícil, ya que lo familiar nos es más cómodo, aunque nos cause dolor y nos esté desequilibrando por completo. Tienes la posibilidad de cambiar, si así lo deseas.
   Decide cómo quieres llegar a ser y pon tu cerebro a trabajar en ello. Investiga y decide qué pasos son necesarios para realizar lo que deseas. Ten paciencia, puede que te desvíes de tu camino y vuelvan a surgir esas formas de pensar y esos hábitos del pasado. No te rindas, comienza de nuevo. Muy pronto lo habrás dominado.
5. **No esperes que los demás cambien por ti**. La única persona que puedes controlar eres tú mismo. Tratar de controlar a los demás o hacer que cambien sólo hará de ti un manipulador con mal genio. Si estás viviendo una situación que no te agrada, piensa en las opciones que tienes y en sus pros y contras, luego elige y lleva a cabo lo que hayas decidido. Una de las consecuencias negativas de poseer un bajo concepto de uno mismo es que creemos que no merecemos ser felices, que no merecemos ser tratados bien o que no vamos a saber cuidar de nosotros. ¡Todo eso es falso! ¿Qué consejo le darías a un buen amigo en una situación similar? Pues bien, ¡escúchate como si fueras tu mejor amigo!

Bajar la guardia

Las autodefensas son formas de protegernos. Puede que sean efectivas para nuestra supervivencia cuando nos sentimos vulnerables, como por ejemplo en la niñez. Pero ya de adultos, son mecanismos psicológicos que nos distancian emocionalmente del dolor, de los traumas y de la realidad de la experiencia. Las defensas no nos sirven para madurar, porque interfieren en nuestra capacidad de entrar en contacto y de intimar con los demás y nos impiden ser sinceros con quienes nos rodean.

Si te encuentras insensibilizado y desligado de tus sentimientos no podrás abrirte a la auténtica compasión, a la intimidad y al amor.

Al protegerte del dolor también te estás protegiendo del amor, y por lo tanto, vives la vida como un mutilado emocional.

Para permitirte sentir de verdad has de estar dispuesto a pasar no sólo por la dicha, sino también por el dolor. Si en la niñez escondiste esos sentimientos de dolor has de volver atrás y abrirte a experimentar de nuevo dichos sentimientos, porque sólo así podrás superarlos y curarte.

Las defensas son como los ladrillos de un muro que te separan de los demás. Si han permanecido ahí durante mucho tiempo, se han consolidado y tú estás tan habituado a esos muros que ya te sientes cómodo en esa trinchera. Por eso es difícil derrumbarlos, aunque su presencia pueda costarte la dolorosa pérdida de una relación amorosa, de amigos o tal vez problemas en el trabajo. Incluso son difíciles de reconocer por ti mismo.

La mejor forma de curar y derrumbar esas defensas que ha levantado el dolido niño interno, es la terapia o la amistad con alguien de confianza. Necesitas contar esos sucesos dolorosos y sentir esas sensaciones enterradas en tu interior. Abrir esas heridas supone sacar a la luz toda la rabia, las lágrimas, la tristeza, la sensación de pérdida y otras reacciones de dolor ante lo que perdiste o te arrebataron. No te recomiendo que realices esta terapia con personas a las que te une una relación directa, como tu pareja, tus hijos, tus padres o tus amigos íntimos, pues no es justo ni para ti, ni para ellos.

Derribar las defensas te puede parecer aterrador al principio, pero si lo haces gradualmente, ladrillo a ladrillo, te irás sintiendo cada vez más ligero, más libre, más esa persona que siempre mereciste ser. Las recompensas son enormes. Tienes la capacidad de convertirte en alguien más amoroso, más creativo, más compasivo y más seguro de sí mismo.

Refinar las destrezas comunicativas

La comunicación entre personas maduras implica la responsabilidad de decir lo que cada uno siente y la de escuchar lo que los demás tienen que decirnos. Ello conlleva saber prestar auténtica atención a los demás y saber ser sinceros y francos a la hora de expresar nuestros sentimientos.

Saber escuchar con atención supone interesarnos realmente por lo que los demás dicen, no sólo esperar a que acaben para empezar nosotros a hablar. Podemos hacer saber al otro que estamos realmente pendientes de lo que nos dice y que nos interesa mucho, respondiéndole en un verdadero intercambio de opiniones, demostrándole que hemos interpretado lo dicho por él, aclarando lo que hemos oído y repitiéndolo con nuestras propias palabras.

Si deseas desarrollar una forma activa de escuchar, practica repitiendo lo dicho por la otra persona, aunque con tus propias palabras: *«Entonces dices que te gustan los gatos pero te hacen estornudar, ¿no es eso?»;* describiendo un comportamiento como: *«Pareces jugar con la comida, ¿no te gusta?»;* describiendo sentimientos: *«Parece que estás enfadado, ¿verdad?»;* interpretando una acción: *«Cuando cerraste la puerta con violencia, me sentí muy decepcionado contigo».*

Es importante estar seguro de haber entendido realmente lo que se te ha comunicado, no basta con suponer que lo has entendido. Así, podrás luego responder con sentido durante la conversación, demostrándole a tu interlocutor que realmente te importa lo que te dice.

Otra importante técnica comunicativa cuando se trate de asuntos personales u opiniones, es usar siempre frases que comiencen por «**Yo**», seguido del nombre del sentimiento que experimentas: *«Yo me siento rechazada cuando decides trabajar los fines de semana sin consultarme, cuando yo he hecho ya planes».* Con esta estrategia, la persona que habla se responsabiliza de lo que siente o piensa. La otra persona no se ha de poner a la defensiva, sino que puede sumarse a ti para resolver el problema, aunque su comportamiento haya sido la causa de tu disgusto.

Cuando dices: *«Me vuelves loco»* o *«Siempre ignoras mis necesidades»,* la otra persona se siente atacada con toda la razón, porque comienzas diciendo «*tú* me haces sentir así», convirtiéndolo de este modo en culpable. Debido a ello, la otra persona responde a la defensiva, negando o atacando a su vez y la conversación no lleva a ningún sitio.

Culpar a otro es tratar de hacer que se sienta mal o cogido en un fallo, como respuesta a tu propia frustración. Es una conducta infantil e irresponsable y no hace sino aumentar el conflicto, que es realmente lo contrario de lo que tú deseas y lo contrario a la resolución del problema.

Antes de pedirles una respuesta, debemos dar a los que nos escuchan la oportunidad de comprender lo que les estamos comunicando. Podemos aprovechar ese momento para clarificar nuestras ideas y asegurarnos de que estamos en el camino correcto.

El arte de conversar se aprende con la práctica, igual que aprendemos a escribir a máquina o a conducir. Memorizando, repitiendo, recordando y finalmente combinando diferentes fuentes de información, llegamos a un entendimiento que podremos utilizar para resolver los conflictos. La comunicación eficaz requiere esfuerzo y práctica, pero es esencial para entender a los demás y para hacernos entender.

Mejorar la memoria

A veces la pérdida de memoria está relacionada con sufrimientos emocionales del pasado que han sido reprimidos. Otras veces está ligada a una degeneración física. Con la edad, todos sufrimos pérdidas de memoria para las cosas cotidianas.

Existen muchas técnicas para mejorar la memoria. La parte izquierda del cerebro se relaciona con los mecanismos mnemotécnicos que utilizan palabras clave, representando cada una de ellas un asunto u otras asociaciones de ideas que hayamos elaborado mentalmente. Usar la memoria requiere concentración, un esfuerzo consciente para alcanzar todo lo que queremos recordar y tiempo, así como atención para buscar en el almacén, cuando queremos acordarnos de algo. Existen muchos libros y muchos programas para mejorar la memoria. Si tienes problemas con tu memoria te sería muy útil examinar algunos de ellos.

La memoria se ve afectada cuando estamos tristes, desbordados, cansados o cuando sufrimos una enfermedad. No esperes que la memoria funcione siempre del mismo modo, pues la concentración se ve afectada por los mismos elementos que, en general, te desequilibran temporalmente. No te desesperes, volverá con el tiempo, cuando tengan lugar los otros procesos de curación.

Mejorar el aprendizaje

Cada uno de nosotros tiene un estilo preferido de aprender. Algunas personas aprenden mejor leyendo, otras escuchando, otras actuando u observando. Tal vez te gusten los libros y los cursos, o quizás seas un entendido en la escuela de la vida; algunas personas basan su comprensión en un sistema espiritual, religioso o ético.

Una persona intelectualmente madura no cierra su mente a otros estilos o sistemas de aprendizaje. Sé tolerante con otras formas de enfocar el aprendizaje, el conocimiento o la sabiduría, y pruébalas alguna vez.

Las personas de mente abierta siempre están deseosas de aprender, de cualquier fuente posible; ésa es una actitud inteligente y madura, independientemente de cuál sea nuestro coeficiente intelectual. Aun cuando tu curiosidad y tu apertura mental no te lleven a volver a la escuela y a acabar tu educación académica, con toda seguridad te incitarán a hacer preguntas, leer y buscar respuestas.

Esta actitud de estar abierto a aprender tendrá efectos positivos en tu vida física, emotiva y espiritual, abriendo tus mentes consciente y subconsciente a posibles senderos de cambio, de crecimiento y de comprensión.

Aprender es crecer, dondequiera que encuentres tus respuestas y tu información. En las conversaciones, los demás respetarán más tu inteligencia si escuchas sus ideas y luego contribuyes con tus opiniones añadiendo algo a la comprensión de los demás. Esto demostrará que tienes más interés en aprender que en llevar la razón. Estar abierto a aprender te capacita para trascender cualquier defecto de tu instrucción académica, así como los mensajes que te dieron de niño acerca de tu capacidad intelectual.

Todos tenemos mucho que aprender de los demás y también mucho que enseñar. No permitas que nada detenga tu capacidad para encontrar nuevas formas de aprender y saber. Al fin y al cabo, todos tratamos de llegar al mismo sitio. A la sabiduría no le importa por qué senderos llegamos a ella.

Resolver los problemas con imaginación

Todos tenemos que afrontar diversos tipos de problemas. Uno de los aspectos inevitables de llegar a la madurez es aprender a solucionar nuestros propios problemas y a tomar nuestras propias decisiones. Como con cualquier otra destreza, puede que se te dé muy bien solventar problemas y puede que no sea ése tu caso. Siempre puedes mejorar aprendiendo a usar el intelecto; puedes aprender técnicas aplicables a cualquier problema, ya sea en el terreno intelectual, emocional, físico o espiritual.

Cuando te veas ante una situación que requiera un cambio de actitud o un enfoque nuevo y diferente, tienes que saber cómo llegar a la solución. Si las soluciones conocidas no te sirven en esta ocasión, será necesario que busques un enfoque creativo.

La mayoría de las personas ven al mundo tal y como se lo esperan, basándose en sus experiencias previas. Si se presenta un problema, utilizan los métodos que les son conocidos para llegar a la solución. Trata de explorar nuevas formas de pensar y de solventar las dificultades. Cambiar y hacer algo nuevo es arriesgado. Pero si nunca lo intentas, ¿cómo vas a poder aprender cosas nuevas?

El libro de Ken Keyes, *El centésimo mono*, cuenta la historia de cómo las diferentes especies aprenden a inventar formas originales de solucionar sus problemas. La comida no parecía estar muy buena de sabor, así que un día, una joven mona probó algo nuevo: lavó una patata antes de comérsela. Percibió que así sabía mejor y muy pronto el resto de los monos estaban lavando sus patatas antes de comérselas. Los científicos descubrieron que esa misma conducta se había desarrollado al mismo tiempo en otro grupo distante de monos que no tuvo ningún contacto con el primero.

Así es como avanzan y evolucionan las especies. Alguien se atreve a probar una nueva e ingeniosa forma de resolver las dificultades y pronto se propaga entre el resto, porque están preparados para esa solución. También nosotros, como individuos, aprendemos de ese modo, permaneciendo abiertos a nuevas ideas, procedan de donde procedan.

Todo problema tiene diez soluciones posibles. Quizás al principio no nos parezcan todas evidentes, pero con algo de inspiración y profundizando en nuestro interior, las encontraremos. La forma usual de enfocar la solución de un problema complejo o la toma de una decisión, es identificar las opciones que tenemos, considerar los pros y los contras de cada opción, eliminar las que sean inaceptables y decidirnos por la que nos funcionará mejor en ese momento. Las soluciones más imaginativas requerirán que realicemos cambios drásticos y que reorganicemos nuestra vida. Considera detenidamente cada opción antes de descartarla.

A veces, las mejores oportunidades de la vida llegan a nosotros disfrazadas de problemas. El método racional de solucionar problemas nos permite estructurar nuestras ideas, reducir la confusión y descubrir la información adicional que necesitamos. Luego podremos tomar una decisión sin hacer conjeturas basadas en emociones irracionales e información incompleta. Si dejamos que nuestros auténticos sentimientos, nuestra intuición y nuestro entendimiento racional desempeñen un papel equilibrado en dicha decisión, estaremos tomando el control y la responsabilidad de nuestra vida con sabiduría de adultos.

A veces, lo difícil a la hora de tomar una decisión es que no hay una respuesta correcta o incorrecta. Probablemente, cualquier decisión que tomemos, cualquier solución que elijamos, funcionará, si estamos dispuestos a poner todo nuestro esfuerzo en ello. Pero hemos de elegir la opción que tenga las mayores posibilidades de éxito para que podamos lograr la felicidad que deseamos o la tranquilidad y la seguridad que queremos para nuestra familia. Debemos escuchar tanto a la mente analítica como a la intuitiva. Ya no debemos permitir que las emociones nos controlen por completo, sino que debemos moderar nuestros sentimientos con conocimiento y razón.

Desarrollar la intuición

Algunos investigadores creen que la intuición es un don especial con el que nacen algunas personas; otros creen que es una función de la química cerebral. Yo creo que todos tenemos la capacidad de desarrollar nuestra naturaleza intuitiva; tan sólo es cuestión de aprender a escuchar nuestros presentimientos, comprobándolos luego mediante medios más lógicos para ver lo acertados que eran. Hace mucho tiempo, inventé una consigna para mí misma: *¡cuando tengas dudas no lo hagas!* Me di cuenta de que cuando actuaba contra los dictados de mi intuición, de mi conocimiento interior, me metía en problemas. Ahora escucho esa voz interior y me ahorro muchos retrasos, muchas frustraciones y muchas penas.

Es importante distinguir entre la auténtica intuición y los mensajes producidos por los temores irracionales. Practica examinando las fuentes de tus pensamientos y de tus sentimientos y empezarás a darte cuenta de la diferencia.

Detener los pensamientos

Para poder escuchar la voz de nuestra intuición o para poner a ambas partes del cerebro a trabajar para solucionar un problema en particular, tenemos que conseguir centrarnos en una sola cosa y retirar de nuestra mente consciente todos esos pensamientos acelerados, confusos e irrelevantes. Prueba a hacer esto:

Siéntate en una postura cómoda, cierra los ojos y deja la mente en blanco durante un minuto. No pienses en nada.

Si te sorprenden los resultados, te espera una interesante aventura. La mayoría de las personas no son capaces de detener sus pensamientos ni siquiera cinco segundos. Nuestras mentes están todo el tiempo atareadas, tanto cuando estamos despiertos, como si dormimos.

Para concentrarnos en algún problema o actividad, debemos tratar de deshacernos de los pensamientos cotidianos y triviales que nos distraen e interfieren en nuestra concentración. Hemos de ser capaces de relajar la mente al igual que el cuerpo.

La mejor forma de apaciguar la mente es aprender técnicas de relajación, como meditar, la oración, la autohipnosis y la autosugestión. Hay excelentes grabaciones y cintas de vídeo que contienen diversas formas de relajarse. Algunas contienen instrucciones, otras reproducen sonidos ambientales como la olas del mar, los sonidos del bosque o los de una tormenta. Otras contienen música tranquilizante de flauta o de arpa.

Reducir la tensión corporal

Esencialmente, todos los métodos de relajación buscan lo mismo: relajar el cuerpo para que las ondas cerebrales aminoren su ritmo y entremos en un estado ligeramente alterado de conciencia. La mente comienza a moderar su velocidad junto con el cuerpo. Al igual que todo lo que vale la pena, requiere práctica. No te desanimes ni abandones. Al principio, tendrás muchos pensamientos intrusos que se agitarán en tu mente. El truco está en no perseguir ni aferrarse a ninguno de ellos, sólo darte cuenta de su presencia y dejarlos ir. Después de un rato, los pensamientos se detendrán. Al principio, puede ser como domar a un tigre salvaje.

Puedes utilizar la relajación progresiva, como permanecer tumbado y quieto y hacer un recorrido por todo el cuerpo, empezando por los pies, relajándolos, y luego visualizar cómo la tensión va poco a poco desapareciendo de cada parte del cuerpo. O puedes imaginar verte flotando en un arroyo. Cada una de tus preocupaciones o de tus tensiones físicas y emocionales empezarán a quedar en el agua mientras tú te alejas de ellas, flotando tranquilo.

Otro método es tensar cada grupo muscular manteniendo la tensión mientras cuentas hasta 10, luego repentinamente los sueltas y los relajas. Pruébalo ahora con el brazo derecho. ¡Bien! Ahora vamos a hacerlo con el cuerpo entero. Empieza por la cabeza y la cara, luego sigue con el cuello, cada brazo por separado, el pecho, el abdomen, las caderas, las piernas y los pies. Ahora el cuerpo entero, otra vez. Nota la diferencia entre la tensión y la relajación. ¡Esfuérzate por mantener la relajación!

También puedes practicar la respiración profunda y la meditación. Si sigues este método te sentirás relajado y en un ligero trance eufórico. No es nada peligroso, tan sólo un nuevo estado. Al comenzar a respirar con normalidad desde el abdomen, como haces cuando duermes, notarás lo cómodo que se siente el cuerpo y te rodeará una sensación de bienestar general.

Los mantras

Otra técnica útil para concentrarnos es elegir una palabra que se repite una vez y otra. Al centrarnos en esa palabra, la mente se va vaciando rápidamente. Algunas personas visualizan la palabra «*RELAX*» como si estuviera escrita en su frente, y la repiten al ritmo de su respiración. Otros usan una palabra religiosa como «*JESÚS*». La palabra debe tener dos sílabas que te tranquilicen al decirlas. Yo uso «*RAMA*», que es una divinidad hindú. Resuena, y diciéndola muy despacio, me ayuda a concentrarme y a aminorar mi ritmo cerebral y mis pensamientos.

Una vez que aprendas a serenar la mente, distanciándola de su charla continua y trivial, notarás muchos beneficios. Uno es que podrás realizar estas formas de relajación en cualquier parte: mientras esperas en un semáforo, antes de un examen o una entrevista, en el trabajo, en medio de una discusión, en la iglesia, antes de dormirte y en muchas otras ocasiones. Acabas de aprender a reducir la tensión y a regresar con todo tu ser a un estado de bienestar. Estas habilidades son gratis; añádelas a tus herramientas para sentirte bien y utilízalas.

SEXTA PARTE

EL CONJUNTO

CAPÍTULO 17

VERDADES UNIVERSALES: VALORES, ACTITUDES Y CREENCIAS

La vida es una escuela en la que constantemente se nos presentan oportunidades de aprender las lecciones necesarias. Es un desfile interminable de retos y oportunidades para crecer. Pero el crecimiento a menudo es difícil, especialmente si nos resistimos y avanzamos sólo cuando nos vemos forzados a ello, llorando y peleando.

Algunos aceptamos estos retos con mente abierta y deseos de aprender. Otros nos resistimos, nos rebelamos, escapamos y nos negamos a nosotros mismos estas oportunidades, tratando de no crecer nunca. Pero el crecimiento es parte del proceso humano; continuamente estamos yendo hacia un estado superior de conciencia, de compasión, de sabiduría y de otras cualidades positivas. Si nos resistimos a crecer, permaneceremos empantanados en los sufrimientos, en el dolor, las heridas y la confusión, y trataremos de culpar a los demás por nuestros problemas. Estas formas de resistencia no detienen el proceso de crecimiento, sólo lo retrasan y lo dificultan.

Lo que hace que esta escuela de la vida y del crecimiento se complique es que resulta difícil reconocer a los maestros, las reglas nunca están claramente especificadas, las lecciones son confusas, y el proceso de aprendizaje la mayoría de las veces parece más un caos que un orden. Al igual que en las escuelas académicas, en esta escuela de la vida existe un sistema de recompensas por las lecciones aprendidas y ciertos castigos por las que no aprendimos. La recompensa es que se te permite pasar de curso y aprender lecciones nuevas, hasta que las dominas todas.

Todos hemos de aprender las mismas lecciones. Con cada lección que aprendemos nos despertamos un poco más, somos más conscientes, oponemos menos resistencia, confiamos, amamos y nos damos más a los demás, en definitiva, somos más dichosos. Nos sentimos más sabios y más maduros.

El castigo por resistirnos a aprender alguna lección es que hemos de repetirla una y otra vez hasta que la sepamos bien. Continuaremos encontrándonos la misma situación difícil hasta que aprendamos, entendamos y adaptemos esos conocimientos a nuestra vida; luego podremos seguir adelante. Esto puede parecer un escollo en el proceso, pero en realidad es un reto emocionante y divertido. De nuestra actitud y de nuestra receptividad dependerá que estas oportunidades nos ayuden a madurar.

El crecimiento personal es el auténtico propósito de esta vida. No estamos aquí para acumular bienes materiales, ni nivel social, ni títulos académicos, ni para impresionar a nuestros vecinos y amigos. Estamos aquí para aprender lecciones necesarias para el progreso de nuestras almas, para servirnos unos a otros y para vivir en amor, paz y armonía.

Durante este proceso de aprendizaje que es el sendero hacia la madurez, muchos maestros nos proporcionan su guía para ayudarnos. En todas las épocas y culturas ha habido grandes maestros. Algunos ejemplos famosos son líderes religiosos, como Jesucristo, Mahoma, Buda o Lao-Tse; filósofos como Sócrates, Platón, Gurdjieff y Krishnamurti; reformadores políticos como Gandhi y Martin Luther King, y numerosas personas que no son conocidas pero que sacrificaron sus vidas por una causa, como los escritores y poetas Emerson, Thoreau y Whitman. A algunos de nosotros nos inspiran la música, la pintura, el teatro y los actos heroicos.

También aprendemos de personas, lugares y sencillos actos de bondad que nos encontramos en la vida cotidiana. No sólo de aquéllos que ofrecieron su sabiduría al mundo, sino también de gente corriente. Las oportunidades para aprender abundan; las hallamos tanto en hechos inesperados como en otras personas.

Nuestros mejores maestros son aquéllos que tienen algún tipo de relación con nosotros. A menudo, son un espejo en el que podemos mirarnos y ver nuestro auténtico reflejo. Ellos nos dicen cosas sobre nosotros mismos que ignoramos, nos apoyan en los momentos de sufrimiento y nos impiden actuar con descontrol o desequilibrio.

Los maestros están aquí para que los escuchemos y sus mensajes son sencillos. Todos los grandes maestros, todos los que conocen las claves del verdadero crecimiento y de la sabiduría, nos dicen las mismas cosas una vez y otra durante toda la historia de la humanidad y en todas las culturas. Sus mensajes son ***Las Verdades Universales***.

Éstas son verdades que todos los que pasamos por esta escuela llamada Tierra podemos reconocer como ciertas en nuestro interior. Trascienden la raza, el color, el credo, el sexo, las fronteras nacionales, el tiempo y la política. Cruzan todas las culturas. Son ideas positivas que se expresan de muy diversas formas, transmitiéndose de generación en generación a través de la religión y las costumbres de todos los pueblos, tribus y grupos.

Estas verdades se expresan con palabras sencillas, pero a veces son difíciles de captar en su totalidad, es difícil profundizar en ellas y vivir regidos por ellas. Durante toda nuestra vida hemos oído a mucha gente hablar de estas verdades, ¿pero hemos aprendido realmente lo que significan? Entenderlas en lo más profundo de nuestro ser y a nivel intelectual, físico, emocional y espiritual es el desafiante camino hacia la auténtica madurez. Son las lecciones supremas en el viaje a través de la vida.

Casi todos vivimos la vida muy superficialmente. Dedicamos nuestro tiempo y nuestra energía a insignificantes escaramuzas, defendiendo y protegiendo nuestras inseguridades y evitando poner al descubierto nuestra vulnerabilidad. A consecuencia de ello evitamos y nos perdemos la autenticidad en nuestras relaciones, la sinceridad y la verdadera conexión con los demás seres humanos, y lo que es más importante, con nosotros mismos.

Los *secretos* para alcanzar estas cosas, no son secretos en absoluto. Las respuestas están tan presentes hoy en día como lo han estado durante siglos. Están *dentro de ti*. Las verdades universales son las directrices que en este camino de la vida nos permiten vivir en paz, armonía, equilibrio y *Amor*.

Los principios generales de estas lecciones se centran en cinco verdades universales que son las claves para el crecimiento personal. Cuando aprendamos y practiquemos el hecho de vivir la vida desde nuestro interior, en contacto con la sabiduría universal, entonces y sólo entonces podremos todos juntos transformar este planeta en un lugar de justicia y paz.

Todos deseamos vivir una vida que nos permita dar y recibir amor y apoyo, para alcanzar la paz, ser libres, desarrollar y utilizar al máximo nuestros dones, nuestra responsabilidad y nuestra individualidad poniendo en práctica estas cinco verdades universales. Aunque existen otras verdades que son igualmente profundas, me he centrado en estas cinco:

— *Ama a tu prójimo como a ti mismo.*
— *Conoce tu verdadero ser.*
— *No existe libertad sin responsabilidad individual.*
— *No hagas a los demás lo que no te gustaría que te hicieran a ti.*
— *El amor lo conquista todo.*

Ama a tu prójimo como a ti mismo

Antes de poder vivir una vida llena de amor, de amor verdadero incluso con otra persona, debes aprender a amarte a ti mismo. No es una tarea fácil, ya que cuando estamos disfrutando de una buena relación con otra persona, nos olvidamos siempre de nosotros; dudamos de nosotros mismos y nos sentimos inseguros cuando por algún motivo nuestra situación se tambalea y llegamos incluso a odiarnos cuando hemos cometido algún error, despreciándonos y avergonzándonos de nosotros mismos.

Amar al prójimo como a uno mismo supone obviamente que la capacidad de amar proviene de tu interior. Tu prójimo es por supuesto el resto del mundo, los demás. Puede ser un pariente, un vecino o alguien que vive en tu ciudad, en tu pueblo, en tu país, en el planeta tierra o incluso más allá.

Para mí *el amor significa* estar sano físicamente, sentirme bien emocionalmente, pensar positivamente y estar espiritualmente deseoso de recorrer un kilómetro más para ayudar o servir a alguien sin esperar recompensa alguna.

El amor no significa conseguir para ti lo mejor de otra persona, un trato mejor, un precio mejor, una mejor oportunidad. Significa, al contrario, dar un poquito más de lo que se espera o se pide de ti. Significa ofrecer a los demás tu riqueza interior, no tus miserias. Si crees que posees mucho amor, suficiente dinero —aunque vivas al día con tu salario—, mucha comida, suficiente espacio habitable, mucho tiempo libre, etc., entonces tendrás lo suficiente para compartir con otras personas, sin condiciones.

Este sentimiento de tener lo suficiente para ti procede de un auténtico amor hacia uno mismo, de haber madurado hasta el punto de creer en ti mismo de tal modo que eres capaz de cubrir tus propias necesidades, y aun así, tener amor para dar a los demás.

Todos poseemos buenas intenciones y sabemos que podemos compartir el bien que reside en nuestro interior. Cuando sabes que tienes lo suficiente para ti llevas tu bondad y tu amor a donde quiera que vayas. La persona que ha madurado ha rodeado toda su vida con amor y una de sus prioridades es dedicar su tiempo a crear situaciones positivas. Este anhelo por compartir todo lo positivo con los demás crea a tu alrededor un entorno de bienestar.

Este proceso parece sencillo, pero a veces es difícil llevarlo a cabo. Si has de realizar algunos cambios en tu vida a fin de crecer lo bastante como para dar amor a los demás, sé paciente contigo mismo. Los cambios requieren tiempo, ser conscientes, practicar y cometer errores. Para incorporar a nuestra vida el amor incondicional y el servicio a los demás hemos de abandonar algunos modelos de conducta profundamente enraizados en nosotros.

No todo el mundo sabrá responder con igual consideración a esos gestos de amor. Si sientes que se están aprovechando de ti no permitas que esas experiencias te hagan retroceder y alimentar el rencor. Sólo porque hay personas que no han madurado todavía, no tienes por qué bajar tú mismo a ese nivel de inmadurez. Esto es sólo una prueba. No te rindas. Todos estamos aún evolucionando como individuos y como especie y no todos tienen el deseo y la capacidad de amarse a sí mismos, y mucho menos de amar a los demás.

No te estoy sugiriendo que permitas que los demás te hagan daño repetidamente o que te dejes manipular o explotar. Has de protegerte estableciendo tus propios límites, incluso tus condiciones, eligiendo en cada relación particular cuánto vas a dar de ti mismo. La persona que ha madurado no permite que las ofensas lo vuelvan duro y rígido por dentro, sino que trata de mantenerse suave y flexible.

Recuerda que tu prójimo es cada uno de los individuos que habitan el planeta. Como seres humanos, todos estamos relacionados. El amor interior reconoce que todos los seres humanos, todo ser vivo, es merecedor del mismo amor que tú sientes por ti mismo. Aunque podamos sentir que desempeñamos un papel insignificante en los principales problemas del planeta, como la destrucción del medio ambiente, la amenaza de las guerras, la superpoblación, el hambre, el crimen o la injusticia, lo cual es bastante frustrante, sí podemos ejercer una muy positiva influencia en todos aquéllos que se cruzan en nuestro camino.

Algo tan sencillo como ofrecer una sonrisa o una palabra amable puede suponer todo un cambio en la vida de un amigo o de un extraño. A diario tenemos múltiples y variadas oportunidades de ayudar a los demás. A veces el prójimo necesita de ti algo práctico, como que le lleves en tu coche, le des algo de comer, le consigas un lugar donde dormir o le ayudes a cambiar una rueda. A veces, amar al prójimo supone darle dinero o compartir con él una información que le ayudará a solucionar algún problema, perdonarle algún error, escucharle cuando está confuso y dolido o necesita de tu solidaridad.

¡Sé receptivo! Las oportunidades para servir y ayudar abundan. ¡A veces una sencilla sonrisa es suficiente!

Amar al prójimo significa abrir la puerta a todos los que comparten este planeta contigo sin restricciones de ningún tipo. Significa considerar que sus necesidades son tan importantes como las tuyas. Cuando se ofrece algo, se proporciona ayuda o se expresa el amor sin pensar y sin querer nada a cambio, estamos tendiendo nuestras manos a los demás y esparciendo bondad. Al igual que una piedra que cae en un estanque, el amor se va propagando más allá del simple gesto que lo inició.

Conoce tu verdadero ser

Una de las razones por las que es difícil amarse a sí mismo es que no sabemos realmente quiénes somos. En nuestra mente, creamos una imagen idealizada de quiénes creemos ser. Pero esa imagen sólo es un montaje fotográfico, producto de las caricaturas de lo que creímos que nuestros padres, amigos y maestros querían que fuéramos. Tu ego inmaduro, que deseaba agradar y evitar el rechazo y el castigo, construye esa imagen idealizada que puede confundirte durante toda tu vida.

Siendo adulto, quizás todavía creas y protejas esta imagen que se formó en la niñez. Continúas presentándote al mundo como si eso fueras realmente tú. Ser auténtico contigo mismo significa ir apartando esas imágenes falsas e ir estableciendo tus propios valores, actitudes y creencias sobre quién eres y sobre cómo encajas en este mundo.

En tiempos de crisis, reflexión e interiorización, cuando te preguntas a ti mismo: «¿Quién soy yo?» y «¿Cuál es el propósito de mi vida?», te estás aproximando a la realidad de la verdad universal. Pero la respuesta es difícil de encontrar. Primero, has de apartar las capas superficiales hasta llegar a la esencia, al corazón.

Si te pido que escribas 25 respuestas a la pregunta de: «¿Quién soy yo?», te apuesto a que la mayoría de tus respuestas describirían papeles sociales como: «soy madre», «soy esposa», «soy hijo», o serían rasgos de conducta como: «soy muy trabajador» o «soy un soñador» o hechos como «soy Margie O'brian» o «tengo veintisiete años». No obstante, ninguna de estas descripciones nos precisa nada sobre tu verdadero *Ser*, sobre quién eres interiormente, más allá de los papeles que representas en la sociedad y de los hechos y formas de actuar. ¿Cómo vas a ser auténtico contigo mismo si no sabes quién eres en realidad bajo esas capas sociales y esas características superficiales?

Yo sé quién eres en realidad. Eres una persona creativa, amorosa, abierta, sana y feliz que se encuentra escondida bajo tu personalidad, bajo el ego creado por el niño inmaduro que una vez fuiste. Tu ego se esfuerza por mantenerte infantil, vengativo y asustado. Se aferra tenazmente al control y lucha denodadamente con tu verdadero ser interior. Cuando sobresale alguna parte de ti más elevada y madura, el ego actúa rápidamente para aplastar al intruso.

Decía el oráculo de Delfos: *«Conócete a ti mismo»,* y nosotros pasamos la mayor parte de nuestra vida intentándolo. Pasamos gran parte de la edad adulta volviendo a aprender las mismas lecciones, abriéndonos paso, soltándonos, superando las dificultades, comprendiendo y olvidando lo que aprendimos y experimentamos en la niñez.

Este *proceso de llegar a ser uno mismo* es común a toda la humanidad, aunque los detalles sean exclusivamente singulares para cada uno. Para muchos de nosotros, la lucha continúa sin cesar. Pero cuanto antes empecemos esta tarea y más técnicas conozcamos para liberar al yo interior, antes encontrará la libertad nuestro espíritu dichoso y nos permitirá ser todo cuanto podemos llegar a ser y lograr el potencial con el que nacimos.

Deja que la conciencia te guíe

Todos poseemos un sistema de control interior, llamado conciencia. La conciencia nos dice lo que es correcto y lo que no. Juzga y nos dice cómo estamos actuando como seres humanos. Es un conocimiento interno que va más allá del conocimiento intelectual.

Una parte de la conciencia nos dicta las reglas, leyes, deberes y autosacrificios. Otra parte más humanitaria se encarga de los valores, las actitudes y las creencias, y se asegura de que nuestra conducta concuerde con las verdades profundas que conocemos. Es el guardián de nuestra integridad y nuestro autorespeto y trata de cunducirte siempre por la senda del amor. Cuando transgredimos algún valor personal, alguna actitud o creencia, *nuestra conciencia nos hace sentirnos culpable*, lo cual nos indica que algo va mal.

La conciencia representa a tu verdadero yo, a la esencia moral de tu ser. Es el guardián de los principios humanos que hemos aprendido de varias fuentes y que hemos incorporado como propios al avanzar en nuestro proceso de madurez. Desempeña el importante papel de mantenernos equilibrados y en armonía. Cuando dudes acerca de una decisión, de una acción o de un deseo de represalia, «deja que tu conciencia te guíe».

No existe libertad sin responsabilidad

Una de las señales indicadoras de la madurez, es hacernos responsables de todas las partes de nuestra vida. ¿Es esto una perspectiva demasiado horrible para ti? El niño que vive en tu interior quiere que le sirvan la vida en bandeja de plata. Quiere *lo que* desea, *como* lo desea, *cuando* lo desea y *donde* lo desea. No quiere ser molestado con prácticas, esfuerzos, errores, aprendizajes, comprensiones, dolor y responsabilidades. El niño dice: «Dámelo todo, **AHORA**». Ésta es nuestra mentalidad de gratificación instantánea.

Así es como muchas personas conciben a Dios, como un padre benevolente que mima a sus hijos y es condescendiente con sus más mínimos caprichos, amable y con buena voluntad. Pero si algo sale mal, Dios te castigará. Y si no, fíjate en tu forma de rezar. ¿Qué dices? ¿Qué pides? ¿Ayuda? ¿Cambios que te beneficien? ¿Quieres conseguir la utopía? En lugar de desear un infinito camino de rosas o que tus fantasías infantiles e ingenuas se hagan realidad, sería mejor que rezaras por tener oportunidades para aprender y crecer, y que pidieras a Dios que te dé capacidad para reconocer la sabiduría y las lecciones de las experiencias que vives.

El ego infantil quiere libertad para elegir y decidir con independencia y quiere llevarse todo el mérito cuando las cosas salen bien, pero es incapaz de aceptar la responsabilidad de sus propios errores. El hecho es que no existe libertad si no pagamos un precio por ello, ya que todos somos responsables de nuestros actos, sean correctos o incorrectos.

Cuando te niegas a aceptar las responsabilidades de cada uno de los hechos que acontecen en tu vida, permaneces en la esclavitud, envuelto en continuas escaramuzas, en un estado superficial e infantil. Cuando algo sale mal, tu respuesta automática es culpar a otra persona. Recuerda que culpar es la forma infantil de responsabilizar a los demás de nuestros errores y que actuando así estamos rechazando una parte de nosotros y admitiendo nuestra dependencia de los demás y de los acontecimientos.

Depender de los demás o de las circunstancias tiene un precio. Retrasas y bloqueas tu propio crecimiento, esclavizándote. No serás adulto hasta que pagues esa deuda responsabilizándote, perdonando, pidiendo perdón, enmendando los errores, tomando decisiones, protegiendo a los que están a tu cargo o llevando a cabo lo que sea necesario para liberarte.

Algunos de nosotros tratamos de permanecer en el término medio, nadando y guardando la ropa, con un poco de independencia por aquí y eludiendo algunas responsabilidades por allá. Quizás nos responsabilicemos en algunas áreas de nuestra vida y evitemos aquéllas en las que nos sentimos más incapacitados, frustrados o confundidos.

Mira en tu interior. Aprende de tus errores. Las equivocaciones no tienen por qué ser algo horrible. Todos los seres humanos las cometemos y ése es el mejor modo de aprender. Podemos fallar en alguna tarea o en alguna relación, pero eso no quiere decir que *seamos* un fracaso. Somos sencillamente personas normales y corrientes, susceptibles de equivocarnos, nada más. No pasa nada. Si has caído, levántate, sacúdete el polvo y vuelve a intentarlo. Cuando nos responsabilizamos de nuestros errores los podemos utilizar para, la próxima vez, aprender a evitar esos mismos escollos. Este tipo de aprendizaje forma parte de la vida misma.

Una vez que nos demos cuenta de que la libertad y la responsabilidad van cogidas de la mano, también seremos conscientes de que nada de cuanto puedan hacer los demás nos puede dañar. No podemos controlar los acontecimientos ni las conductas o actitudes ajenas, pero sí somos libres para elegir nuestras respuestas a los actos de los demás. También es responsabilidad nuestra protegernos contra el abuso y la manipulación por parte de los otros.

Si alguien pretende utilizarnos, explotarnos o hacernos daño podemos elegir nuestra forma de responder a esas agresiones. Una forma es decir **no**, fuerte y claro. Otra opción, quizás más dolorosa, es acabar con esa relación destructiva, abandonar ese empleo o acudir a un grupo de ayuda. Nuestra responsabilidad es poner en primer lugar nuestro crecimiento personal. Es irresponsable mantener relaciones y situaciones que nos hunden una vez y otra.

Como adultos responsables, sabemos que podemos manejar cualquier situación que se presente en nuestra vida. Internamente, las personas maduras controlan su vida tomando sus propias decisiones, sabiendo que éstas son las únicas cosas que pueden controlar.

Aquí es donde entra en juego la libertad. *Tienes opciones en todas las áreas de tu vida.* Lo único que hemos de hacer es ejercer esa libertad de elección. Las oportunidades que elegimos son los caminos para aprender las lecciones de nuestra vida. No elegir nada también puede ser una elección responsable. Hagamos lo que hagamos, siempre aprenderemos. Aunque elijamos el camino más seguro y más conocido, probablemente aprenderemos, aunque más lentamente.

La vida es un cambio continuo, un proceso dinámico. Si nos aproximamos a la libertad que nos dan nuestras elecciones con un sentido de aventura y anhelo por aprender, sin miedo al esfuerzo o al dolor, liberaremos al espíritu y al amor que al nacer recibimos para compartir con los demás.

Mientras buscamos y atesoramos nuestra libertad personal, no debemos mantener a los demás en la esclavitud. Los demás no nos pertenecen, no somos los amos de nuestras parejas, nuestros hijos, nuestros alumnos o nuestros empleados, ni nosotros pertenecemos a nadie, ni a nuestra pareja, ni a nuestros padres, maestros o jefes. Hemos de dejar libres a los que nos rodean para que cada uno realice su tarea sin grilletes ni cerrojos que aprisionen su crecimiento. Honra su libertad y ellos honrarán la tuya. No puedes ser libre a menos que estés dispuesto a dejar que los demás sean libres.

Al reconocer y ejercer tu libertad interna, sabes que eres libre de elegir tus oportunidades y las lecciones que aprenderás de ellas.

No hagas a los demás lo que no te gustaría que te hicieran a ti

Somos seres interdependientes. Todos tenemos necesidades y deseos que los demás nos pueden satisfacer. Hemos nacido solos y solos moriremos, pero durante el período de tiempo que dure nuestra vida en la tierra estaremos inmersos en una multitud de relaciones con otras personas. La regla de oro del Nuevo Testamento —*No hagas a los demás lo que no te gustaría que te hicieran a ti*— es otro principio que puede facilitarte el camino. El primer paso es decidir cómo quieres ser tratado. A casi todos nos gusta ser tratados en serio, con cariño y respeto; nos gusta poder pedir y dar ayuda a los demás cuando surja una necesidad; no sufrir de intolerancia y prejuicios sólo porque el color de la piel es distinto, porque no vestimos igual, porque somos minusválidos o por algún otro concepto mental.

¿Cómo quieres que te traten los demás? ¿Qué deseas en tus relaciones con los demás? ¿Quieres que sean justos contigo? ¿Amor, libertad? ¿Quieres que los demás sean responsables en los tratos que hacen contigo? ¿Cuánta honestidad y responsabilidad tienes tú hacia ellos? Si alguna vez crees que te han engañado, ¿tratas de vengarte o manifiestas tus necesidades y perdonas?

Antes de poder vivir esa regla de oro, debes definirla por ti mismo. Debes decidir cuál será tu respuesta si los demás hacen algo que a ti te parece mal o te hace daño. *¿Les respondes del mismo modo? ¿O eres capaz de poner la otra mejilla y perdonar*?

Nadie es perfecto; cometerás errores, y por consiguiente, harás daño a los demás. Si quieres pedir: «perdona nuestras ofensas, como nosotros perdonamos a los que nos ofenden» en tus oraciones, debes poner en práctica el perdón día a día. Y a veces es muy difícil. Requiere todos nuestros conocimientos como seres adultos y todo nuestro control. Por el contrario, cuando en nuestra vida arrastramos la venganza y el odio, nos hacemos más daño del que nos imaginamos.

Las personas maduras dejan a un lado el resentimiento y lo sustituyen por amor y energía positiva. Recuerda que el perdón es para ti. Con él te deshaces del resentimiento y de otros sentimientos negativos que te hacen daño y te impiden crecer.

En los estudios de comercio se enseña el sentido de la frase *caveat emptor* (por cuenta y riesgo del comprador). La responsabilidad recae en el comprador, quien se tiene que asegurar de ser tratado justamente, no en el vendedor de los bienes o servicios. La consecuencia es que todo vale: engañar, robar y mentir, con tal que no te cacen. Si engañas a alguien es siempre culpa del cliente, que fue demasiado ingenuo al confiar en ti.

Ya es hora de que en nuestras relaciones trascendamos esta forma de vivir estrecha y egoísta, tanto en el plano económico como en el personal. Erich Fromm en *El arte de amar* equipara la regla de oro de la sociedad occidental con la doctrina de la justicia social y económica. Ser justos significa no hacer trampas, engaños ni fraudes en el intercambio de bienes y servicios. Quizás ya es el momento de prestar atención a la forma en que conducimos nuestra vida social y nuestras relaciones comerciales con los demás, así como las relaciones personales.

Quizás sea el momento de dejar de mirar por encima del hombro a los demás, esperando a que nos hagan algo malo. Si quieres ser tratado justamente, con respeto, sensibilidad, responsabilidad y amor, debes manifestar estas mismas cualidades y vivir de ese modo, ignorando las sanciones sociales. Es imposible ser cariñoso en casa y egoísta en el trabajo, esta regla de oro no debe ser aplicada selectivamente.

Las personas maduras respetan todas sus relaciones. Debes crear una nueva forma de estar en el mundo. Esta forma te traerá paz y crecimiento, aunque los demás vivan todavía regidos por la ley de la selva. Para poder traer paz a este planeta, primero hemos de encontrar la paz dentro de nosotros. Gandhi dijo: «Los únicos demonios que existen, son los que merodean por nuestros corazones». Los demonios que obstaculizan el crecimiento individual y la capacidad del ser humano para coexistir en paz, son nuestras emociones negativas que corren violentamente de un lado a otro.

El odio, el racismo, la intolerancia y la ira son los grandes demonios que dividen a los países y conducen a los grupos sociales a las luchas de poder, a la violencia y a la guerra. Cuando estas emociones negativas se transformen en sentimientos positivos, seremos más sensibles a la crueldad y a las injusticias que nos rodean. Como individuos y como grupos y naciones, podemos cambiar la actitud de vivir a la defensiva por la compasión, el miedo por amor, la rabia por el compromiso y la parcialidad por la justicia.

Entonces y sólo entonces la regla de oro se convertirá en algo más que otro trillado mandamiento religioso. Se transformará en el compromiso de vivir en amor, contigo mismo y con los demás. Cuando *nos amemos los unos a los otros*, todo será de oro.

El amor lo puede todo

El amor es la mayor fuerza del universo. Es la fuerza de la unificación. Nos une, nos enseña, nos nutre, nos ama y vive a través de nosotros. El amor es infinito y eterno. Es el reino de Dios en nuestro interior. Cuando accedamos a nuestro amor interno, podremos compartirlo con los demás tanto como queramos y nunca se nos acabará.

Por desgracia, muy pocas personas sienten, comprenden o permiten experimentar en sus vidas el amor maduro. Existe una conexión directa entre las necesidades insatisfechas de amor del niño y los problemas del adulto. Pero si dejas que el amor llegue a ti, si te amas a ti mismo como a los demás, si eres sincero contigo mismo, si te responsabilizas de tus acciones y no haces a los demás lo que no te gustaría que te hicieran, podrás acceder a lo más profundo del amor que vive en tu interior.

El amor infantil es necesitado, dependiente, posesivo y exigente. El amor inmaduro está basado en el miedo, la inseguridad y la falta de confianza. Los miedos que el niño tiene de perder al ser amado le conducen a los celos y a la dominación. El amor infantil es egoísta, condicionado, adictivo y conduce a la separación. El amor maduro es justo lo contrario. No está condicionado, no es adictivo, no domina, ni posee. Basado en la sabiduría, aprecia la individualidad, el crecimiento y el desarrollo de la otra persona. Las personas que han crecido y madurado nunca tienen escasez de amor. Ofrecen un amor independiente y no exclusivo, que une a las personas. El amor estimula y realza el crecimiento individual y general.

Las relaciones amorosas

Las personas emocionalmente inmaduras buscan parejas que les proporcionen el amor que no recibieron de sus padres. Se sienten atraídos por personas que poseen rasgos parecidos a sus padres, que de tanto les privaron y continúan interpretando el papel de padre e hijo con otro nuevo «padre». O eligen a alguien que tenga características parecidas a sus padres, que sí les dieron cariño, para que sigan dándoselo.

En una situación así nunca podrás ganar, porque esperas que tu pareja te trate como lo hicieron tus padres. Proyectas sobre la persona tus necesidades insatisfechas del pasado. El niño que hay en ti está tratando de dirigir la situación una vez más, pero inevitablemente ese niño debe perder, porque tus expectativas no pueden nunca ser cumplidas por alguien ajeno a ti. Al perder de nuevo, el niño vuelve a sentir la desolación de no poder satisfacer sus necesidades.

Este proceso sutil y destructivo debe ser reconocido y detenido. Hasta que no se rompa este ciclo nunca podrás dar o recibir amor maduro, ser amado por quién eres y amar a otro tal y como es y no como tú quieres que sea. El amor verdadero es la capacidad de mostrarte sin reservas a la persona amada, y a cambio, ser receptivo y disponerte a conocerla realmente. Este tipo de amor surge cuando no existen defensas, ni dudas, ni juegos. El amor nace con espíritu de aventura, aceptación y confianza, propiciando un constante descubrimiento de nuevas alturas y profundidades en ti y en tu pareja.

El amor con una pareja especial es uno de los regalos más preciosos que la vida nos ofrece. Es infantil tomarlo a la ligera o dejar de cultivarlo. Una persona madura valora, nutre y atesora este tipo de amor.

Si tienes pareja, debes continuar reavivando la llama del amor que os unió. Si estás libre, puedes permanecer abierto a encontrar una pareja que desee compartir contigo el más alto grado de intimidad. Arriésgate a expresar tu vulnerabilidad y sé tu mismo. Eres un ser digno de amor, perfectamente capacitado para amar a la persona adecuada. Atrae a esa persona hacia ti. Creced juntos, aceptando, dando, fortaleciéndoos, apoyándoos en los momentos de debilidad, amándoos física, mental, emocional y espiritualmente.

El amor se expresa en la intimidad. Al ganar en confianza puedes bajar tus defensas y permitirte ser vulnerable y abrirte a la otra persona. La intimidad es la confirmación y el reconocimiento mutuo al más profundo nivel.

El contacto sexual es a menudo confundido con el amor o la intimidad, pero las relaciones basadas en la lujuria no entrañan más amor que el hecho de atarte los cordones del zapato. El sexo puede ser la expresión física del amor, que implique a las emociones y al espíritu así como al cuerpo, y también puede no ser más que el acto animal de la copulación. Algunas personas abusan de su sexualidad buscando el amor, pero son incapaces de intimar en sus relaciones o no desean hacerlo. A menudo estas personas han sido dañadas en el pasado y han sufrido por confiar en los demás o creer en su simpatía.

Por más veces que nos hayan hecho daño en nuestras relaciones, aún nos sentimos atraídos los unos por los otros. Todos buscamos el reconocimiento y la confirmación en los demás. El temor a dar y sentir amor va unido al temor a perder a las personas que amamos y al consiguiente sufrimiento. Las personas maduras saben que pueden perder en el amor, pero aún así siguen amando. Sólo existe una garantía. Si te arriesgas a abandonar el miedo y a sustituirlo por el amor, te conocerás mejor y más profundamente de lo que jamás hayas hecho.

El amor como maestro

El amor es el punto de acceso al Dios que mora en nuestro interior. Es la emoción humana más elevada, la que puede aportarnos una increíble dicha y felicidad. Y cuando lo usamos mal o lo malentendemos puede causarnos un dolor increíble. El amor es el maestro universal. Aprendemos de aquéllos a quienes amamos y de la experiencia de amarles y recibir su amor. Existen al menos diez tipos de relaciones amorosas que podemos experimentar en nuestra existencia.

1. Maestro/alumno o empresario/empleado.
2. Amistad.
3. Padres/hijos o hijos/padres.

4. Esposos/esposas.
5. Amor romántico.
6. Amor a nosotros mismos o autoestima.
7. Amor abstracto a la verdad, la justicia, la belleza, el arte u otros conceptos.
8. Amor incondicional, agapé.
9. Amor a Dios o a un Poder Supremo.
10. Amor a la familia, extendiéndolo a la familia humana.

La Madre Teresa decía: «Debemos dar un paso hacia adelante y compartir nuestro amor con el mundo». Pero no podemos compartir lo que no tenemos. Sólo sentir amor y tener el deseo de compartirlo no es suficiente. Hemos de tener la sabiduría de esparcir el amor de modo que nos enriquezca a nosotros y a los demás.

Nos podemos curar a través del amor, uniendo nuestra vida a los demás en el servicio y la ayuda mutuos. Ve dentro de ti y sumérgete en la poderosa energía del amor. Descansa, nútrete; regenérate en ese lugar especial. Si al principio te parece muy difícil ponerte en contacto con esa fuerza, no te rindas. Quizás has levantado muchos muros de aislamiento y te es difícil traspasarlos antes de llegar a conectar con el núcleo del amor.

Cuando te sientas lleno de amor y de fuerza vital, deja que fluya y derrámalo sobre tus amigos y tus enemigos. Céntrate y dirige tu atención hacia las personas y las prioridades que son importantes para ti. Envía amor y luz a todos los líderes de las diferentes naciones. Acuérdate de las personas que están sin casa, en los hospitales, en los orfanatos, en las cárceles y en otras instituciones. Manda tu amor a los niños que han sido maltratados. Deja que fluya hacia los santos, para solicitar su intercesión y hacia los terroristas y los tiranos para que se ablanden sus corazones. Recuerda que toda la humanidad es tu prójimo y que todos estamos atrapados en las redes del sufrimiento humano. Todos estamos unidos por el poder y la energía de Dios que reside en nuestro interior. Cuando los otros sufren, tú también sufres, cuando los otros están en paz y felices, tú también lo estás. El amor desempeña un papel importante en el desarrollo espiritual. Cualquier acto que realices para ayudarte a crecer te llevará a un más alto grado de amor. Usa las afirmaciones positivas y la meditación para obtener más sabiduría e inspiración.

Las siguientes afirmaciones te ayudarán a incrementar tu capacidad de amar:

Vivo, crezco y me expando en amor.
El amor vive en mí y a través de mí.
En mi vida, elijo amar y crear milagros.
Ofreceré amor incondicional a todos
los que me encuentre hoy.
Todo lo que hacer es dar amor.

Selecciona una o varias de estas afirmaciones y repítelas veinte veces, en dos ocasiones cada día, y ocurrirán milagros. O invéntate una. Así es como el amor lo conquista todo, permitiéndole florecer y expresarse a través de tu vida. No hay una fuerza mayor. Recurre a él y experimenta la dicha y el gozo que te otorgaron al nacer. Lo que está en juego es algo muy grande, pero las recompensas son aún más elevadas. ¡Deja que el amor te haga libre!

Por último, el Dalai Lama, Premio Nobel de la Paz en 1989, dice: «La compasión y el amor son la clave. A nivel familiar, nacional o internacional. El amor es la clave del éxito y de la felicidad». El amor y la compasión son las claves de la salud mental y de la paz a todos los niveles. El amor es un premio que vale la pena esforzarnos toda una vida por alcanzar.

CAPÍTULO 18

VIVIR PLENAMENTE

«El infierno es ver imágenes de lo que podrías haber hecho en tu vida, y no hiciste.»
Anónimo.

Al cumplir treinta o cuarenta años empezamos a darnos cuenta de que la vida es muy corta y está llena de distracciones. Si pierdes el tiempo, pierdes tu vida, y en tu lecho de muerte puedes descubrir que es demasiado tarde para sacar el máximo provecho de lo que te otorgaron al nacer.

Para llegar a ser todo lo que puedes llegar a ser, tienes que utilizar todos tus recursos físicos, emocionales, intelectuales e intuitivos, y también todo tu tiempo para trabajar con todo ello y con tu fuerza de voluntad y tu determinación. Una vez que te has comprometido a crecer, puedes tranquilamente esperar a que lleguen tus oportunidades. Quizás no te gusten todas, pero si las analizas, verás como a la larga te beneficiarán.

Cuando te comprometas a vivir plenamente, a equilibrar tu vida y a crecer, harás cosas que no has hecho antes. Aceptarás algunos desafíos, y luego otros más, y serás capaz de ir más allá de la autocomplacencia y la comodidad para probar algo nuevo. Te enfrentarás a los problemas y los solucionarás en lugar de evitarlos. Con cada nuevo desafío irás más allá, con cada nueva solución, crecerás más. Con el crecimiento vendrá el cambio. El verdadero cambio requiere paciencia, tiempo, energía, valor y observación sincera. Necesitarás hacer uso de todas estas cualidades que posees.

Al final del capítulo dos, te evaluabas a ti mismo sobre tu desarrollo en los cuatro aspectos de tu vida. Ahora ha llegado el momento de volverlo a hacer y de descubrir dónde te encuentras después de haber llegado hasta aquí. Hazlo antes de seguir leyendo. Antes de responder, busca en tu corazón y sé tan sincero como puedas. Nadie te conoce mejor que tú. No es tiempo para mentir ni esconderse detrás de defensas, ni es tiempo de impresionar a los demás. Evalúate con total sinceridad.

PON UNA X EN LA LÍNEA MÁS CERCANA
A TU NIVEL DE DESARROLLO

	1 2 3 4 5 6 7 8 9 10	
FÍSICO	1 10	Puntuación ______
INTELECTUAL	1 10	Puntuación ______
EMOCIONAL	1 10	Puntuación ______
ESPIRITUAL	1 10	Puntuación ______

Espero que no te hayas puntuado con un 10 en ninguno de estos aspectos, porque entonces no habría lugar ya para más crecimiento. El diez sería la perfección, pero la perfección rara vez se alcanza en circunstancias humanas. Y si tratas de colocarte en una situación difícil y de constante autojuicio, significa que nunca obtendrás una buena puntuación.

Nadie es perfecto, y luchar por la perfección no es la meta ni la recompensa del crecimiento personal. Encontrarás más felicidad y satisfacción en el proceso de continuar tratando de ser mejor cada día. Así valorarás las nuevas oportunidades para aprender, incluso cuando sean desafiantes y difíciles. Si te puntuaste entre 1 y 4 en algún área, ello te indica dónde has de centrar tu atención de forma inmediata. El perfil más sano es una puntuación de entre 7 y 9 en todas las áreas. Esto indica equilibrio y todavía permite un espacio para seguir creciendo. Aunque la puntuación más alta que puedes conseguir es de 40, el total no es tan importante como la distribución. Por ejemplo, si tu puntuación total es 28, y es el resultado de sumar

7 en cada uno de los aspectos, ello demuestra un buen equilibrio. Si esos 28 puntos proceden de dos 9 y dos 5, entonces tendrás que trabajar algunos aspectos para lograr el equilibrio.

Puedes usar esta sencilla autoevaluación con cierta frecuencia para comprobar el estado en que te encuentras y ver los progresos que vas haciendo. Tú eres quien mejor puede juzgarlos. Cuando te sientas maduro y en equilibrio, lo estarás. Cuando sientas, es decir, cuando sepas en tu corazón, intuitivamente, o desde tu propia experiencia, que algo está desequilibrado, eres el más indicado para corregirlo.

Siempre estamos cambiando; así, puedes utilizar esta comprobación para evaluar dónde te hallas. Hazlo mentalmente antes de irte a dormir, después de discutir con alguien o de ver un partido de fútbol.

También puedes comprobar tu propio progreso en el crecimiento revisando tus respuestas a las diez preguntas del Cuestionario de Madurez del capítulo dos. ¿Qué patrones encuentras? ¿Muestran esas respuestas patrones de preocupación por el dinero, por la apariencia física, miedos o ira? ¿Muestran respeto sólo por los valores intelectuales? ¿Muestran que no te amas y que estás excesivamente preocupado por los demás, en detrimento tuyo?

¿Qué fuerzas muestran? ¿Que te preocupas tanto por los demás como por ti mismo? ¿Que posees curiosidad e imaginación? ¿Que comprendes la importancia de lo espiritual en tu vida? ¿Que confías en tu intuición? ¿Muestran una personalidad equilibrada? Examina estas respuestas para ver qué modelos aparecen. Te proporcionarán la clave para llegar a esos aspectos que necesitan más atención y crecimiento.

El yo completo

Somos al mismo tiempo un organismo biológico, un ser sensible, una personalidad que reacciona, un ser social, una persona creativa, alguien que piensa, razona y recuerda, y una entidad espiritual.

Posees tu propia imagen y tu concepto personal, que están formados por tus creencias sobre ti mismo, sobre lo que te gusta y sobre lo que eres capaz de hacer. Esta imagen personal varía de una situación a otra. Puede que te consideres un buen padre, pero tal vez pierdas la seguridad en ti mismo cuando hayas de pedirle a tu jefe un aumento de sueldo.

La clave para ser un adulto tan maduro como sea posible en todas las situaciones es vivir plenamente y considerarte como un ser completo, formado por los cuatro aspectos descritos en este libro y sus interacciones. Todo lo que haces afecta a cada una de esas partes y cada una desempeña un determinado papel en tu respuesta y en cómo te responsabilizas de ella. Los adultos maduros saben cómo usar su fortaleza en algunas áreas para ayudar a las otras partes más débiles y así lograr el equilibrio.

Vivir de forma plena supone mantenerse centrado y en el camino correcto; estar equilibrado y en paz interiormente. Supone sentirse contento, feliz y dichoso la mayor parte del tiempo. Si te desequilibras, sabes lo que has de hacer y puedes llevar a cabo acciones que te devuelvan el equilibrio. Significa establecer metas realistas y no cejar hasta conseguirlas. Supone ser capaz de tener una visión de conjunto, elevándote por encima de los detalles terrenales como si fueras en un helicóptero, a fin de lograr una mejor perspectiva. Supone sentirte seguro de que, suceda lo que suceda, podrás controlarlo.

Tú eres quien elige la dirección que vas a dar a tu vida. Tus únicos límites serán los que tú mismo te impongas. Eres el artífice de tu destino. Creyendo en ti mismo puedes ir más allá de tus viejos límites y cambiar el mundo. Luego puedes experimentar la dicha de saber que tienes el poder de hacer que tu vida sea todo lo maravillosa que tú deseas.

Tal vez crecer no parezca muy divertido. Pero realmente lo es. Las sensaciones de alcanzar una meta, de crear algo nuevo, de concebir una idea, de contribuir al bienestar de un ser humano o de todo el planeta, pueden ser algo indescriptible. La sensación de dominio sobre ti mismo, de conseguir algún logro o de poder dar algo a los demás pueden crearte adicción. Una vez que experimentes la satisfacción de dar alegría a otras personas, querrás continuar haciéndolo.

No malgastes tu vida. Examina tu fuerza interior, observa tus talentos, haz una lista de tus intereses, establece tus prioridades y luego analiza cómo puedes usar todo eso para cambiar el mundo creativamente. Empieza teniendo una actitud positiva. Ve más allá de lo evidente. Camina por un sendero distinto. Sé receptivo. Sé flexible para que puedas aprender y crecer.

Crecer y madurar

Decidir madurar implica tres pasos: solucionar asuntos del pasado, establecer nuevas metas y controlar tus progresos. Solucionar los asuntos pasados es librarte de una vez por todas de esos patrones destructivos que aprendiste de pequeño y que te retrasan en tu crecimiento. Significa responsabilizarte por lo que eres ahora y no usar ya más tu infancia como una excusa para tus conductas alteradas.

Eliminar los asuntos del pasado es una parte muy importante del crecimiento emocional. Es necesario hacerlo antes de crecer en otros aspectos, porque las emociones son las fuerzas internas más poderosas que moldean nuestra visión, nuestras ideas, nuestras creencias y nuestros sentimientos. Puedes usar la autoevaluación para hacer un inventario e identificar qué asuntos del pasado han de ser depurados. También para ver cómo esas conductas e ideas del pasado interfieren en tu alegría de vivir, cultivando al mismo tiempo la capacidad de la autoobservación. Para repasar la situación, retrocede unos pasos y observa, viéndote a ti mismo fuera del cuadro. Vuelve a vivir las escenas de tu vida más recientes, en las que no eras la persona que te gustaría ser.

Observarte con delicadeza y amor es muy importante. Sin juicios, ni destrozándote a ti mismo. Eso sólo te hará sentir como un niño castigado, y el castigo no conduce a la mejora. Éste es el momento de aprender, no de sentirte mal. Averigua qué parte de ti está a la defensiva, asustado, dolido. Si es dolor lo que siente ese niño interno abandonado, cuídalo y acuerda con él un nuevo intento. Busca la forma de construir una autoprotección y practica modos de cuidarte emocionalmente.

Descubre la parte de ti que está desequilibrada. ¿Son ideas irracionales? ¿Son recuerdos de decepción y traición procedentes de otra época, que surgen ahora de nuevo? ¿Sientes alguna reacción física? ¿Estás siendo presionado para tomar una decisión cuando te sientes agotado, sin la suficiente preparación o requieres más tiempo o más información? ¿Tienes las mismas fuertes reacciones cada vez que vives una situación similar? Estos modelos de conducta son la clave de esos asuntos del pasado que te están deteniendo en tu camino.

Céntrate en una parte de esas y comprométete a cambiarla.

Cuando logres controlar esa parte, puedes volver y empezar con otra. Sin dejar de mostrarte como un observador objetivo, prueba distintos escenarios como posibles alternativas a la primera parte de ese equipaje del pasado del que te gustaría deshacerte.

Imagina cómo te gustaría ser cuando surjan esas circunstancias concretas. Piensa en varias posibilidades, sin importarte *lo lejanas* que te parezcan al principio. Haz que fluyan por todo tu cuerpo, por tus sentimientos, tu mente y tus sistemas internos. Cuando encuentres la respuesta correcta, lo sabrás. Entonces podrás practicar esa conducta cuando la situación se presente de nuevo.

Otros pasos importantes para eliminar los viejos fantasmas del pasado son el perdón y la aceptación. No puedes alterar el pasado o volver a vivir tu niñez con padres más cariñosos, mejores escuelas, más dinero o mejor salud. Pero si vas por la vida lleno de resentimientos y de rabia por las cosas que no tuviste en la niñez, estas negándote a crecer y te estás quedando atrapado en tus «rabietas» infantiles.

Si el perdón y la reparación del daño que tú puedas haber hecho a otros te parecen sugerencias vagas o demasiado difíciles de realizar solo, busca ayuda en algún centro local de salud mental, con un terapeuta privado o con un grupo de autoayuda. Hay muchos grupos de *Anónimos*, basados en los Alcohólicos Anónimos, que trabajan estos temas y a menudo coinciden parcialmente. Existen grupos de emocionales anónimos, codependientes, hijos adultos de alcohólicos, familiares de alcohólicos, frupos para víctimas de abusos sexuales, de enfermos de bulimia, de anorexia, de adictos al sexo y muchos otros grupos nuevos que surgen todos los días en prácticamente todos los países. La participación es gratis, con donaciones voluntarias. Estos grupos han ayudado a millones de personas a liberarse de las tenazas que los aprisionaban. Si te encuentras en un estado similar, puedes beneficiarte enormemente de ellos. Cuando te atrevas a abrirte por completo, los beneficios que recibirás serán inmensos.

Si te gusta el sistema en 12 pasos que siguen la mayoría de estos grupos, busca a alguien que te apoye y sigue esos pasos. Podrás mejorar y recuperarte. Los grupos de autoayuda son un buen complemento de la terapia, pero no un substituto de la ayuda profesional.

Establecer metas

Al mismo tiempo que eliminas los asuntos del pasado y dices adiós a los elementos destructivos, llega tu oportunidad de establecer nuevas metas y de hacer cambios positivos. Puedes volver a crearte a ti mismo. Ya no eres un esclavo de tu infantilismo: tienes libertad para ser lo mejor que puedas imaginar.

Si tu autoevaluación muestra que estás desequilibrado y que tu vida no funciona del modo en que a ti te gustaría, los siguientes pasos te pueden abrir el camino del crecimiento:

1. **Identifica la parte que te gustaría cambiar**: física, emocional, intelectual o espiritual.
2. **Elige qué conducta o actitud concreta quieres cambiar**, y luego anota tu meta. Por ejemplo: Quiero dejar de fumar, quiero controlar mi mal humor, deseo mejorar la comunicación en mi matrimonio o quiero ser menos crítico con la gente. Cuanto más específico seas, más posibilidades tendrás.
3. **Establece un marco temporal** y luego anota una meta concreta para eso que quieres cambiar. Por ejemplo: Para el 1 de septiembre, dejaré de fumar.
4. Luego, **haz una lista** de lo que vas a hacer para lograr tu meta. Incluye todos tus recursos, personas, lugares y cosas que van a contribuir a ello y cómo te van a ayudar. Para el ejemplo de dejar de fumar, tu plan podría ser ir a una consulta de hipnosis, leer algún libro sobre el tema o cualquier otra cosa que te ayude a lograr tu objetivo.
5. Ahora, **escribe una afirmación**, una afirmación positiva que puedas repetir a menudo una vez y otra para reprogramar tu subconsciente y lograr su apoyo para el cambio. Recuerda que estas afirmaciones deben incluir muchos mensajes de autoestima. Me he liberado del tabaco. Cuido mi cuerpo. Voy a dejar de oler a tabaco. Aborrezco ese olor. Ya nunca más molestaré a las personas que amo. Voy a ahorrar el dinero que me gastaba en cigarrillos y con él haré un viaje. Añade tus propias decisiones y razonamientos. Exprésalos en términos positi-

vos, no como autocríticas.

6. Finalmente, debes **dejar a un lado la conducta del pasado**. Una forma de hacerlo es visualizándote a ti mismo en la situación del pasado, y luego verte realizando el cambio. Cierra los ojos y obsérvate a ti mismo tirando el paquete de cigarrillos. Después de una comida, en lugar de encender uno, obsérvate dando un paseo, cepillándote los dientes o chupando una piruleta. Es una buena idea visualizar las técnicas afirmativas durante unas cuantas semanas antes de fijar el momento del cambio, porque entonces tus recursos internos estarán preparados para ayudarte.

Es importante anotar las metas, las formas de alcanzarlas, y las afirmaciones, porque la escritura ayuda a clarificar, a estructurar y a concretar más tus planes. No abordes demasiados cambios radicales a la vez o te sentirás desbordado y abandonarás derrotado. Empieza con un pequeño cambio que llevarás hasta el final, luego con otro más difícil, hasta que domines los pasos.

Siguiendo estos pasos pones en funcionamiento todos los sistemas emocionales, espirituales, físicos e intelectuales que están a tu servicio para lograr la meta. Tu plan incluirá nutrirte emocionalmente, reprogramar tu subconsciente, adoptar buenos hábitos físicos y tomar decisiones racionales.

Los cambios que afecten a tus emociones requerirán un poco más de tiempo y de esfuerzo. Si te encuentras bloqueado, acude al terapeuta y consúltale tus dificultades. Tener a alguien con quien hablar mientras estás llevando a cabo cambios difíciles puede realmente acelerar el proceso. Un amigo que no te juzgue puede hacer este papel, pero si te desvías o te desorientas, un profesional te podrá poner de nuevo en el camino correcto, ya que estará preparado para separar el grano de la paja, para facilitar la claridad y para sugerirte formas de ahorrarte tiempo y sufrimientos.

Es muy importante reconocer tus victorias y premiarte cuando logres una meta. Habitúate a ser positivo y a elogiarte. Todos somos expertos en menospreciarnos. A menudo, somos nuestros peores enemigos sin darnos siquiera cuenta de ello. Pero casi nunca alabamos nuestras cualidades. Comienza hoy mismo tu diaria sesión de entusiasmo y de darte ánimos.

Si sientes que no eres feliz, pero no sabes dónde empezar a cambiar de actitud, responde a estas preguntas: ¿Disfruto con el dolor? ¿Estoy a favor o en contra de mí mismo? ¿Qué beneficios me reporta seguir sintiéndome mal? ¿Disfruto controlando a los demás? ¿Tengo todo el amor que deseo en mi vida? ¿De qué tengo miedo? ¿Qué tengo que perder si cambio? ¿Qué voy a ganar? ¿Qué puedo cambiar en mí? ¿Estoy dispuesto a hacerlo? Recuerda que desear que otras personas cambien o te traten de forma distinta es inútil. La única persona a quien puedes controlar, es a ti mismo. Sé realista sobre lo que esperas de los demás, lo que ellos esperan de ti y lo que tú esperas de ti mismo.

Obstáculos para madurar

Hay varias cosas que, independientemente de lo buenas que sean las intenciones, van a interferir en nuestro crecimiento. Entre ellas están tu programa de vida, tus expectativas y tus actitudes. Siendo consciente, puedes impedirles que frustren tus deseos antes de empezar.

Las expectativas son una de las causas más importantes de sufrimiento autoimpuesto, especialmente cuando poseen un elemento de fantasía e ilusión. Cuando estás centrado en las posibilidades futuras, ello te impide vivir el presente.

Los deseos, las fantasías y las expectativas poco definidas, pueden llevarte a la desilusión e incluso al dolor. Puedes sufrir por la pérdida de tus sueños, de tus esperanzas o por otra persona o situación que nunca fue responsabilidad tuya. Para evitar quedarte atrapado en las expectativas, comunica tus deseos con tanta claridad como puedas y recibe las respuestas que los demás estén preparados para darte, considerando la situación de un modo realista. Las expectativas poco realistas no son metas que te ayuden a crecer. Debes mantenerlas flexibles, para que si no se hacen realidad o no acaban siendo como tú esperabas, puedas olvidarte de ellas o revisarlas desde otro punto de vista. A veces, las expectativas no cumplidas nos fuerzan a enfrentarnos a la realidad como si de una ducha fría se tratase, y ello nos enseña mucho. Si la anterior autoevaluación revela que una parte de tu vida necesita más atención, realiza esos cambios concretos que te lleven a conseguir lo que deseas en tu vida.

LA ACTITUD es la forma en que contemplas una situación. Es la fuerza interior que provoca una reacción positiva o negativa hacia una persona o un acontecimiento. Tu actitud está basada en tus experiencias pasadas, en tus creencias y en tus valores. Una persona con una actitud positiva cree que todo es posible y no crea falsas barreras. Siempre dirá: «¿Por qué no? Vamos a probar».

Por otra parte, una persona con una actitud negativa, después de decir: «¿Por qué no?», empezará a darse un montón de razones para no probar. Por supuesto, estará convencido de que existen peligros, trampas y escollos a lo largo de su camino y se detendrá a sí mismo, autolimitándose. La actitud positiva va emparejada a la esperanza.

La esperanza es la creencia interna que nos ayuda a seguir adelante en las horas oscuras. Recuerdo cuando mi hija nació prematuramente y los médicos me comunicaron que sólo tenía un 2% de posibilidades de vida. Desesperadamente, me agarré a la esperanza de ese 2%, hasta que murió dos días más tarde. Mi esperanza no le salvó la vida, pero me mantuvo en pie durante la crisis.

La esperanza nos anima y nos da fuerzas para seguir luchando y superar enormes dificultades. Muchas personas sobrevivieron en medio de tremendas penalidades gracias a su esperanza. Cuando pierdes de vista la esperanza caes en el miedo y en la preocupación y pierdes de vista la auténtica meta de tu vida. Sin esperanza te rindes.

Todos hemos experimentado el dolor, la traición, sentirnos en ridículo en público, que nos rompan el corazón, que nos hagan daño y que nos humillen. No obstante, algunos optamos por levantarnos, sacudirnos el polvo y seguir adelante, esperando que el futuro sea mejor. Otros pierden la esperanza y utilizan ese dolor como excusa para quedarse parados y no arriesgarse nunca más. Continúan pasando por los cambios que la vida les presenta, pero sin darse cuenta, prácticamente muertos.

Controlar el equilibrio

Todos sufrimos desequilibrios y tropiezos. La cuestión es que cuando se alcanza la madurez, ello no significa que vayamos a vivir siempre en ese estado, de forma permanente. Los caminos de la vida tienen giros, círculos y curvas; a veces perdemos momentáneamente el rumbo. Sin embargo, es bueno ser consciente de las primeras señales de aviso, para no caer demasiado profundo. Usa la autoevaluación de vez en cuando para saber en qué lugar te encuentras.

Podemos aprender a reconocer cuándo estamos empezando a desequilibrarnos. El cuerpo nos avisará debilitándose en esa parte que siempre es la primera en sentir el malestar. Las emociones se agudizarán un poco más y tomarán el control sobre nosotros. La mente estará confundida y tendremos dificultades para concentrarnos y tomar decisiones o para pensar con claridad.

Nuestro espíritu nos avisará de que nuestros valores o nuestra conciencia están siendo violados. Cuando tropieces, vuelve atrás y revisa las técnicas. Pon a funcionar todo tu ser en conjunto. La mente para observar y analizar, para escuchar tu conversación interna. Luego cambia tus hábitos físicos actuales por otros más sanos. Ajusta las emociones identificando tus sentimientos y eligiendo la forma de controlarlos. Reprograma tu subconsciente para que se centre en la meta que deseas alcanzar.

Otras formas de asegurarte que el crecimiento está dándose en la dirección positiva es ponerte en contacto con tu ser interno y cultivar la sabiduría que allí se encuentra.

Revisa los métodos descritos con anterioridad en este libro: escucha tu intuición y tu voz interior, medita cada día, registra en un diario tus sueños, conviértete en alguien que se deja dirigir interiormente.

Pasa más tiempo a solas y conócete a ti mismo. Cuando llegan las crisis tú eres la única persona con la que cuentas. Sé tu mejor amigo. Repítete a ti mismo: «¡Pase lo que pase, nunca te abandonaré, te quiero, creo que eres fantástico, felicidades!» Reconoce y valora tus victorias personales.

La dicha de madurar

La dicha es la señal y la recompensa de la persona que ha madurado y crecido en equilibrio y armonía en todos los aspectos de su vida. Una de las señales que indican que te encuentras en el camino correcto es tener constantemente sentimientos positivos y una actitud esperanzada. Experimentarás más felicidad y alegría, así como una mayor creatividad, y te sentirás más abierto y comprensivo hacia los demás, más confiado y tolerante, menos crítico y podrás proyectar aceptación y cariño hacia todos los que te rodean en la vida. La gente se sentirá atraída hacia ti y se sentirá cómoda a tu lado. Te encontrarás riéndote más a menudo, con excelente humor y divirtiéndote.

En lugar de preocuparte por el pasado o esperar a que las cosas mejoren mañana, vivirás el presente. Disfrutarás el día de hoy, porque es lo único que tienes. Notarás que vives por encima de las mediocridades cotidianas y tendrás el coraje de seguir tus propias convicciones. Tus malos momentos serán menos intensos y más espaciados en el tiempo.

Todo este asunto de madurar y crecer puede parecer algo muy trabajoso y aburrido, pero no lo es en absoluto. Tener cuerpo de adulto y ser un niño no es divertido, porque la irresponsabilidad te llena la vida de problemas, te sientes deprimido, solo, aislado y sin amigos.

Avanzar y lograr un mejor estado de crecimiento es una aspiración natural del ser humano, nos guste o no. Resistirnos a ese avance es lo que nos ocasiona problemas. Tenemos mucho más que perder si no crecemos que las recompensas que obtendremos si nos enfrentamos cara a cara con la verdad y seguimos adelante, aun cuando no tengamos la completa seguridad de qué nos vamos a encontrar en el horizonte. Las personas adultas son felices porque son flexibles, espontáneas, seguras y creativas. Tú también puedes lograrlo. *¡Hazlo!* Tienes poco que perder y mucho que ganar.

CAPÍTULO 19

UN MUNDO ADULTO

«Incluso en el fervor religioso
hay un toque de calor animal.»

Walt Whitman,
Perspectivas democráticas.

El mundo será adulto cuando los individuos que lo habitan hayan madurado. La vida es un proceso dinámico y en constante cambio. Caminamos constantemente hacia un estado más complejo de organización. Siempre estamos inmersos en el proceso evolutivo, madurando y creciendo continuamente.

Consideremos el estado actual de la tecnología posindustrial y observemos cómo va creando estructuras nuevas, formas más sofisticadas de comunicación por medio de ordenadores, fax, teléfonos móviles, cámaras automáticas y tantos otros instrumentos. La lista es interminable y siempre seguirá en aumento. Cuando leas este libro ya habrán surgido artilugios más avanzados.

Al igual que avanza el mundo de la tecnología, evolucionamos los seres humanos, aunque a veces la gran mayoría de nosotros parece quedar rezagada con respecto a la proliferación de nuevos elementos tecnológicos. En la actualidad, poseemos máquinas que fabrican máquinas pero no somos capaces de detener la plaga del hambre, la segregación racial, el consumo de drogas y de alcohol, los asesinatos o el vergonzoso abuso y maltrato de niños, que deja cicatrices para toda la vida.

No sabemos cómo hacer que llueva en zonas desertizadas por la sequía ni establecer programas sociales que cubran las necesidades básicas del ser humano sin crear generaciones de personas dependientes de los demás. Hemos caminado sobre la luna, pero no demostramos la misma eficacia cuando se trata de resolver disputas fronterizas internacionales. Lo intentamos, pero no parece que se haya logrado todavía. ¡Qué paradoja!

Es evidente que tenemos mucho más éxito solucionando los problemas relacionados con las máquinas que los que nos desafían en un ámbito más humano.

Hemos generado toda una especie de individuos dependientes y subdesarrollados. Al nacer, nos encontramos en un entorno que puede ser en el peor de los casos, hostil e indiferente, y muy raramente enriquecedor. Somos educados por padres que no tienen ni idea de cómo modelar y enseñar el arte de vivir con amor incondicional, sin ser críticos, con flexibilidad, no competitivos y receptivos.

Las repercusiones de las experiencias vividas en la niñez dan lugar a modelos de conducta con los que tendremos que lidiar el resto de nuestra vida. La norma para la gran mayoría de almas que viven en la tierra hoy en día es la duda interna, el caos, la confusión, y a veces el terror.

Muchas personas creen que esta vida es el infierno, la encarnación de las descripciones bíblicas de separación y sufrimiento. Al nacer, se nos separa de nuestra familia espiritual, de nuestra alma gemela, de nuestra unidad con Dios, y se nos envía a este lugar lleno de hostilidad sin un manual de instrucciones ni recuerdos de las antiguas lecciones aprendidas, de las conexiones, de los apoyos, de los ánimos que harían progresar a nuestras almas. Pero en realidad, todos somos empujados por una fuerza invisible hacia el crecimiento.

El crecimiento y la evolución

Nos guste o no, todos somos dirigidos, impulsados y trasladados hacia un nivel superior de desarrollo y organización en todas las áreas de nuestra experiencia. Como un salmón recién nacido que instintivamente nada hacia el océano para vivir allí su vida, y luego es conducido de vuelta a ese mismo lugar de nacimiento para engendrar vida, poner huevos y morir, también a nosotros se nos conduce a abandonar nuestro hogar espiritual, vivir nuestra vida, y finalmente retornar a la unión con nuestro Dios interno. Ese viaje llamado evolución es el proceso del crecimiento y del desarrollo individual. En cada etapa del crecimiento debemos adquirir experiencia y maestría en las lecciones, los retos y las tareas que se nos enseñan, antes de pasar al siguiente estado o nivel. Dominamos y trascendemos ese nivel, asimilamos los conocimientos adquiridos y comenzamos a aprender las lecciones de la nueva fase.

Ken Wilber, en *Desde el Edén*, traza la evolución de la raza humana y la equipara a la evolución espiritual. Utilizando su estructura en el tiempo, vamos a echar un vistazo a los procesos de desarrollo evolutivo en las diferentes dimensiones: el cuerpo, las emociones, la mente y el espíritu.

Wilber dice que la raza humana emergió entre seis y tres millones de años atrás, cuando ciertas criaturas prehomínidas empezaron a poblar la tierra. Él denomina a este estado evolutivo estado arcaico.

Almas primarias

Al siguiente estado o estado racional, que abarca desde el año 3.000.000 al 200.000 antes de Cristo, lo equipara con la primera infancia física y espiritual.

El recién nacido humano no tiene capacidad lingüística, ni consciencia de su cuerpo físico, ni emociones, ni capacidad mental ni percepciones. No puede distinguirse a sí mismo de su entorno material. No posee consciencia espiritual. Imaginemos la vida en esa época. Tribus viviendo una existencia prácticamente animal, en cavernas, viajando, cazando y buscando junto a los demás calor, seguridad y protección. Fueron evolucionando poco a poco hasta comprender que el número les proporcionaba seguridad, y que actuando en conjunto podían cazar mayores presas para alimentarse y vestirse con sus pieles, cosa que les resultaba imposible hacer solos. Vivían básicamente movidos por instintos animales innatos. Aprendieron a distinguir las diferencias entre uno mismo y los demás. Vivían preocupados primordialmente por su supervivencia física y sus necesidades básicas, como el alimento, el refugio, las condiciones atmosféricas, etc. Una buena descripción de cómo debió de ser la vida durante esta etapa de la evolución humana es la contenida en el libro *El clan del oso cavernario,* de Jean Auel.

En el reino físico, aquí comienza el viaje del alma, virtualmente como un niño recién nacido, incapaz de diferenciar entre él mismo y su entorno material. Esta época es equiparable al lapso que va desde el nacimiento a los dos años de edad.

La principal tarea psicológica y emocional durante este período es desarrollar la confianza y la desconfianza básicas. El recién nacido no distingue quién es él y quién la persona que lo cuida. Luego puede reconocer a su madre. La confianza está basada en la respuesta a sus molestias y desasosiegos cuando tiene hambre, está mojado, sucio o enfermo. Al conseguir dominar tareas como sentarse, gatear, ponerse en pie, caminar y comunicar algunos vocablos rudimentarios aumenta su percepción de la atención o desatención que le muestran. Todavía no existe una comprensión mental bien definida y la memoria apenas comienza a almacenar datos. No existe consciencia de la propia alma.

Almas niñas

El siguiente nivel de desarrollo podría ser denominado el nivel del alma niña. Se puede equiparar al de un niño de entre dos y cinco años. Wilber lo denomina el estado mágico. Antropológicamente, empezó alrededor del año 200.000 y acabó en el 100.000 antes de Cristo.

La raza humana emergió lentamente como de un profundo sueño. Empezó a fijar una forma de comportamiento individual y unas normas de conducta social. Comenzó la medicina con el empleo de hierbas y plantas curativas, y los muertos fueron enterrados, en lugar de ser abandonados y devorados por las fieras. La idea de una fuerza superior al hombre surgió y evolucionó hacia la adoración de ciertos animales, objetos y fenómenos naturales como el sol, la lluvia, los escarabajos y los gatos, a quienes se les asignaban poderes místicos y mágicos.

A partir de la edad de dos años, el niño puede ya distinguir entre su medio material y su cuerpo, viviendo esencialmente como un cuerpo hasta los siete años de edad. Parte de la consciencia corporal se dedica a comprobar los límites emocionales.

La labor psicológica de esta etapa es empezar a aprender a controlar las funciones corporales, específicamente las intestinales y de la vejiga, así como a afirmar su personalidad. Si el objetivo global de la autonomía no se cumple, sobrevienen la duda y la desconfianza, que han de ser resueltas antes de pasar a otra etapa superior de desarrollo. También es el momento en el que deben ser controlados los impulsos y deben canalizarse hacia conductas socialmente aceptables. En una etapa posterior de la vida, los valores que ahora se interiorizan pueden llevar a un sentimiento de culpabilidad. También es el momento en que se pueden sembrar las semillas de los sentimientos de inferioridad y del ridículo, cuya cosecha se recogerá una vez y otra durante la vida adulta.

Desde los cuatro años hasta los siete, los niños desarrollan sus capacidades mentales. Es lo que Piaget denomina el pensamiento preoperativo, en el que el niño aprende a hablar, a imaginar, a imitar y a representar mentalmente sus ideas, refiriéndose a que el niño puede pensar en un objeto o acontecimiento aunque no lo esté viendo o viviendo en ese momento. El niño es egocéntrico, ya que desconoce que su punto de vista es sólo uno entre otros muchos. Piensa que su visión y su percepción de las cosas es la única correcta.

Los niños a esta edad también poseen lo que se ha llamado el pensamiento mágico. Creen tener poderes especiales y creen que pueden desear algo y que ello sucederá. Es un tiempo peligroso en caso de que el niño pierda a su madre o a su padre en este momento tan crucial de su desarrollo. Si en un ataque de furia y rebeldía propia de esta edad, el niño ha deseado la muerte a su padre o su madre, y esto llegase a suceder en realidad, el niño se retorcerá lleno de culpabilidad creyendo que él ha causado dicha muerte.

Las almas, en esta etapa infantil, poseen creencias y prácticas religiosas que demuestran este pensamiento mágico.

Durante siglos las eventualidades del destino fueron cubiertas por creencias politeístas, por la adoración a muchos dioses, adjudicándose a cada uno de ellos varios aspectos de la conducta humana o de los fenómenos de la naturaleza. Las creencias mágicas son todavía una práctica común en algunas partes del mundo.

Almas jóvenes

El siguiente nivel de desarrollo comienza alrededor de los siete años de edad y sigue hasta la pubertad, hacia los doce años. Wilber lo equipara al desarrollo humano desde el año 100.000 hasta aproximadamente el año 10.000 antes de Cristo. Él lo llama período mítico, y lo asimila al desarrollo del alma joven.

Históricamente, es la época en que las tribus comenzaron a dejar de ser cazadoras nómadas y se hicieron sedentarias, estableciéndose en lugares fijos y comenzando a cultivar la tierra. La especialización en las labores hizo que los artesanos y los sacerdotes fueran especialmente considerados, creándose así las enormes civilizaciones del Antiguo Egipto, China, India y África.

A nivel de desarrollo, la misión de esta edad en la infancia es la de dominar el aprendizaje y la competitividad, y experimentar las sensaciones del fracaso y la inferioridad. También es la época en la que el niño se da cuenta de que es del mismo sexo que uno de sus padres.

El aprendizaje en esta etapa ha sido definido como operatividad concreta, e incluye la capacidad para clasificar, multiplicar, predecir y comprender las relaciones entre los sistemas. El niño es ya menos egocéntrico y más consciente de que su punto de vista es uno entre muchos otros. Puede comprender y seguir las reglas del juego. No obstante, sólo es capaz de relacionarse con objetos y acontecimientos concretos, todavía no puede relacionar todas las posibles combinaciones de características o coordinar sistemas para formar un sistema de un orden más elevado.

Espiritualmente, el alma joven está menos preocupada por la salvación eterna que por impresionar a los otros miembros de la congregación con un traje o un vestido nuevo. Tienden a estar más interesados por coordinar su apariencia externa que por los valores espirituales trascendentales. Se acercan más a una perspectiva mental, pero todavía están sumidos en las necesidades de su ego, en recibir el reconocimiento, el aplauso y la afirmación externa de su valía.

Almas maduras

El comienzo de la adolescencia anuncia el período que Wilber denomina período racional, el cual comienza alrededor del año 10.000 y acaba en el año 1.000 antes de Cristo. Lo que distingue a este período es el comienzo de la filosofía y la teología. Hasta entonces, el pensamiento se basaba sobre todo en la mitología y la magia. Este gran cambio marcó el comienzo de la era moderna, y estableciendo un paralelismo con los seres humanos se podría comparar al período en que el niño desarrolla su capacidad mental, desde los nueve años hasta el final de la adolescencia.

Alrededor del siglo sexto antes de Cristo se inició la Edad de Oro griega; Sócrates, Platón y Aristóteles influirían en el pensamiento occidental durante muchos siglos. La vida estaba ya más establecida y civilizada. Todavía había guerras, y morían millones de personas en nombre de Dios, como sigue sucediendo hoy en día. La única diferencia es que actualmente el peligro es mayor, pues ahora poseemos una tremenda capacidad de destrucción.

En la adolescencia, las tareas psicológicas del desarrollo tienen que ver con los temas del sexo y la identidad personal. Es hora de decidir quiénes somos, qué valores poseemos, de elegir una ocupación y de hacer planes para nuestra vida adulta. Las crisis de desarrollo se deben a la dicotomía intimidad-aislamiento. Una vez que el adolescente consigue sentirse bien íntimamente consigo mismo, puede desarrollar una forma emocionalmente equilibrada de relacionarse con los demás.

Al final de la adolescencia, la persona que ha madurado es capaz de confiar, es autónoma, puede tener iniciativas propias, es competente y puede intimar con otras personas. Pero si no se ha desarrollado adecuadamente, será desconfiado, se sentirá inferior, tímido, lleno de dudas, soportando sentimientos de culpabilidad por todo y con sensaciones de fracaso y aislamiento. Casi todos sentimos alguna vez una combinación de todas estas sensaciones. Recordemos, no obstante, que hemos de enfrentarnos a todas esas experiencias negativas en los primeros niveles del desarrollo, antes de que podamos pasar a otro nivel superior. Así, si podemos determinar dónde estamos atascados, sabremos qué aspecto hemos de perfeccionar.

Piaget denomina el desarrollo intelectual del adolescente como el período operativo formal. El niño, ahora, puede formular hipótesis y comprueba sistemáticamente las posibles y variadas explicaciones de situaciones concretas, examinando las posibles causas hasta encontrar la correcta. El período operativo formal continúa desarrollándose en la edad adulta. Espiritualmente, el alma madura se dedica a conectar lo material y el ego con los valores morales y el espíritu. Con respecto a su identidad, busca el equilibrio y la trascendencia de lo ordinario, y comienza a explorar los estados internos superiores, como el superconsciente.

Almas viejas

La mayoría de las almas existentes actualmente en el planeta son almas jóvenes y almas maduras. Su marco temporal va desde el año 1.000 antes de Cristo hasta el momento actual. Estamos evolucionando colectivamente hacia un nivel superior de desarrollo. El tiempo está acelerándose y la evolución parece ir a una velocidad mucho más rápida. Al avanzar a niveles superiores, podremos conectar con almas mucho más viejas. Las almas más viejas trascienden la mente y llegan a los más altos niveles de consciencia interior.

En la actualidad, hay entre nosotros almas viejas. Dedican sus vidas al servicio de los demás y a actuar como maestros de las más jóvenes. Han resuelto ya los problemas de los primeros niveles del desarrollo. No les interesa impresionar a los demás ni conseguir su aprobación. Entre sus valores están la libertad para emplear su tiempo en lo que para ellos es una prioridad. Les gusta estar en un ambiente natural. Son personas sensibles y rara vez toman substancias químicas.

Tienen un carisma que atrae a las personas y a los animales. Irradian paz interior y tranquilidad, saben estar por encima de la mediocridad cotidiana y de las frustraciones que nos afectan a casi todos. Poseen una bondad innata y una flexibilidad que los convierte en ejemplo e inspiración para los demás.

No podemos concretar ningún marco temporal para estas almas porque viven por delante de su tiempo. El paralelo que podríamos trazar, sería con la madurez de los adultos. Sus tareas de desarrollo están siendo productivas y poseen integridad interna. El conflicto podría surgir si se quedan estancados o se dejan llevar por la desesperación. Tienen cierta tendencia a deprimirse.

Su inteligencia se ha convertido en sabiduría, en un conocimiento interno que incluye todos los factores de su ser. Son enormemente intuitivos, y su intuición está basada en siglos de sabiduría. Pueden conectar con esa sabiduría interna cada vez que lo desean mediante la meditación y la oración. A menudo, poseen poderes extrasensoriales que pueden o no usar para ayudar a los demás.

Espiritualmente, cuando enlazan con esa consciencia se sienten atraídos por la vida interior y encuentran en esa conexión interna paz, dicha, armonía y un sentido de unión con todo el Universo. Saben que no están solos: han sido separados temporalmente de su camino pero sienten el apoyo y la cercanía de otros espíritus amorosos.

¿Y ahora?

En este planeta hay en la actualidad almas de todos los niveles. Si fluyen con su crecimiento y no se resisten, pueden evolucionar en armonía y equilibrio. Algunos salmones luchan contra la corriente a cada paso del camino; otros van poco a poco y disfrutan del viaje.

Todos somos una combinación de lo animal y lo divino. Lo que importa no es lo que la vida nos tenga preparado, sino lo que seamos capaces de hacer con ello. Eleanor Roosevelt dijo: «Siempre es mejor encender una vela que maldecir a la oscuridad».

Interiormente, nos sentimos motivados a dirigirnos hacia la unión y la plenitud total. Ése es el mandato interno del espíritu. Buscamos sintonizar con las fuerzas positivas del Universo. Mientras luchamos por alcanzar esa plenitud nos daremos cuenta de que el viaje a través de esta corriente es una travesía en solitario: puede que haya otros peces nadando en la misma corriente, pero tu forma de nadar es peculiar y única. El tiempo que tardes y la destreza con que lo hagas, dependen por completo de ti.

Podemos alentarnos desde dentro a seguir hacia delante y a elegir opciones que realcen nuestro crecimiento. Las posibilidades que tenemos son ilimitadas. Los seres humanos rara vez alcanzamos el máximo de nuestro potencial. Nos asustamos y nos ponemos límites que, exteriormente, pueden parecer una señal de seguridad, pero de hecho nos frenan, nos disuaden e incluso nos bloquean. Libérate, extiende las alas un poco más, prueba cosas nuevas y distintas, amplía tus horizontes, acelera tu evolución.

Por fin las fronteras entre los países de este frágil planeta se están reduciendo. Compartimos recursos naturales finitos. También compartimos el aire, la capa de ozono que nos protege del cáncer causado por los rayos ultravioletas y los océanos y los mares que fluyen entre nosotros. Cuando en Brasil talan las selvas tropicales, todo el mundo resulta afectado. Debemos trabajar juntos para alcanzar el equilibrio entre países, del mismo modo que hacemos en nuestro interior. Cuando un niño muere por enfermedad o de hambre en cualquier parte del planeta, es mi hijo el que muere, soy yo quien muero, es tu hijo quien muere, eres tú el que muere. Todos estamos unidos por lazos que son invisibles a los ojos, pero que existen tan ciertamente como existe el viento, o el horizonte.

Esa visión arcaica que permite que las insignificantes diferencias culturales nos separen, debe ser reducida y eliminada. Todos los seres humanos compartimos las mismas emociones cuando sufrimos, gozamos y nos divertimos. Todos estamos limitados por las mismas demandas físicas de alimento, refugio, salud e higiene corporal. Todos poseemos la capacidad de aprender a desarrollar nuestra mente. Todos tenemos alma. Debemos respetar nuestras diferencias y debemos celebrar las similitudes que compartimos con el resto de los seres humanos del planeta. Nos necesitamos unos a otros, porque somos iguales.

Todos estamos evolucionando juntos. Tu misión es encontrar la plenitud, el equilibrio, la armonía y la paz interior. Luego, expande esa luz de amor desde tu corazón hacia fuera, a cada alma que puebla esta tierra.

Paz

ÍNDICE